W0234185

Jörg Zink · Womit wir leben können

Womit wir leben können

Das Wichtigste aus der Bibel
in der Sprache unserer Zeit

Für jeden Tag des Jahres
ausgewählt und neu übersetzt
von Jörg Zink

Kreuz-Verlag Stuttgart · Berlin

21. Auflage (816.–855. Tausend) 1982
© Kreuz Verlag Stuttgart 1963
Graphische Gestaltung: Hans Hug
Gesamtherstellung: Wilhelm Röck, Weinsberg
gebunden ISBN 3 7831 0297 9
broschiert ISBN 3 7831 0509 9

VORWORT

Wer leben will, braucht neben dem Brot, das er ißt, das Wort von Menschen. Er muß einem Gesicht begegnen, er muß jemanden finden, der Vertrauen zu ihm hat oder seine Liebe erwidert, der zu ihm spricht und ihm zuhört.

Wer leben will, sagt die Bibel, braucht ein Wort von dem, der das Leben gegeben hat und ohne den es nicht besteht. Gott sprach – und es entstand die Welt. Er sprach – und es entstand der Mensch, ein Wesen „nach seinem Bild". Das bedeutet nicht: ein Wesen, das aussieht wie Gott, sondern: das ihm gegenübersteht und die Fähigkeit besitzt, ihn zu hören und ihm zu antworten. Der Mensch wird darum, sagt die Bibel, sich selbst nicht verstehen und den Sinn seines Lebens nicht finden außer in diesem Gespräch, und wir fügen hinzu: Er hat auch in dieser verwirrten Zeit mit ihrer Klugheit, ihrem Hochmut und ihrem Elend nirgends Halt und Stand als in ihm.

Das Buch, in dem wir finden, was Gott spricht, ist die Bibel. Gewiß, auch in ihr erzählen, dichten, singen und klagen Menschen. Andere Menschen haben nach ihnen weiter erzählt, abgeschrieben und das ihre hinzugefügt. In allen Jahrhunderten danach haben die Menschen dieses Wort von einer Sprache in die andere übertragen oder auch in die Sprache einer neuen Generation, und es sind Menschen, die in dieser Bibel lesen oder sie auslegen. Aber durch die Worte der vielen Menschen hindurch hören wir, wenn Gott es so will, ihn selbst.

Es ist eine menschliche Geschichte. Ein Nomadenvolk der alten Welt findet seinen Weg, indem es seinen Gott findet. Es verirrt sich, indem es sich von ihm abwendet. Es scheitert, als es sich weigert, aus dem Mund des Mannes Jesus von Nazareth aufs neue und anders zu hören, was Gott ihm sagt. Aber durch das Wort, das Jesus spricht, finden sich andere Menschen zusammen. Die erzählen uns, was er gesagt und getan hat, wie er litt und starb. Sie bekennen, daß er auferstanden sei und lebe. Sie bezeugen, daß in ihm Gott wirke und daß er gegenwärtig sei, wo immer Menschen zusammenkommen, um ihn zu hören und ihm zu antworten. Und in all diesen Erzählungen und Bekenntnissen von Menschen finden wir uns unversehens Gott selbst gegenübergestellt.

Ich bin das Brot, von dem die Menschheit lebt, sagt Jesus. Wer mein Wort hört, wer das Gespräch mit mir sucht, wird leben. Wenn wir heute fragen, womit und wovon wir leben können, werden wir immer und immer wieder auf ihn zurückkommen. Kein Volk, keine Kultur, kein Denker und kein Dichter haben an die Stelle seiner Worte je Besseres und Wichtigeres gesetzt.

*

Das Buch, das in Ihrer Hand liegt, bringt Geschichten, Reden, Lieder und Briefe aus der Bibel. Es erklärt sie nicht, sondern bringt sie nur in einer Übertragung, von der wir meinen, sie sei nicht viel schwerer verständlich als die Sprache, in der Sie sonst mit Menschen reden.
Sie können zum Tagesbeginn darin lesen oder zum Tagesausklang, jeden Tag eine Seite. Es ist so viel, daß Sie genug nachzudenken haben, und so wenig, daß Sie ohne Hast jedes Wort aufnehmen können. Sie kommen dabei im Laufe eines Jahres an den wichtigsten Stücken der Bibel vorbei und haben am Ende das Wesentliche im Kopf und vielleicht, was noch besser ist, im Herzen.
Sie können das Buch auch lesen wie einen Roman. Nicht ganz in einem Zug, aber doch in längeren Abschnitten und im Laufe einiger Wochen, immer dann, wenn Sie eine ungestörte Stunde haben oder einen freien Sonntag.
Sie können aber auch einfach darin blättern, wenn Sie vom Umtrieb des Tages Abstand gewinnen und einem Wort von Gott begegnen wollen. Denn die Worte, die Sie lesen, sind Fragen und Antworten aus dem Gespräch, das Gott mit Ihnen führt, heute und morgen, vom Anfang bis zum Ende Ihres Lebensweges, weil er will, daß Sie leben.

*

Jahrhundertelang las unser Volk die Bibel in der Sprache Luthers, und wahrscheinlich wird, solange es eine deutsche Sprache gibt, die Übersetzung Luthers geliebt und gelesen werden. Aber an vielen Stellen spricht sie heute nur noch zu denen, die seit ihrer Kindheit mit dem christlichen Glauben vertraut sind. Wer die Briefe des Paulus in Luthers Sprache versteht, beweist damit, daß er viele Jahre lang mit seiner Bibel gelebt hat.

Es ist kein Zeichen der Verachtung Luthers, wenn heute viele versuchen, das Wort der Bibel in eine moderne, einfachere Sprache zu fassen, sondern der Sorge, daß uns mit der Sprache Luthers die Bibel verloren geht. Luther wäre der letzte, der eine 400 Jahre alte, noch so schöne Sprache für unantastbar hielte. Wir sind freilich nicht am Ziel, und es wird noch einige Jahre dauern, bis wir eine Bibel in Händen haben werden, die allen verständlich ist und die Christen aller Konfessionen verbindet.

Der Versuch, den dieses Buch unternimmt, besteht darin, daß es umschreibt. Wenn ein schweres, vielschichtiges Wort wie Gerechtigkeit, Gnade, Versöhnung, Geist, Reich Gottes nicht mehr so verstanden wird, wie die Bibel es gebraucht und wir doch ein anderes Wort an seiner Stelle nicht haben, dann bleibt nichts übrig als genau zuzusehen, was denn zwischen Gott und uns geschieht, wo die Bibel es gebraucht, und dann in einem ganzen Satz von fünf oder zehn oder mehr Wörtern zu umschreiben, was sie praktisch sagen, zeigen, schildern, erzählen will.

Man könnte, was hier versucht wird, eine Übersetzung nennen. Es ist aber eher eine Übertragung, oder besser eine Umschreibung, ein Gespräch mit dem Leser von Vers zu Vers. Es liegt nichts daran, wie man es nennt, vor allem auch deshalb, weil nicht jeder Abschnitt nach demselben Verfahren wiedergegeben ist. Der eine ist wörtlich übersetzt, weil jeder Leser ihn auch wörtlich versteht, der andere ist freier übertragen, weil er sich so besser öffnet, und einige Psalmen sind in ganz freier Wiedergabe nachgeschrieben, damit die alten Gebete sich in unsere eigenen verwandeln.

Es liegt nicht viel an der Einheitlichkeit der Form. Wichtiger ist, daß jedes Wort der Bibel eine Gestalt findet, in der ein Gespräch mit ihm beginnen kann, ein Hören und ein Antworten. Denn wichtig ist allein, daß wir mit diesem Wort leben können.

INHALT

Maßstäbe für die Praxis

Klug ist, wer Ernst macht: Aus den Weisheitsbüchern des Alten Testaments	1.–31. August
Klug ist, wer Christus kennt: Worte über die Weisheit aus den Korintherbriefen	1.–8. September

Gott will Mitarbeiter

Eine Rede Jesu an seine Freunde: Die „Aussendungsrede"	9.–16. September
Brief an eine bedrängte Kirche: Der erste Petrusbrief	17.–30. September
Was Mitarbeiter Gottes tun: Aus den Korintherbriefen	1.–15. Oktober

Vorbereitung auf das Ende

Was Gott mit uns vorhat: Worte über die Zukunft der Welt	16.–31. Oktober
Wie man sich darauf vorbereitet: Gleichniserzählungen	1.–11. November
Das Ende der Welt, die Entscheidung und die Heimkehr: Reden Jesu	12.–20. November
Gott ist auf alle Fälle da: Psalmen	21.–25. November

Als Mensch war Gott bei uns

Der Vorläufer fragt nach Christus	26.–30. November
Ein Adventspsalm	1. Dezember
Voraussagen der Propheten über Christus	2.–9. Dezember

Bewahrung bis zum letzten Schritt

Herr, ich habe niemanden, der mir hilft.
Ich habe nur dich.
Ich kann den Kopf hängen lassen und verzagen
oder ihn heben und zu dir aufsehen,
über die Berge hinauf zu dir.
Du hast den Himmel gemacht und die Erde,
und auch mein kleines Schicksal kommt aus deiner Hand.

Der Herr gibt meinem Schritt Klarheit,
Sicherheit und Kraft.
Er ist selbst der Weg, auf dem ich gehen kann,
so daß ich mein Ziel nicht verfehle.
Er behütet mich,
auch wenn ich meine, er sei weit weg von mir,
er sehe mich nicht und höre mein Gebet nicht.
Er ist ganz dicht neben mir, über mir, um mich her.
Er behütet mich.
Er schläft nicht. Er ist kein Mensch,
der zu müde wäre, zu behüten.

Der Herr behütet mich.
Wie ein Schatten, der über einen Menschen fällt,
der in einer heißen Wüste wandert,
so ist der Herr über mir.
Keine Gefahr kann mich überwältigen
bei Tage, im Sonnenlicht – da ich mein Werk tue
und da die Menschen um mich sind.
Auch bei Nacht, wenn ich ruhe oder wenn ich einsam bin,
wenn Zweifel in meinem Herzen ist
oder Schuld mich quält,
ich bin behütet.

Der Herr ist um mich
und behütet meine Seele.
Der Herr behütet mich
in allen Anfängen, die ich versuche
und in allem, was ich abschließe und vollende.
Er behütet meinen Auszug und meine Heimkehr
von jetzt an und in Ewigkeit.

Herr, du siehst in mein Herz
und kennst mich.
Ich sitze oder stehe – du weißt es.
Du kennst meine geheimsten Gedanken.
Ich gehe oder liege – du siehst es.
Mit allen meinen Wegen bist du vertraut.
Ich rede kein Wort,
ich denke es nicht einmal,
das du nicht hörtest.

Du hältst mich von allen Seiten umschlossen,
von oben her liegt deine Hand auf mir.
Das ist zu wunderbar, zu unbegreiflich,
zu hoch für meine Gedanken.

Wohin soll ich gehen, wenn du um mich bist?
Wohin soll ich fliehen, wenn du mich ansiehst?

Stiege ich hinauf in den Himmel,
so wärest du da.
Machte ich mir ein Bett in der Welt der Toten,
so wärest du auch dort.

Flöge ich über den Himmel,
wie die roten Schleier der Morgenröte
über den Himmel wehen –
und flüchtete mich hinter das letzte Meer,
wie die Morgenröte vor der Sonne flieht,
so würde mich deine Hand dort finden
und deine Rechte mich packen.

Sagte ich: Finsternis soll mich verhüllen,
und statt des Tages soll Nacht um mich sein –
so wäre auch Finsternis nicht finster für dich.
Die Nacht würde leuchten,
hell wie der Tag.

Du siehst mich, Herr, und kennst mich,
denn du hast mich geschaffen:
meinen Leib und meine Seele.
Du warst es, der mich so fein verwoben hat
im Leib meiner Mutter.

Ich danke dir, daß ich so herrlich geschaffen bin,
so wunderbar.
Deine Werke sind voller Wunder.

Du kanntest mich,
du sahst mich schon,
als ich, menschlichen Augen verborgen,
entstand und meine Gestalt fand.

Du sahst mein Schicksal vor dir,
alle meine Tage und meine Jahre.
In deinem Buch standen sie alle,
sie wurden aufgeschrieben und vorgemerkt,
als sie noch längst nicht begonnen hatten.

Deine Gedanken sind so schwer und groß,
o Gott, wie gewaltig ist ihre Zahl.
Wollte ich anfangen zu zählen,
so wäre es, als zählte ich die Sandkörner am Meer
mit meinen Fingern.
Und wenn ich darüber einschliefe,
so würde ich im Traum weiterzählen
und merken bei meinem Erwachen,
daß ich immer weiter gezählt habe
und an kein Ziel kam.

Ach Herr, ich verstehe nicht,
daß du deine Feinde leben läßt!

Ich möchte so gerne,
daß ich nichts mit ihnen zu tun hätte,
mit all denen, die über dich spotten
und deinen Namen in den Mund nehmen,
um zu fluchen
oder gedankenlos zu schwätzen.

Ich möchte so gerne,
daß ich nichts mit denen zu tun hätte,
die mit dir nichts zu tun haben wollen,
daß ich auf deiner Seite stünde,
wenn schon eine Grenze sein soll
zwischen ihnen und dir.

Aber du weißt,
ob ich nicht selbst manchmal zu ihnen gehöre.
Du siehst mich und kennst mich,
du siehst in mein Herz
und siehst mehr als ich selbst.
Prüfe meine Gedanken,
prüfe, ob ich es wirklich von Herzen so meine,
wie ich möchte.

Sorge du für mich,
daß ich nicht, ohne es zu wissen,
auf dem Wege ins Unheil bin.
Leite du mich,
ich weiß meinen Weg nicht.
Leite mich, daß ich mein Ziel finde,
hier und in der Ewigkeit.

Wir gehen noch einmal durch den 139. Psalm und beten ihn
ausführlich und mit freieren Worten.

Herr, mein Gott, mein Vater im Himmel,
wie schön, daß du mich siehst!
Du kennst mich.
Du siehst mich, wenn ich Angst habe,
du siehst mich, wenn ich mich verstecke
und nicht zugebe, was ich getan habe.
Du siehst mich, wenn ich allein bin
und von großen Dingen träume
und von dem Leben, das vor mir liegt.
Wie gut, daß du mich siehst!
Ich kann ja keinen Schritt tun,
bei dem du mich nicht begleitest.
Ich kann kein Wort denken,
das du nicht hörst, ehe ich es ausspreche.
Wie in zwei großen Händen hältst du mich.
Ich bin darin geborgen wie ein Vogel im Nest,
und manchmal scheint mir, ich sei darin gefangen
wie ein Vogel im Käfig.
Herr, manchmal ist mir unheimlich
vor deiner großen Hand, in der ich gefangen bin,
und ich möchte ihr entrinnen.
Ich denke über die große Welt nach,
über die künstlichen Monde, die die Menschen machen,
über die Raumschiffe, die in den Weltraum hinausjagen,
und denke mir,
daß wir Menschen dich eigentlich nicht mehr nötig haben.
Aber während ich das denke, bist du um mich
und ich bin in deinen beiden großen Händen.
Ich denke manchmal auch,
es habe eigentlich keinen Sinn, daß es mich gibt.
Dann habe ich dieses Leben satt
und würde es gerne wegwerfen,
denn ich habe es mir nicht selber ausgesucht. Aber ich weiß:
Wenn ich mein Leben wegwerfe und zu den Toten komme,
dann begegne ich dort doch wieder dir
und ich bin wieder in deinen Händen gefangen
und bin weder meinen Aufgaben noch dir entflohen.

Manchmal träume ich vom großen Leben.
Ich träume davon,
reich oder schön oder mächtig zu sein,
so daß mich die Menschen sehen und bewundern
und von mir reden.
Nicht nur die in meiner Straße,
sondern alle, alle Menschen in der ganzen Welt.

Dann kommt es mir so dumm und klein vor,
das Leben, das ich führen soll,
in dem es immer heißt:
Du sollst, du sollst nicht.
Du darfst, du darfst nicht.
Und ich möchte dem allem davonlaufen.
Aber ich weiß, das sind Träume.
Deine Hand ist stärker.
Deine Hand hält mich fest
in meiner Schule oder in meiner Arbeit
oder in meinem Hause,
und auf alle Fälle dort, wo meine kleinen Aufgaben sind.
Es ist gut, Herr, daß du mich festhältst.

Manchmal denke ich: Jetzt sieht mich niemand.
Kein Mensch sieht mich,
und auch du, Herr, bist nicht dabei.
Wenn es dunkel ist oder wenn die Vorhänge
an meinem Fenster zugezogen sind.

Und doch weiß ich, wie dumm es ist,
zu meinen, daß du, Gott, das Tageslicht brauchst
oder eine Lampe, um mich zu sehen,
als ob du Augen hättest wie ein Mensch.

Aber es ist gut, Herr, daß du mich siehst.
Wie sollte ich leben können,
wenn du nicht auf mich acht hättest,
wenn du mit deinen großen Händen
und mit deiner Liebe
nicht immer und überall um mich her wärest?

Wenn ich mich selbst betrachte
und meine Hand ansehe
oder im Spiegel mein Gesicht oder meine Gestalt,
dann weiß ich: Das alles hast du gemacht.
Es ist gut, das zu wissen.

Ich weiß nichts davon,
was mit mir geschehen ist, als ich klein war,
als ich noch nicht gehen und noch nicht sprechen konnte.
Ich weiß auch nicht, wie es zuging,
daß ich im Leib meiner Mutter wuchs.
Auch das hast du getan.
Aus deinen guten und großen Gedanken bin ich entstanden.
Gib mir Ehrfurcht vor dem Leibe,
in dem meine Mutter mich getragen hat,
und Ehrfurcht vor deinen geheimnisvollen Gedanken.
Denn ich möchte dir danken für alles,
was du mir gegeben hast,
für meinen Leib, für Geist und Seele,
für meine Geschicklichkeit und meine gesunde Kraft.

Ich möchte dir für vieles andere mehr danken.
Ich danke dir, daß du meinen Weg bestimmt hast
und nicht der Zufall, nicht die Sterne,
die die Leute um mich her befragen,
auch nicht die fremde Macht,
die wir das Schicksal nennen.
Ich danke dir für jeden Tag, den ich erlebe,
denn er kommt aus deiner guten Hand.

Ich bitte dich, mein Gott,
hilf mir, daß ich mich nicht beklage,
weil ich nicht so begabt, nicht so schön
oder nicht so gesund bin wie andere.
Laß mich dankbar sein, daß du mich so gemacht hast,
wie ich bin,
laß mich dankbar sein und dich preisen.

Ich möchte dich preisen, Herr.
Ich möchte dich preisen,
obwohl ich dich nicht verstehe,
weil alles zu schwer ist und zu viel,
und weil du so weit von mir entfernt bist
wie die Sterne am Himmel,
zu weit für meine kurzen Arme.

Herr, manchmal komme ich mir besser vor
als die vielen, denen du nicht wichtig bist,
die über dich reden und nichts von dir wissen.

Manchmal bin ich zornig über sie,
weil sie über dich spotten oder dich verachten,
und ich wundere mich,
daß du nichts gegen sie tust.
Daß sie immer weiterspotten dürfen,
ohne daß du eingreifst.
Hilf mir, daß ich dabei nicht böse werde,
sondern bei dir bleibe und dir gehöre.

Gib mir einen klaren Glauben
und begleite mich auf meinem Weg,
daß ich nicht auch von dir weglaufe.
Laß mich dein Kind sein
und alle Menschen mit mir nehmen,
die dich brauchen
und die du in Ewigkeit bei dir haben willst.

Herr,
ich suche deine Hand, daß du mich führst.
Ich weiß, daß du mich führst.
Es ist gut, mein Gott,
das zu wissen.

Als Jesus die Volksmenge sah, ging er auf einen Berg und
setzte sich, und seine Freunde, die wir „Jünger" nennen,
traten zu ihm. Und er redete zu ihnen über den Weg zum
Leben.

Glücklich – mehr noch: selig sind,
die arm sind vor Gott und nicht meinen,
selbst stark genug zu sein, ohne ihn.
Glücklich, die Gottes Barmherzigkeit brauchen
und alles von seiner Liebe erwarten,
denn Gott liebt sie und macht sie reich
und tut ihnen zu seinem Reich die Tür auf.

Glücklich, die Leid tragen,
denn Gott wird sie trösten.
Glücklich, die geduldig sind und hoffen,
denn diese Erde wird ihnen gehören.
Glücklich, die nach Gerechtigkeit hungern und dürsten,
denn Gott wird sie satt machen.
Glücklich zu preisen die Barmherzigen,
denn Gott wird ihnen barmherzig sein.
Glücklich die Menschen, denen Gott ein reines Herz gibt,
denn sie werden ihn schauen.
Glücklich, die Frieden stiften, wo Streit ist,
denn sie sind die Kinder Gottes.

Glücklich zu nennen, die verfolgt werden,
weil sie die Gerechtigkeit lieben
und weil Gottes Willen ihnen wichtig ist,
denn Gott ist bei ihnen.
Glücklich seid ihr, wenn man euch verleumdet und verfolgt,
weil ihr zu mir gehört.
Glücklich seid ihr,
wenn man euch Böses nachsagt und dabei lügt.
Freut euch und seid unbekümmert,
denn Gott legt euch einen reichen Lohn bereit.
Glücklich seid ihr,
denn es geschieht euch nur,
was vorher den Dienern Gottes,
den Propheten, geschehen ist.

Ihr seid das Salz der Erde.
Ihr seid dazu bestimmt, die Welt vor Fäulnis zu schützen.
Wenn nun das Salz fad wird,
womit soll man es wieder salzig machen?
Es taugt zu nichts weiter,
als daß man es auf die Gasse wirft,
und läßt es von den Leuten zertreten.
Ihr seid das Licht der Welt.
Ihr seid bestimmt, der Welt zu zeigen, wie es um sie steht.
Ihr seid bestimmt, der Wahrheit Geltung zu verschaffen.
Man muß euch sehen.
Eine Stadt, die auf einer Höhe liegt,
kann nicht verborgen sein.
Man zündet auch nicht eine Lampe an,
um einen Kessel darüber zu stülpen.
Man stellt ein Licht auf einen Leuchter,
damit es denen leuchtet, die im Hause sind.
So soll euer Licht brennen vor aller Augen,
daß man sieht, wem ihr dient,
daß man euren Vater im Himmel erkennt,
ihm gehorcht und seine Herrschaft rühmt.
Ihr sollt nicht meinen, ich sei gekommen,
Gottes Ordnungen aufzulösen,
die im Gesetz niedergelegt sind,
oder seinen Willen aufzuheben,
den er den Propheten gezeigt hat.
Ich bin nicht gekommen,
Gottes Willen und Plan beiseite zu tun,
sondern ihn zu erfüllen.
Denn was ich sage, das gilt:
Solange es eine von Menschen bewohnte Welt
und einen Himmel gibt, in dem Gott herrscht,
wird von Gottes Willen und Gottes Ordnung
kein Buchstabe unwirksam sein.
Und wenn ihr auf Gottes Willen und Plan
nicht sorgfältiger achtet und mit willigerem Herzen
als die Schriftgelehrten, die Tag und Nacht forschen,
und die Pharisäer, die sich bei jedem Schritt fragen,
ob es recht sei, was sie tun,
habt ihr keinen Zugang zu Gottes himmlischem Reich.

Ihr habt gehört, daß euren Vätern gesagt wurde:
Du sollst nicht töten.
Wer tötet, soll vor ein Gericht gestellt
und getötet werden.

Ich aber sage euch: Wer seinem Bruder zürnt,
verdient in Gottes Augen das Todesurteil durch ein Gericht.
Wer zu seinem Bruder sagt: Du Null!
Wer ihn also auslöschen will wie eine Zahl,
verdient in Gottes Augen
das Urteil des hohenpriesterlichen Gerichts,
das ihn ausschließt aus der Gemeinschaft derer,
die Gott zugehören.
Wer zu seinem Bruder sagt: Du Verdammter!
Wer ihm also Gottes Barmherzigkeit entziehen möchte,
verdient in Gottes Augen
das höllische Feuer und die höllische Gottverlassenheit.

Wenn du zum Gottesdienst gehst
und dir dabei einfällt,
daß dein Bruder dir etwas Böses vorwirft,
dann laß das Opfern, laß das Beten und Singen.
Kehre unter der Tür zum Gottesdienst um,
geh zuerst zu deinem Bruder und versöhne dich mit ihm.
Dann komm, zeige deinen Glauben und deine Dankbarkeit
und opfere Gott, was du opfern willst.

Noch hast du Zeit,
den Streit und den Haß auszuräumen,
ehe du vor Gott, deinen Richter, trittst
und der Streit mit deinem Bruder
und der Haß in deinem Herzen gegen dich aussagen.
Wenn es einmal so weit ist,
bist du der Gefangene deines Hasses.
Du entrinnst ihm nicht mehr,
ehe du alles wieder gut gemacht hast,
was doch nicht wieder gutzumachen ist.

Ihr habt gehört, daß gesagt ist:
Du sollst nicht ehebrechen.

Ich aber sage euch:
Wer eine Frau mit begehrlichen Augen ansieht,
der hat in seinem Herzen schon die Ehe gebrochen.

Wenn aber dein rechtes Auge schuld daran ist,
daß du von Gott abfällst
und das Gespräch zwischen Gott und dir verstummt,
dann reiß es aus und wirf es von dir.
Es ist besser für dich,
wenn ein Teil von dir verloren geht,
als wenn du selbst, der ganze Mensch,
in der Verzweiflung endest.

Wenn deine rechte Hand tut, was Gott verboten hat,
wenn sie schuld ist oder mitschuldig,
daß du von Gott abfällst,
dann haue sie ab und wirf sie von dir.
Es ist besser für dich,
wenn eines deiner Glieder verloren geht
als wenn du selbst, der ganze Mensch,
in der Gottverlassenheit endest.

Es ist seit ältesten Zeiten Sitte bei euch,
daß, wer sich von seiner Frau trennen will,
der Scheidung eine rechtliche Form gibt
und sie beurkundet,
damit die Frau geschützt und alles in Ordnung ist.

Ich aber sage euch:
Jeder, der sich von seiner Frau trennt,
macht sie zur Ehebrecherin,
es sei denn, sie habe zuvor die Ehe gebrochen.
Und wer mit einer Geschiedenen eine neue Ehe eingeht,
bricht die Ehe.

Ihr habt weiter gehört,
daß die Alten ein Gesetz hatten, das forderte:
Du sollst nicht falsch schwören,
und wenn du Gott ein Versprechen gegeben hast,
dann sollst du das Versprechen halten.

Ich aber sage euch,
daß ihr überhaupt keinen Eid leisten sollt,
um glaubwürdiger zu sein.

Ihr könnt den Himmel nicht als Zeugen anrufen,
denn er ist Gottes Thron,
ihr aber seid auf der Erde.

Ihr könnt auch die Erde nicht als Zeugen aufführen,
als ob sie euch zu Gebote stünde.
Denn die Erde ist der Schemel der Füße Gottes
und gehört ihm.

Ihr könnt auch nicht so tun,
als ob das Wort „Jerusalem", der heilige Name,
euren Worten Gewicht gäbe,
denn Jerusalem ist die Stadt des großen Königs.

Ihr sollt auch nicht „bei eurem Haupt" schwören,
denn ihr habt es nicht in der Hand,
ob eure Haare schwarz oder weiß werden.
Nicht einmal ihr selbst gehört euch.

Wenn ihr wollt, daß man euch glaubt,
dann sagt ja oder sagt nein.
Alles Weitere dient dem Bösen,
es dient der Lüge
und kommt von ihr her.

Ihr habt gehört,
daß für den, der Böses vergelten wollte,
die Regel galt: Auge um Auge, Zahn um Zahn.
Ich aber sage euch:
Ihr sollt dem Bösen
keinen Widerstand entgegensetzen.
Wenn dir jemand auf die rechte Backe schlägt,
dann biete ihm auch die linke.
Wenn jemand, dem du Geld schuldest,
deinen Rock als Pfand nehmen will,
dann gib ihm noch den Mantel dazu.

Wenn jemand dich zwingt,
ihn zu seinem Schutz
auf einem einsamen Weg eine Meile zu begleiten,
dann geh zwei mit ihm.

Gib dem, der dich bittet,
wende dich nicht ab von dem, der dir abborgen will.

Ihr habt gehört, daß die Regel gegolten hat:
Du sollst deinen Freund lieben,
deinen Feind sollst du hassen.

Ich aber sage euch:
Zeigt euren Feinden, daß ihr sie liebt,
und bittet Gott um seine Liebe für die,
die euch verfolgen,
damit ihr Söhne eures Vaters im Himmel werdet,
der seine Sonne über Bösen und Guten aufgehen läßt
und regnen läßt über Gerechten und Ungerechten.

Denn wenn ihr die liebt, die euch lieben –
was erwartet ihr Besonderes dafür?
Tut man das nicht auch unter denen,
die Gott verachten?

Darum sollt ihr ganze Menschen sein,
aus einem Stück, wie Gott ganz Gott und der Eine ist.

Tut Gutes nicht vor den Menschen,
um von ihnen gesehen zu werden.
Es könnte sein,
daß ihr die Anerkennung der Menschen empfangt,
Gott euch aber seinen Lohn entzieht.

Wenn du ein Opfer gibst
für Menschen, die in Not sind,
dann sollst du das nicht hinausposaunen,
wie es die Heuchler mit ihren Spenden tun
in den Kirchen und in der Öffentlichkeit,
damit Gott es merkt
und die Menschen es besprechen.
Ich sage euch:
Sie haben ihren Lohn gehabt.

Wenn du ein Opfer gibst,
dann sorge dafür,
daß deine linke Hand nicht weiß, was die rechte tut,
damit dein Opfer in der Verborgenheit geschehe.
Denn dein Vater sieht ins Verborgene
und hat seinen Lohn für dich bereit.

Und wenn ihr betet,
sollt ihr euch Gott zuwenden
und nicht den Menschen,
wie die Scheinheiligen, genau besehen,
in ihrem Gebet zu den Menschen reden,
die ihnen zuhören.
Ich sage euch:
Sie haben ihren Lohn gehabt.

Wenn du betest,
dann rede mit Gott.
Geh in deine Kammer und schließ die Tür zu
und bete zu deinem Vater im Verborgenen.
Denn dein Vater sieht in das Verborgene
und hat seinen Lohn für dich bereit.

Wenn ihr betet,
sollt ihr nicht viel plappern
wie die, die Gott nicht kennen
und die meinen,
sie würden erhört, wenn sie viele Worte machen.
Ihr sollt es ihnen nicht gleich tun,
denn euer Vater weiß, was ihr braucht,
ehe ihr ihn bittet.

Darum sollt ihr so beten:

Unser Vater im Himmel,
dein Name sei unantastbar,
deine Herrschaft laß wirksam werden,
deinen Willen laß geschehen
im Himmel und in unserer Welt.
Gib uns das Brot,
das wir heute nötig haben,
vergib uns das Böse,
das wir getan haben,
wie wir dem vergeben werden,
der uns Böses getan hat.
Schütze uns vor der Gefahr,
dich zu verlieren,
und mache uns frei
von der Macht der Finsternis,
die dir feindlich ist.
Denn dir steht die Herrschaft zu
und die Macht
und die Ehre in Ewigkeit. Amen.

Wenn ihr euch einen Verzicht auferlegt,
weil ihr in eurem Leben Raum schaffen wollt
für die Stille mit Gott,
dann macht kein Schauspiel daraus.
Der Verzicht wird seinen Sinn
und die Stille ihre Kraft verlieren.

Wenn ihr verzichten wollt,
dann lebt, wie ihr auch sonst lebt,
und vermeidet, daß man es bemerkt.
Euer Vater ist im Verborgenen da
und sieht ins Verborgene
und hat seinen Lohn für euch bereit.

Ihr sollt keine Reichtümer aufhäufen in diesem Leben.
Mottenfraß und Holzwurm sind ihr Ende.
Diebe graben danach
und rauben eure Vorräte aus.
Sammelt euch einen Besitz bei Gott,
wo weder Motte noch Holzwurm nagen
und wo Diebe nicht nachgraben und stehlen.
Denn wo euer Schatz ist,
da ist auch euer Herz.

Niemand kann zwei Herren zugleich dienen.
Er wird dem einen sein Herz verweigern
und es dem anderen schenken,
oder er wird sich um den einen bemühen
und den anderen vernachlässigen.
Ihr könnt nicht Gott dienen
und dem Geist des Geldes zugleich.

Deshalb sage ich euch: Macht euch keine Sorgen um euer Leben: „Was sollen wir essen? Was sollen wir trinken? Was sollen wir anziehen?"
Das Leben, das ihr von Gott empfangen habt, ist mehr als die Nahrung, die ihr dazu braucht, und der Leib, den er euch gab, ist mehr wert als die Kleidung.

Seht die Vögel an! Sie säen nicht. Sie ernten nicht. Sie sammeln keine Vorräte in Scheunen. Euer Vater im Himmel ist es, der sie ernährt. Seid ihr nicht viel kostbarer als sie?

Und was sollen die Sorgen nützen? Wer erreicht mit seinen Sorgen auch nur, daß die Zeit seines Lebens um eine Elle länger wird? Und wozu sorgt ihr euch um eure Kleider?
Lernt bei den Lilien auf dem Feld: Sie mühen sich nicht. Sie spinnen nicht. Ich sage euch: Nicht einmal Salomo in all seiner Pracht war gekleidet wie irgendeines von ihnen.
Wenn aber Gott das Gras – das heute steht und morgen ins Feuer geworfen wird – so kostbar kleidet, wird er nicht viel mehr für euch sorgen, ihr Anfänger im Glauben?

Deshalb sollt ihr euch nicht in eurer Sorge verzehren: Was essen? Was trinken? Was anziehen? Um all das kreisen die Gedanken derer, die von Gott nichts wissen. Denn euer Vater im Himmel weiß, daß ihr das alles nötig habt.
Sorgt euch darum, daß Gott bei euch geehrt wird und daß unter seiner Herrschaft etwas Gerechtes unter euch geschieht. Das übrige wird er euch dazugeben.

Zerquält euch nicht um den kommenden Tag. Es genügt, wenn ihr euch morgen um ihn kümmert. Es ist genug, daß jeder Tag seine eigene Mühe hat.

Urteilt nicht über andere Menschen,
damit das Urteil nicht über euch gesprochen wird.
Denn so wie ihr über andere zu Gericht sitzt,
wird man über euch richten.
Die Maßstäbe, die ihr an andere anlegt,
wird Gott an euch anlegen.

Was hat es aber für einen Sinn,
einen Splitter im Auge des Bruders festzustellen,
den Balken, der im eigenen Auge steckt,
dagegen zu übersehen?

Oder wie kommst du dazu,
zu deinem Bruder zu sagen:
Halte still!
Ich will dir den Splitter aus deinem Auge ziehen,
während doch in deinem eigenen Auge
der Balken steckt?

Du Heuchler!
Sorge erst dafür,
daß der Balken aus deinem eigenen Auge verschwindet,
dann magst du Mittel und Wege suchen,
den Splitter aus dem Auge deines Bruders zu entfernen.

Wenn ihr mit Gott redet,
dann sorgt euch nicht,
ob er es auch hören werde.
Bittet ihn, er wird euch geben.
Sucht ihn, ihr werdet ihn finden.
Klopft an, er wird euch auftun.
Wer bittet, wird empfangen.
Wer sucht, wird finden.
Wer anklopft, dem wird Gott eine Tür öffnen.

Wie ist es denn unter euch?
Ist da einer,
der seinem Sohn einen Stein reicht,
wenn er ihn um Brot bittet?
Oder der eine Schlange bietet,
wenn das Kind um einen Fisch gebeten hat?
Wenn aber ihr
in eurer Armut und Unzuverlässigkeit
euren Kindern die Gaben zu geben wißt,
die sie brauchen,
sollte Gott nicht in der Lage sein,
denen Gutes zu geben, die ihn bitten?

Merkt euch die Regel:
Alles, was ihr von den Mitmenschen
an guten Taten erwartet,
das tut ihnen.
Das ist das ganze Gesetz Gottes
und die Botschaft seiner Propheten.

Geht durch die schmale Tür.
Denn das Tor ist weit und der Weg ist breit,
die zum Verderben führen.
Viele gehen hindurch
und gehen zugrunde.

Die Tür ist eng und der Weg ist schmal,
die zum Leben führen,
und wenige sind es, die ihn finden.

Hütet euch vor den angeblichen Boten Gottes,
die viel von ihrer Vollmacht reden
und anderes sagen, als ich gesagt habe.
Die den Anschein erwecken,
als gehörten sie zu meinen Schafen,
in Wirklichkeit aber wie Wölfe
über meine Herde herfallen.

An ihren Früchten sollt ihr sie erkennen.
Dornen geben keine Trauben
und Disteln keine Feigen.
Ein gesunder Baum bringt gesunde,
ein fauler Baum schlechte Früchte.
Ein guter Baum kann keine schlechten Früchte bringen
und ein fauler Baum keine guten.
Ein Baum, der schlechte Früchte bringt,
wird abgehauen und ins Feuer geworfen.

So sollt ihr sie an der Wahrheit oder Lüge,
die sie verkündigen, erkennen.
Nicht jeder, der zu mir sagt: Herr! Herr!
wird in das himmlische Reich eingehen,
sondern allein der,
der den Willen meines Vaters im Himmel erfüllt.

Viele werden dereinst zu mir sagen,
wenn ihnen der Zugang verwehrt wird:
Herr! Herr! haben wir nicht geredet und gearbeitet,
um dir zu dienen
und deinen Namen bekannt zu machen?
Haben wir nicht gegen dunkle Mächte gekämpft
und dabei uns auf dich berufen?
Haben wir nicht große Dinge getan,
um dich zu verherrlichen?

Dann werde ich ihnen sagen müssen:
Ihr habt nie zu mir gehört.
Hinaus, ihr Übeltäter!

Wer tut, was ich sage,
der ist klug wie ein Mann,
der sein Haus auf einen Felsen baute.
Als nun ein schwerer Regen fiel,
der Fluß übers Ufer trat
und nach dem Haus griff
und die Stürme gegen das Haus stießen,
blieb es unversehrt,
denn sein Fundament
war in den Felsen gehauen.

Wer aber hört, was ich sage,
und es nicht tut,
der ist töricht wie ein Mann,
der sein Haus auf Sand setzte.
Als nun ein Regen fiel
und der Fluß über die Ufer trat
und die Stürme an das Haus schlugen,
zerbrach es
und stürzte in Trümmern zusammen.

Und das Volk?
Als Jesus diese Rede beendet hatte,
war das Volk außer sich über seine Lehre,
denn er redete wie einer,
der von Gott Gewalt hat,
und nicht wie die Schriftgelehrten.

Eines Tages redete Jesus in einem Haus,
und die Frommen aus der Gemeinde, die Pharisäer,
und die jüdischen Theologen, die Schriftgelehrten,
die von überall, auch von Jerusalem gekommen waren,
saßen dabei.

Da geschah es,
daß Männer einen Gichtkranken auf einer Bahre brachten
und versuchten, in das Haus zu kommen.
Sie konnten aber nicht durch die Tür,
weil das Gedränge zu groß war.
Da stiegen sie aufs Dach, hoben die Ziegel ab
und ließen ihn in der Mitte des Raumes hinunter,
so daß er gerade vor Jesus auf den Fußboden kam.

Als Jesus sah, mit wie festem Glauben sie gekommen waren,
sagte er zu ihm:
Mann! Es soll alles nicht mehr gelten,
was du Böses getan hast.
Es soll dich nicht mehr von Gott trennen!
Da ging ein Raunen
durch die Reihen der Schriftgelehrten und Pharisäer:
Was redet der? Will er sich an Gott vergreifen?
Einen Menschen von Schuld frei machen –
das kann doch nur Gott!

Jesus merkte wohl, was sie dachten, und fragte sie:
Warum seid ihr dagegen?
Was ist leichter zu sagen:
Du sollst von deiner Schuld frei sein –
oder: Steh auf! Geh umher!
Ich will das tun, was schwerer scheint,
denn ihr müßt wissen,
daß ich das Recht und die Macht habe,
Menschen von ihrer Schuld zu befreien.
Und so sprach er zu dem Gichtkranken:
Ich befehle dir:
Steh auf! Nimm deine Bahre! Geh nach Hause!
Im nächsten Augenblick stand er vor aller Augen auf,
nahm die Bahre, ging glücklich heim und dankte Gott.

An einem frühen Morgen, vor Tag,
stand Jesus auf, ging ein Stückweit hinaus in die Wüste
und betete dort.
Simon und einige andere gingen ihm nach,
fanden ihn und wollten ihn zurückholen,
weil, wie sie sagten,
alle in der Stadt nach ihm suchten.
Er aber ging nicht mit ihnen zurück,
sondern sagte: Auf!
Wir wollen weitergehen!
In die nächsten Dörfer!
Ich will auch dort wirken, denn dazu bin ich gekommen.

Da kam ein Aussätziger zu ihm,
der flehte ihn an
und fiel vor ihm auf die Knie:
Wenn du willst,
kannst du mich heil machen!
Und er tat ihm leid.

Jesus berührte ihn mit der Hand:
Ich will's tun. Du sollst gesund sein.
Da schwand der Aussatz und er wurde gesund.

Jesus aber hielt ihn fest
und befahl ihm mit aller Strenge,
ehe er ihn entließ:
Sage zu keinem Menschen ein Wort davon!
Geh und zeige dich dem Priester,
daß er dich für gesund erklärt,
und gib das von Mose vorgeschriebene Opfer,
daß man sieht, was mit dir geschehen ist.

Der Mann ging weg,
fing aber sofort an, überall davon zu reden
und die Geschichte zu verbreiten,
so daß Jesus die Stadt
nicht mehr öffentlich betreten konnte.
Da blieb er draußen, am Rand der Wüste,
und die Menschen kamen von überall her zu ihm.

Eines Tages,
als Jesus in die Stadt Kapernaum hineinging,
trat ihm ein Offizier der römischen Armee entgegen,
der Führer einer Hundertschaft,
der redete ihn an:
Herr, mein Knecht liegt zu Hause,
er ist gichtkrank und leidet furchtbare Schmerzen.

Jesus antwortete:
Ich will kommen und ihn heilen.
Aber der Hauptmann wehrte sich:
Herr, ich bin nicht wert,
daß du unter mein Dach kommst,
sprich es nur mit einem Wort aus,
er solle gesund werden,
und mein Knecht wird gesund sein.
Ich habe doch auch Vorgesetzte
und habe auch Untergebene,
und bei ihnen genügt ein Wort.
Sage ich zu einem Soldaten:
Geh! – so geht er.
Oder zu einem anderen:
Komm! – so kommt er.
Oder zu meinem Knecht
Tu das! – so tut er es.

Als Jesus das hörte,
staunte er und sagte zu den Umstehenden:
Kein Mensch in Israel hat diesen Glauben!
So viel ist sicher:
Viele werden vom Osten und vom Westen kommen
und mit Abraham, Isaak und Jakob
im himmlischen Reich zu Tisch sitzen.
Die aber, die darin Heimatrecht haben sollten,
wird man hinauswerfen, weit hinaus in die Finsternis,
wo Heulen und Zähneklappen übrig bleibt.

Und zu dem Hauptmann gewendet: Geh heim!
Dein Glaube soll dich nicht enttäuschen.
Und der Knecht wurde in dieser Stunde gesund.

Als Jesus von dort weiterzog,
liefen ihm zwei blinde Männer nach,
die schrien:
Du kannst uns helfen,
du König Israels!
Hilf uns!

Als er sein Haus betrat, waren sie bei ihm.
Glaubt ihr im Ernst, fragte sie Jesus,
daß ich euch helfen kann?
Sie antworteten: Ja, Herr.
Da berührte er ihre Augen und sprach:
Was ihr glaubt, soll geschehen.
Und ihre Augen gingen auf.

Da fuhr Jesus sie an:
Hört zu!
Ich will nicht,
daß irgend jemand es erfährt!
Sie aber gingen hinaus
und redeten über ihn im ganzen Land.

Kaum hatten die beiden das Haus verlassen,
da brachte man ihm einen Stummen,
der unter einem dunklen Geist litt.
Als Jesus ihn von dem dunklen Geist befreit hatte,
in dessen Macht er gewesen war,
begann der Stumme zu reden.

Und die Menschen standen erschüttert dabei
und sagten:
Das ist nie dagewesen,
solange man sich in unserem Volk zurückerinnert.

Einmal war Jesus von einem Pharisäer eingeladen, bei ihm zu essen. Und er kam in das Haus und legte sich zu Tisch. (Denn man lag beim Essen auf couch-artigen Polstern.)

In jener Stadt lebte eine Dirne. Als die sah, daß er bei dem Pharisäer speiste, brachte sie ein Glas mit Salbe, trat von hinten her zu seinen Füßen und weinte, netzte seine Füße mit ihren Tränen, wischte sie mit ihren Haaren ab, küßte sie und rieb sie mit Salbe ein.

Als der Pharisäer das sah, machte er sich seine Gedanken: Wenn der ein Prophet wäre, wüßte er, was für eine Frau das ist.

Da wandte sich Jesus an ihn: Simon, ich habe dir etwas zu sagen. Er ging darauf ein: Meister, rede! Und Jesus sprach:

Ein Geldverleiher hatte zwei Schuldner. Der eine war tausend Mark schuldig, der andere hundert. Als sie das Geld nicht zurückzahlen konnten, schenkte er es beiden. Wer von den beiden wird ihm dankbarer sein? Simon meinte: Ich vermute der, dem er mehr geschenkt hat. Du hast richtig geurteilt, antwortete Jesus, und, zu der Frau gewendet, fuhr er fort: Siehst du diese Frau, Simon? Ich bin in dein Haus gekommen, und du hast mir kein Wasser für meine Füße gegeben. Sie aber hat sie mit Tränen genetzt und mit ihren Haaren getrocknet. Du hast mir keinen Kuß gegeben. Sie aber küßt, seit ich hier bin, unaufhörlich meine Füße. Du hast mir das Haupt nicht mit Öl gesalbt. Sie aber hat mir mit der viel kostbareren Salbe die Füße eingerieben. Daran wird eins deutlich und das sage ich dir: Ihr sind viele Sünden vergeben, denn sie hat viel Liebe. Wer wenig Vergebung empfangen hat, hat auch wenig Liebe zu geben.

Und er wandte sich an sie: Deine Sünden sollen dich nicht mehr von Gott trennen. Sie sind erlassen.

Da redeten die übrigen Gäste miteinander und fragten sich: Wer ist das, der hier Sünden vergibt? Jesus aber fuhr fort: Dein Glaube hat dich gerettet. Geh. Du wirst Frieden finden.

Währenddessen kam alles zusammen,
was es in der Stadt an verrufenen Leuten gab:
die Zöllner, die verachtet waren
als Handlanger der Besatzungsmacht,
und andere düstere Gestalten,
die man aus der Gesellschaft der Frommen
und der Geordneten ausgestoßen hatte.
Alle wollten Jesus zuhören.

Die Pharisäer und die Schriftgelehrten aber
diskutierten unter sich und stellten fest:
dieser Jesus, der ein Gottesgesandter sein will,
macht sich mit Betrügern und Ausbeutern gemein
und hält mit ihnen zusammen Tischgemeinschaft.

Da redete Jesus sie mit einem Gleichnis an:
Ich kann mir nicht denken,
daß einer unter euch anders verfährt
als jeder vernünftige Schafhirt.
Nehmt an, er hat hundert Schafe.
Eins davon läuft ihm weg.
Er läßt auf der Stelle die neunundneunzig in der Steppe allein
und macht sich auf die Suche nach dem einen verlorenen.
Er geht ihm nach, bis er es findet.

Wenn er es gefunden hat,
nimmt er es auf die Schulter und freut sich,
und wenn er nach Hause kommt,
ruft er seinen Freunden und Nachbarn zu:
Das freut euch auch! Ich habe das Schaf wieder,
das weggelaufen war!

Ich sage euch:
so freut man sich im Himmel
über jeden einzelnen Gottlosen, der zu Gott umkehrt,
– mehr als über neunundneunzig Fromme und Gerechte,
die eine Umkehr,
eine Änderung ihrer Gedanken und ihrer Lebensführung,
scheinbar nicht nötig haben.

Herr, fragte Petrus, wie oft darf mein Bruder mir Unrecht tun, bis ich ihm nicht mehr zu verzeihen brauche? Ist siebenmal genug?
Jesus antwortete: Ich sage dir, nicht siebenmal, sondern siebzigmal siebenmal. Und wenn er dir siebenmal an einem einzigen Tag Unrecht täte und siebenmal wieder zu dir käme und sagte: Es ist mir leid – sollst du ihm immer wieder verzeihen.

Denn es geht vor Gott zu wie bei einem König, der mit seinen Dienern abrechnen wollte. Als er damit angefangen hatte, brachte man einen Menschen vor ihn, der ihm zehntausend Zentner Silber schuldig war. Da er sie nicht zahlen konnte, befahl der König, daß man den Schuldner verkaufe, dazu seine Frau und seine Kinder und alles, was er besaß, um damit die Schuld zu tilgen.
Da fiel der Knecht auf seine Knie und bat: Habe Geduld mit mir, ich will dir alles bezahlen.
Da tat er dem Herrn leid, und er ließ ihn los und erließ ihm außerdem seine Schuld.
Da ging eben dieser Knecht aus dem Saal und traf draußen einen seiner Kollegen, der ihm hundert Mark schuldig war. Er griff ihn an, würgte ihn und sagte: Bezahle, was du schuldig bist.
Da fiel sein Mitknecht nieder und bat ihn: Habe Geduld mit mir, ich will dir's bezahlen! Er aber wollte nicht, sondern ging weg und sorgte dafür, daß er ins Gefängnis kam, bis er die Schuld bezahlen würde.
Als die übrigen Knechte das sahen, wurden sie sehr traurig und berichteten ihrem Herrn, was sich zugetragen hatte. Da ließ ihn der Herr kommen und sagte zu ihm: Du übler Kerl, deine Riesenschuld habe ich dir erlassen, weil du mich gebeten hast. Es hätte dir wohl angestanden, mit deinem Mitknecht barmherzig zu verfahren, wie ich mit dir tat.
Da übergab der Herr ihn in seinem Zorn den Folterknechten, bis er ihm alles bezahlen würde, was er ihm schuldig war.
So wird mein Vater im Himmel mit euch umgehen, wenn ihr nicht, ein jeder seinem Bruder, verzeiht, und zwar von Herzen.

Danach redete er die Städte an,
in denen die meisten seiner Zeichen
und Machttaten geschehen waren,
die sich aber doch nicht gebessert
und ihren Sinn nicht geändert hatten,
und klagte sie an:

Wehe dir, Chorazin! Weh dir, Bethsaida!
Wären die Taten in Tyrus und Sidon,
in den Städten des Lasters,
unter heidnischen Menschen, geschehen,
die ihr erlebt habt, –
in Sack und Asche hätten sie Buße getan!
Aber ich sage euch:
Es wird Tyrus und Sidon erträglicher gehen
am Tage des Gerichts als euch!

Und du, Kapernaum,
solltest du nicht bis zum Himmel erhoben werden?
Zur Hölle wirst du hinabfahren.
Denn wenn in Sodom,
der schuldbeladenen Stadt,
die Taten geschehen wären, die du erlebt hast,
es stünde bis heute unversehrt.
Ich sage dir:
Es wird dem Lande der Sodomer erträglicher gehen
am Tag des Gerichts als dir.

In jener Zeit antwortete Jesus auf all das,
was geschah, mit einem Lobgesang:

Ich preise dich, Vater, du Herr des Himmels und der Erde,
daß du dein Geheimnis verborgen hast
vor den Weisen und Klugen,
die von dir reden,
und es denen anvertraut,
die keine Macht und kein Wissen besitzen.
Ja, Vater,
so sollte es geschehen,
denn es gefiel dir.

Alles ist mir in die Hände gegeben
von meinem Vater,
und niemand kennt den Sohn
als allein der Vater,
und niemand kennt den Vater
als der Sohn allein
und die, denen der Sohn ihn zeigt.

Kommt her zu mir alle,
die ihr müde seid
und ermattet von übermäßiger Last,
die ihr seufzt unter harten Geboten
und unter der Last eurer Pflicht.
Aufatmen sollt ihr und frei sein.

Dient Gott, wie ich es euch lehre:
denn ich herrsche nicht über euch,
und Gott ist in mir nahe in liebender Demut.
Aufatmen sollt ihr,
denen Gott ein Tyrann war.

Denn Gott zu dienen nach meiner Weisung
ist schön
und leicht ist die Last,
die der Glaube mir nachträgt.

Eines Tages führte ihn sein Weg nach Nazareth,
wo er seine Kindheit zugebracht hatte.
Als gerade Sabbat war, der Sonntag der Juden,
begab er sich, wie er gewohnt war,
in den Gottesdienst.
Nun erwartete man von einem durchreisenden Prediger,
daß er ein Wort aus der Heiligen Schrift las und auslegte,
und so erhob sich Jesus am Ende des Gottesdienstes,
um das zu tun.
Dazu gab man ihm eine Rolle
mit den Schriften des Propheten Jesaja,
und als er sie öffnete, fand er das Wort:

Gott wirkt durch mich,
er hat mich zu seinem Bevollmächtigten berufen,
er hat mich gesandt, den Armen zu sagen,
daß Gott sie liebt,
die verwundeten Herzen zu verbinden,
den Gefangenen die Befreiung zu bringen,
den Blinden das Licht zu geben,
die Mißhandelten zu erlösen
und zu sagen, daß Gottes Stunde da ist,
die Stunde, die ihm gehört.

Er schloß die Rolle,
gab sie dem Diener zurück und setzte sich,
und die Versammlung wartete gespannt,
was nun kommen würde.
Da sagte er ihnen:
Jetzt ist Gottes Stunde!
Heute hat sich erfüllt, was da steht,
Stück um Stück.

Und sie bestätigten ihm, daß das wahr sei,
und staunten, denn sie wußten:
Das war Gottes Freundlichkeit, die zu ihnen sprach.
Aber sie wehrten sich dagegen,
denn sie kannten ihn von klein auf und zweifelten:
Ist das nicht einer der Unseren?
Ist das nicht Josephs Sohn?

Während des Gottesdienstes zu Nazareth fuhr Jesus fort:
Ihr werdet mir jetzt das Sprichwort entgegenhalten:
Der Arzt beweist seine Kunst, indem er sich selbst heilt.
Wir haben große Dinge gehört,
die du in Kapernaum getan hast,
bei den anderen Leuten, die dich nicht kennen.
Beweise jetzt deine Kunst in deiner Heimatstadt!
Zeige uns ein Wunder!
Aber das steht fest:
Ein Prophet, der Ernst macht,
gilt in seiner Heimat nichts,
denn er kann seine Heimat nicht besonders bedienen.
Auch seine Heimat
hat keinen besonderen Anspruch Gott gegenüber.
Das ist die Wahrheit:
In den Tagen des Elia gab es in Israel unzählige Witwen,
als es drei Jahre und sechs Monate nicht regnete
und die große Hungersnot im Lande war,
aber Elia wurde nur zu einer einzigen gesandt,
und zwar ausgerechnet zu einer,
die draußen in Sarepta zuhause war, in dem Land,
das zu Sidon gehört und nicht zu Israel.
Denn es gibt keinen Anspruch Gott gegenüber.
Es gab viele Aussatzkranke in Israel
in der Zeit des Propheten Elisa,
aber ein einziger wurde von ihm geheilt,
und zwar ausgerechnet einer,
der mit dem Volk Gottes nichts zu tun hatte:
Naeman, der Syrer.
Denn es gibt keinen Anspruch Gott gegenüber.

Da gerieten sie in einen wilden Zorn,
alle, die im Gottesdienst waren.
Sie standen auf,
stießen ihn vor sich her aus der Stadt hinaus
und trieben ihn auf einen steilen Felsen,
auf den Berg, an dem die Stadt lag,
um ihn von dort hinabzustürzen.
Aber er schritt mitten durch die Menge,
ging weg und setzte seine Reise fort.

Damals erklärte Jesus seinen Jüngern zum erstenmal,
daß es für ihn keinen Ausweg gebe.
Er werde nach Jerusalem gehen
und dort viel Qual und Leiden auf sich nehmen müssen,
die die Ältesten und die Priester
und die Schriftgelehrten ihm zufügen würden.
Er werde sterben
und am dritten Tag wieder aus dem Tode
von Gott erweckt werden.

Da nahm ihn Petrus beiseite
und beschwor ihn:
Das will Gott nicht, Herr!
Das darf dir nicht zustoßen.

Jesus aber wandte sich um und fuhr ihn an:
Weg! Geh mir aus den Augen, du Satan!
Du bist mir im Wege,
denn du meinst nicht, was Gott will,
sondern denkst wie ein Mensch!

Zu den übrigen Jüngern gewandt fuhr Jesus fort:
Wer zu mir gehören will
und meinen Weg mitgehen,
der denke nicht an sich selbst
und sehe von seinem eigenen Leben ab.
Er nehme den Kreuzbalken auf seine Schulter,
an den sie ihn hängen werden,
und gehe hinter mir her.
Wer nämlich sein Leben retten will,
wird es dabei verlieren,
wer aber sein Leben verliert,
weil er zu mir gehört,
wird das Leben finden.

Was hat ein Mensch gewonnen,
wenn er die ganze Welt gewinnt
und das Leben verliert?
Oder was will ein Mensch bieten
für sein verlorenes Leben?

Einmal kam Jesus wieder nach Kapernaum.
Als er daheim war, fragte er seine Jünger:
Worüber habt ihr unterwegs gestritten?

Sie schwiegen,
denn sie hatten darüber verhandelt,
was für eine Rangordnung unter ihnen gelten sollte.
Da setzte er sich,
rief die Zwölf zu sich und sprach zu ihnen:
Wenn jemand der Oberste sein will,
dann muß er der Unterste sein von allen
und ein Knecht aller.

Und er holte ein kleines Kind,
stellte es mitten unter sie,
nahm es in die Arme und sagte zu ihnen:

Was ich sage, gilt:
Wenn ihr eure Maßstäbe nicht ändert,
wenn ihr nicht umkehrt
und wie die Kinder werdet,
werdet ihr nicht in das Reich Gottes kommen.
Wer sich aber selbst bis zur Machtlosigkeit
und Armut dieses Kindes erniedrigt,
der ist der Größte von euch nach der Ordnung,
die im Reich der Himmel gilt.

Und wer eines von diesen Kindern zu sich nimmt,
um es zu schützen, weil er zu mir gehören will,
der nimmt mich zu sich.
Wer aber mich zu sich nimmt,
der hat es letztlich nicht mit mir zu tun,
er nimmt vielmehr den zu sich, der mich gesandt hat.

Wer aber einen der Kleinsten, die an mich glauben,
irre macht an Gott und an mir,
für den wäre es besser,
wenn man einen Mühlstein nähme,
ihm den um den Hals hängte
und ihn in der Tiefe des Meeres versenkte.

Man brachte eines Tages Kinder zu ihm,
damit er sie berühre
und durch seine Berührung segne.
Die Jünger aber
trieben die Leute mit den Kindern weg.

Als Jesus das sah,
wurde er unwillig und sagte zu ihnen:
Laßt die Kinder zu mir kommen.
Hindert sie nicht.
Das Reich Gottes ist für Menschen bestimmt,
die so sind wie diese Kinder.

Was ich sage, ist wahr:
Wer das Reich Gottes nicht bejaht
mit der Einfachheit der Kinder,
wird nicht hineinkommen.

Dann nahm er die Kinder in den Arm,
legte ihnen die Hände auf
und gab ihnen Gottes Liebe und Kraft,
indem er sie segnete.

Als sie eines Tages nach Kapernaum kamen,
wandten sich Beamte an Petrus,
die beauftragt waren,
die Abgaben für den Tempel in Jerusalem einzuziehen.
(Denn man pflegte einmal im Jahr an seinem Heimatort
eine freiwillige Steuer für den Tempel zu entrichten.)
Und sie fragten ihn:
Zahlt euer Meister nicht die Doppeldrachme für den Tempel?
Er antwortete: Doch, das tut er.

Als er wieder zu Hause war,
kam ihm Jesus mit der Frage zuvor:
Was meinst du, Simon?
Von wem nehmen die Könige dieser Erde
Zoll oder Kopfgeld?
Von ihren Söhnen oder von den Fremden?
Als er antwortete: Von den Fremden,
entgegnete ihm Jesus:
So sind die Söhne frei!
Damit wir die Leute aus Jerusalem
aber nicht unnötig abstoßen, –
(denn es kommt ja zwischen ihnen und uns
auf ganz andere Dinge an als aufs Geld),
geh an den See hinunter
und wirf die Angel aus.
Nimm den ersten Fisch, der herauffährt.
Wenn du sein Maul öffnest,
wirst du eine Silbermünze finden.
Nimm sie
und gib sie ihnen für mich und dich.

Einmal nahm Jesus Petrus, Jakobus und Johannes zu sich
und führte sie auf einen hohen Berg.
Es war sonst niemand bei ihnen.

Dort oben hatten sie ein unerhörtes Erlebnis.
Jesus veränderte sich vor ihren Augen,
sein Gewand fing an zu glänzen
in einem strahlenden, weißen Licht,
daß kein Färber auf der Erde es so weiß färben könnte.
Und es erschienen ihnen Elia und Mose,
die zu Jesus traten und mit ihm redeten.

Da nahm Petrus das Wort:
Meister, es ist gut, daß wir hier sind,
laß uns drei Hütten zum Bleiben errichten,
dir eine, Mose eine und Elia eine.
Er wußte aber nicht, was er sagte,
denn sie waren benommen vor Angst.

Inzwischen überzog eine Wolke den Berg und bedeckte sie,
und sie hörten eine Stimme aus der Wolke:
Das ist mein geliebter Sohn,
den sollt ihr hören.

Als sie sich aber in ihrer Aufregung umsahen,
war nur Jesus allein noch bei ihnen.

Während des Abstiegs vom Berg
redete Jesus mit ihnen über das Erlebnis
und verbot ihnen, irgendeinem Menschen zu erzählen,
was sie gesehen hatten,
bevor er aus dem Tode auferstanden sei.

Sie aber dachten über das Wort nach
und versuchten miteinander zu ergründen,
was das heiße:
„Aus dem Tode auferstehen".

An einem frühen Morgen
kam Jesus einmal wieder in den Tempel.
Die Leute kamen zu ihm,
er setzte sich und lehrte sie.

Da brachten die Schriftgelehrten
und die Pharisäer eine Frau,
die man beim Ehebruch ergriffen hatte,
stellten sie zwischen sich und Jesus in die Mitte
und fragten ihn:
Meister,
diese Frau wurde auf frischer Tat im Ehebruch ergriffen.
Mose hat uns im Gesetz vorgeschrieben,
daß sie zu steinigen sei.
Was sagst du?
Das fragten sie aber nur,
weil sie ihm eine Falle stellen wollten,
und um ihn wegen seiner Antwort anzuklagen.

Jesus bückte sich nieder
und schrieb mit dem Finger auf die Erde.
Als sie ihn nun weiter fragten und nicht abließen,
richtete er sich auf und antwortete:
Wer unter euch ohne Sünde ist,
der werfe als erster seinen Stein auf sie.
Dann bückte er sich wieder
und schrieb auf die Erde.
Die Männer aber gingen hinaus, als sie das hörten,
einer nach dem andern,
bei den Ältesten angefangen,
und Jesus blieb allein
und die Frau war bei ihm.

Da richtete er sich auf und fragte sie:
Frau, wo sind sie? Hat dich niemand verurteilt?
Sie antwortete:
Niemand, Herr. –
Ich verurteile dich auch nicht, schloß Jesus.
Geh und sündige von nun an nicht mehr.

Jesus spricht von dem Unterschied
zwischen den Priestern seines Volkes und sich selbst:

Was ich sage, ist unverrückbar:
Wer nicht durch die Tür in den Schafstall hineingeht,
sondern anderswo einsteigt,
ist ein Dieb und ein Räuber.

Wer aber durch die Tür eintritt,
ist der rechtmäßige Hirte der Schafe.
Dem öffnet der Türhüter,
und die Schafe hören seine Stimme.
Er ruft die Schafe, die ihm gehören, mit ihren Namen
und führt sie hinaus.

Wenn er aber seine Schafe alle hinausgelassen hat,
geht er ihnen voraus
und die Schafe gehen hinter ihm her,
denn sie kennen seine Stimme.
Einem Fremden dagegen folgen sie nicht,
sondern laufen vor ihm davon,
denn sie kennen seine Stimme nicht.

Was ich sage, ist die Wahrheit:
Ich bin die Tür zu den Schafen.
Ich bin die Tür.
Wer durch mich eintritt, wird glücklich sein,
er wird ein- und ausgehen und Weide finden.

Der Dieb kommt nur,
um zu stehlen, zu schlachten und umzubringen.
Ich bin gekommen,
daß sie leben können
und im Überfluß haben, was sie brauchen.

Jesus spricht:

Ich bin der zuverlässige Hirte.
Der rechte Hirte läßt sein Leben für die Schafe.
Der Taglöhner,
der kein Hirte ist und dem die Schafe nicht gehören,
sieht den Wolf kommen,
läßt die Schafe allein und flieht.
Der Wolf fällt die Schafe an
und treibt sie auseinander.

Ich bin der gute Hirte und kenne die Meinen,
wie mich mein Vater kennt,
und die Meinen kennen mich,
wie ich den Vater kenne.
Ich gebe mein Leben für die Schafe.

Ich habe auch andere Schafe,
die nicht aus diesem Stall stammen.
Die muß ich herführen
und sie werden meine Stimme hören.
Und es wird eine Herde entstehen
unter einem Hirten.

Meine Schafe hören meine Stimme.
Ich kenne sie und sie gehen hinter mir her.
Ich gebe ihnen das ewige Leben.
Sie werden in alle Ewigkeit nicht umkommen,
und niemand wird sie aus meiner Hand reißen.

Der Vater, der sie mir gegeben hat,
ist größer als alles,
und niemand kann aus der Hand des Vaters
jemanden reißen.
Ich und der Vater sind eins.

Auf seinem Weg durch den äußersten Norden des Landes
kam Jesus in die Gegend von Caesarea Philippi.
Dort sprach er einmal mit seinen Jüngern
und fragte sie:

Was sagen die Leute, wer ich sei?
Einige meinen – so antworteten sie –
du seiest Johannes der Täufer,
andere, in dir sei Elia wiedergekommen,
wieder andere, Jeremia
oder ein anderer von den Propheten
sei in dir auferstanden.

Was sagt denn ihr selbst, wer ich sei?
Da nahm Petrus das Wort:
Du bist Christus, der Beauftragte Gottes
und des lebendigen Gottes Sohn.

Und Jesus bestätigte ihm:
Glücklich bist du, Simon, Sohn des Jona,
denn das haben dir nicht Menschen gesagt,
das hat dir mein Vater im Himmel gegeben.
Und nun sage ich dir, wer du bist:
Du bist Petrus, das heißt Fels.
Auf diesen Felsen will ich meine Kirche bauen,
und die Mächte der Hölle
werden sie nicht überwältigen.
Ich will dir die Schlüssel zum Himmelreich geben:
Wen du auf der Erde an seine Schuld binden wirst,
der wird auch im Himmel an sie gebunden sein,
wen du auf der Erde von Schuld lösen wirst,
der wird auch im Himmel von ihr frei sein.

Den Jüngern aber befahl er streng,
keinem Menschen zu sagen,
daß er der Christus,
der Bevollmächtigte Gottes, sei.

Man brachte Jesus einen Geisteskranken,
der blind und stumm war,
und als Jesus ihn geheilt hatte,
begann der Kranke zu reden und zu sehen.
Das Volk, das dabei stand, war entsetzt:
Ist das nicht der Bevollmächtigte Gottes?

Die Pharisäer hörten das und drehten den Spieß um:
Er vertreibt die Dämonen,
weil er ein Abgesandter des Satans ist,
des bösesten unter den Teufeln.

Jesus merkte es und sprach mit ihnen darüber:
Was soll das?
Habt ihr je gesehen, was mit einem Staat geschieht,
in dem der eine gegen den anderen steht?
Es herrscht das Chaos.
Oder mit einer Stadt oder mit einer Familie,
in denen Streit ist?
Sie haben keinen Bestand.
Wenn der Teufel den Teufel bekämpft,
dann ist seine Macht am Ende.
Außerdem:
Wenn es der Teufel ist,
der mir hilft, Geisteskranke zu heilen,
wer hilft dann den Männern in euren Kreisen,
die dasselbe tun?
Macht euch doch den Unsinn klar, den ihr redet!

Ist es aber der Geist Gottes,
der mir hilft, Dämonen und böse Geister zu vertreiben,
dann ist ja das Gottesreich zu euch gekommen,
ohne daß ihr es merkt.

Denn es ist doch nicht denkbar,
daß jemand in die Burg eines Starken eindringt
und ihm seinen Hausrat raubt,
wenn er nicht vorher den Starken selbst
überwältigt und gebunden hat.
Danach erst kann er sein Haus ausräumen.

Wer nicht für mich ist, ist wider mich. Wer nicht das Volk Gottes mit mir, dem Hirten, gemeinsam zusammenhält, gehört zu denen, die es – wie die Wölfe – auseinandertreiben.

Was nun den heiligen Geist betrifft, durch den Gott euch von der Macht der Dämonen und dunklen Mächte frei macht, so gilt:

Alles, was die Menschen an Schuld auf sich laden, alles, was sie spöttisch oder zynisch daherreden, kann ihnen verziehen werden. Wer aber Gottes heiligen Geist als einen Diener des Teufels bezeichnet, steht auf der Seite des Teufels und hat keine Gemeinschaft mehr mit Gott.

Wer mich selbst verkennt oder verleumdet, dem kann verziehen werden. Wer aber den heiligen Geist, der doch durch mich wirkt, mit Wissen und Absicht entehrt, hat weder in dieser noch in jener Welt Gemeinschaft mit Gott.
Aber ihr könnt nicht anders. Setzt einen edlen Baum, dann wird die Frucht gut. Setzt einen Wildling, dann wird die Frucht sauer. Was der Baum wert ist, merkt man an der Frucht.

Ihr Schlangenbrut! Wie könnt ihr die Wahrheit aussprechen, wenn ihr selbst böse seid? Denn wovon das Herz überläuft, davon redet der Mund.

Der gute Mensch redet Gutes und nimmt es aus dem Schatz an Wahrheit, der in ihm ist. Der schlechte Mensch gibt Böses von sich und nimmt es aus dem Schatz an Bosheit, den er in sich trägt.

Unsere Worte, die wir reden, sind nicht harmlos. Ich sage euch: Über jedes unlautere Wort, das die Menschen geredet haben, werden sie Rechenschaft geben müssen am Tage des Gerichts.

An deinen Worten wird es sich erweisen, ob du glaubst, und auf Grund deiner Worte wird Gott dich verdammen.

Da antworteten einige Schriftgelehrte
und Pharisäer auf die Rede
und sagten:
Meister, wir wollen ein Zeichen sehen,
ein überirdisches Zeichen,
an dem wir merken, daß du berechtigt bist,
so zu sprechen.

Aber Jesus antwortete:
Böse sein und die Ehe brechen
und gleichzeitig nach überirdischen Wundern verlangen,
das könnt ihr!
Ihr werdet ein Zeichen erleben von der Art,
wie Gott es dem Propheten Jona gegeben hat.

Jona war drei Tage und drei Nächte
im Bauch des Wals, –
der Beauftragte Gottes wird drei Tage und drei Nächte
in der Tiefe der Erde sein,
ehe Gott ihn aus dem Reich der Toten zurückholt.

Die Leute von Ninive werden am Tage des Gerichts
mit dieser Generation zusammen auftreten
und werden sie beschämen,
denn sie änderten ihr Leben
und machten einen neuen Anfang,
als Jona mit seiner Predigt zu ihnen kam,
und taten, was er forderte.
Ihr aber habt es mit einem Größeren zu tun
als mit Jona.

Die Königin aus dem Süden wird am Tag des Gerichts
mit der gegenwärtigen Generation auferstehen
und wird sie verdammen,
denn sie kam vom Ende der Erde,
um die Weisheit des Salomo zu hören.
Ihr aber habt mehr vor euch
als nur einen Salomo.

Jesus brachte das „Reich Gottes", das heißt, er brachte uns Menschen die Chance, in dieser Welt und in der Welt Gottes, in die wir nach dem Tode eingehen werden, im Frieden zu leben, unter dem Schutz und der Liebe Gottes, nach seinem Willen, frei von allen bösen Mächten, von Schuld und Eigensucht.
Und nun sagt Jesus: Wen Gott einmal gerufen hat, mit ihm in diesem Reich zu leben, der tut gut daran, diese Chance nicht wieder wegzuwerfen. Er wäre von da an schlimmer und endgültiger als vorher den bösen Mächten ausgeliefert, von denen Gott ihn ja eben befreit hatte. Das Selbstgespräch eines „bösen" Geistes" beschreibt diesen Vorgang.

Wenn Gott aus einem Menschen einen Dämon vertrieben hat,
dann irrt der durch wasserlose Wüsten,
sucht Ruhe und findet sie nicht.
Da denkt er:
am besten gehe ich in das Haus zurück,
das ich verlassen habe.
Und wenn er hinkommt,
findet er es still, feierlich und schön,
gekehrt und ausgeschmückt.

Wunderbar! denkt er,
geht hin und holt sieben andere Dämonen,
die schlimmer sind als er.
Die brechen miteinander ein
und lassen sich häuslich nieder.
Mit dem Menschen aber
steht es schrecklicher als am Anfang.

Genau das wird dieser Generation
in ihrer Wankelmütigkeit zustoßen.

Eines Tages traten die Pharisäer wieder einmal zu ihm
und wollten ihm eine Falle stellen:
Ist es erlaubt, sich von seiner Frau zu scheiden,
wenn man irgendeinen Grund dafür hat?

Jesus antwortete:
Habt ihr nicht gelesen,
daß Gott, der den Menschen geschaffen hat,
ihn als Mann und Frau wollte?
Deshalb wird ein Mann
seinen Vater und seine Mutter verlassen
und wird so nahe zu seiner Frau gehören,
daß die beiden ein Leib sind.
So sind sie also nicht zwei,
sondern ein einziger, zusammengehöriger Leib.
Was nun Gott als Einheit gemeint hat,
das soll der Mensch nicht trennen.

Da erwiderten sie ihm:
Aber Mose hat doch die Ordnung gegeben,
man solle seiner Frau eine Scheidungsurkunde geben
und sie entlassen!

Weil ihr ein Herz aus Stein habt,
antwortete Jesus,
hat Mose euch erlaubt,
euch von euren Frauen zu trennen,
die Ordnung Gottes aber ist das nie gewesen.

Ich sage euch: Wer sich von seiner Frau trennt –
den einzigen Fall ausgenommen,
daß sie ein Dirne wird, –
der ist schuld daran,
wenn ein anderer sie zum Ehebruch verleitet
(das heißt: wenn er sie heiratet) –
und wer eine geschiedene Frau heiratet,
bricht die Ehe.

Anmerkung: Heute haben beide, Mann und Frau, das bürgerliche
Recht, sich scheiden zu lassen. Das Wort gilt heute also von Mann
und Frau im selben Sinn.

Jesus erzählte einmal folgende Geschichte und meinte damit jene Menschen, die von sich überzeugt sind, sie seien
recht und in Ordnung und Gott habe Freude an ihnen, und
die auf die übrigen heruntersehen:

Zwei Männer gingen in den Tempel hinauf, um zu beten:
Der eine ein Pharisäer,
also einer, der zu einem Kreis besonders ernster
und frommer Menschen gehörte.
Der andere ein Zollbeamter,
also einer,
der nach jüdischer Auffassung kein Recht hatte,
mit Gott zu reden,
weil er es mit den ungläubigen Römern hielt
und von Betrug und Erpressung lebte.

Der Pharisäer trat vor Gott und betete im stillen:
„Ich danke dir, Gott,
daß ich nicht bin wie die anderen Leute,
die Räuber, die Betrüger,
die Ehebrecher oder wie dieser Zöllner.
Ich faste zweimal in der Woche
und gebe den zehnten Teil meines Einkommens
für Opfer und Spenden."

Der Zöllner stand weiter weg und getraute sich nicht,
den Blick zum Himmel zu erheben.
Er schlug an seine Brust zum Zeichen,
daß er sich seiner Schuld bewußt war,
und sprach: „O Gott,
sei barmherzig mit mir schlechtem Menschen!"

Ich sage euch:
Gott hatte an ihm, als er den Tempel verließ,
mehr Freude als an dem anderen
und war ihm näher als jenem.
Denn wer sich als fehlerfrei ausgibt,
dem wird man seine Schuld vorhalten,
und wer sich vor Gott in den Staub wirft,
den wird er in Liebe aufheben.

Auf seiner Wanderung nach Jerusalem
reiste Jesus mitten durch Samaria und Galiläa.
Als er in ein Dorf kam,
begegneten ihm zehn aussatzkranke Männer,
die in einiger Entfernung stehenblieben
und ihm zuriefen:
Jesus! Du Meister!
Hab Erbarmen mit uns!

Er sah sie stehen und rief ihnen zu:
Geht und zeigt euch den Priestern!
(Denn diese hatten zu entscheiden,
ob ein Aussatzkranker geheilt sei oder nicht.)

Während sie noch auf dem Weg waren,
wurden sie gesund.

Einer unter ihnen jedoch,
der sah, daß er gesund war,
kehrte um und pries Gott,
indem er allen erzählte, was ihm geschehen war.
Er warf sich vor Jesus nieder und dankte ihm.
Und das war – ausgerechnet – ein Samariter,
also nach jüdischer Auffassung ein Ungläubiger.

Sind nicht zehn gesund geworden? fragte Jesus.
Wo sind die neun anderen?
Hatten sie es etwa nicht nötig, umzukehren,
Gott zu ehren
und ihm zu danken wie dieser Fremde?

Zum Samariter gewandt, fügte er hinzu:
Steh auf und geh!
Dein Glaube hat dich gerettet.

Einmal stand während eines Gesprächs ein Schriftgelehrter auf, wollte ihm eine Falle stellen und fragte:
Meister, was muß ich tun, daß Gott mir ewiges Leben gibt? Jesus entgegnete: Was steht denn in den Büchern des Gesetzes? Was liest du dort?
Jener antwortete: Du sollst Gott, deinen Herrn, lieben aus ganzem Herzen und ganzer Seele, mit ganzer Kraft und mit allen deinen Gedanken und deinen Mitmenschen wie dich selbst.
Jesus bestätigte: Du hast richtig geantwortet – tu das, so wirst du leben.

Er aber wollte seine (scheinbar allzu primitive) Frage noch einmal begründen und fragte weiter: Wer ist denn mein Mitmensch?
Da nahm Jesus die Frage auf und erzählte die folgende Geschichte:
Ein Mensch ging von Jerusalem nach Jericho hinab durch die judäische Wüste und wurde von Räubern überfallen. Die zogen ihn aus, schlugen ihn zusammen, gingen davon und ließen ihn halbtot liegen.
Zufällig kam ein Priester denselben Weg. Als er ihn sah, wich er auf die gegenüberliegende Seite aus und ging vorbei. Ebenso ein Kirchendiener: Als er an die Stelle kam und ihn sah, wich er aus und ging vorbei.
Ein Samariter indessen, ein Ungläubiger, der auf der Reise dorthin kam und ihn sah, kümmerte sich um ihn, ging zu ihm hin, verband seine Wunden und goß Öl und Wein darüber. Dann setzte er ihn auf sein Lasttier, führte ihn in ein Gasthaus und sorgte für ihn.
Am anderen Tage zog er ein paar Mark heraus, gab sie dem Wirt und fügte hinzu: Sorge für ihn, und wenn du seinetwegen weitere Auslagen hast, will ich sie dir ersetzen, wenn ich wieder vorbeikomme.
Was meinst du: Wer von den Dreien ist dem von den Mördern Überfallenen ein Mitmensch geworden?
Er antwortete: Der sich um ihn gekümmert hat.
Da sagte ihm Jesus: Geh und tu, was dem in deinem Leben entspricht.

Dann kam die Zeit,
in der das geschehen sollte,
was Gott mit Jesus vorhatte:
Er sollte sterben
und im Tode verherrlicht werden.

Jesus ließ das Land hinter sich,
in dem er bisher gewirkt hatte,
und wendete sein Gesicht der Stadt zu,
in der sich das alles ereignen sollte:
Jerusalem.

Auf seiner Reise sandte er Boten vor sich her,
die kamen eines Tages in ein Dorf,
in dem Samariter wohnten,
um ihm dort ein Quartier vorzubereiten.

Die Leute aber nahmen ihn nicht auf,
weil er auf der Reise nach Jerusalem war
(und weil die Samariter die Juden,
ihre Stadt und ihren Tempel haßten
und von den Juden ihrer religiösen Besonderheiten wegen
gehaßt wurden).

Als das Jakobus und Johannes,
die beiden Mitarbeiter und Begleiter Jesu,
sahen, schlugen sie ihrem Meister vor:
Herr, bist du einverstanden,
daß wir Feuer vom Himmel fallen lassen,
das sie verzehrt?

Er aber wandte sich um und fuhr sie an:
Wißt ihr nicht, welchem Geist ihr verpflichtet seid?

Und sie wanderten weiter in einen anderen Ort.

Einmal kamen die Freunde und Schüler Johannes des Täufers
zu Jesus und fragten:
Wie kommt das?
Wir halten uns streng an die
Gebets- und Fastenzeiten
und auch die Pharisäer tun es –
nur deine Jünger tun es nicht
und nehmen so der geistlichen Zucht
und Ordnung ihren Ernst?

Da antwortete Jesus:
Können die Hochzeitsgäste traurig sein,
solange der Bräutigam da ist?
Es werden Tage kommen,
da wird man ihnen den Bräutigam nehmen,
dann werden sie fasten.

Ihr redet von den alten, heiligen Ordnungen.
Was soll das alles?
Niemand flickt ein altes, zerrissenes Gewand
mit einem neuen und starken Tuch,
denn der Flicken reißt doch wieder vom Kleid
und der Riß wird schlimmer.

Man füllt auch nicht neuen, gärenden Wein
in alte, brüchige Ledersäcke.
Sonst platzen die Säcke,
der Wein läuft aus
und der Sack ist zerstört.
Neuen Wein faßt man in neue, haltbare Säcke,
so bleiben sie beide miteinander erhalten.

Einmal ging Jesus wieder in eine Synagoge. Dort fand er einen Mann, der eine gelähmte Hand hatte. Als er sich ihm zuwenden wollte, fragten ihn einige der Umstehenden: Ist es erlaubt, am Sabbat zu heilen? Sie suchten einen Grund, ihn vor das geistliche Gericht zu stellen.

Er antwortete ihnen:
Wie ist das? Wenn einem von euch am Sabbat ein Schaf in eine Grube fällt, das einzige, das er hat – wird er es nicht ergreifen und herausholen?
Hier ist aber kein Schaf, sondern – und das ist mehr – ein Mensch. Es ist durchaus erlaubt, am Sabbat etwas Hilfreiches zu tun.

Dann wandte er sich dem Mann zu: Gib deine Hand her! Streck sie aus! Er streckte sie aus und sie war gesund wie die andere.

Da gingen die Pharisäer hinaus, besprachen sich miteinander und suchten Mittel und Wege, ihn umzubringen.
Als Jesus davon hörte, verließ er den Ort.

Von ihm gilt, was Jesaja schreibt:
„Gott spricht:
Das ist mein Knecht,
den ich ausgesucht habe,
mein Geliebter, an dem ich mich freue.
Ich gebe ihm meine Vollmacht,
den Völkern die Stunde anzusagen,
die Stunde der Entscheidung.

Er wird nicht streiten und nicht schreien,
man wird auf den breiten Straßen
keinen Lärm von ihm hören.
Er wird das geknickte Schilfrohr nicht zerbrechen
und den glimmenden Docht nicht auslöschen,
bis er nach der Stunde der Entscheidung
den Sieg hat.
Die Völker aber werden ihre letzte Hoffnung
auf ihn setzen."

Unter den Pharisäern war einer, der dem hohen Rat der Juden angehörte: Nikodemus. Der kam zu Jesus bei Nacht und begrüßte ihn: Meister, wir wissen, daß du von Gott kommst und in seinem Auftrag redest. Denn niemand, dem Gott nicht beisteht, kann die wunderbaren Dinge tun, die du tust.

Jesus gab zur Antwort: Achte wohl darauf, was ich dir sage! Wenn jemand nicht von oben her die Kraft empfängt für einen Neuanfang seines ganzen Lebens, kann er das Reich Gottes nicht sehen.

Da fragte ihn Nikodemus: Wie kann einer sein Leben noch einmal beginnen, wenn er alt ist? Kann ihn denn seine Mutter noch einmal in ihren Leib aufnehmen und zur Welt bringen?

Jesus antwortete: Was ich sage, gilt. Wenn jemand sein Leben nicht aus Wasser und Geist neu begonnen hat, kann er nicht in das Reich Gottes kommen. Was Menschen zur Welt bringen, ist und bleibt menschlich. Was der Geist Gottes schafft, ist göttlicher Geist. Wundere dich nicht, wenn ich dir gesagt habe: Du mußt von oben her neu geboren werden. Gottes Geist kannst du nicht fassen. Der Wind weht, wo er will. Du hörst zwar sein Sausen, aber du weißt nicht, woher er kommt und wohin er treibt. So ist es bei jedem, der Leben und Geist aus Gottes Geist hat.

Da fragte Nikodemus ratlos: Wie soll das zugehen?

Jesus antwortete: Du bist der Lehrer Israels und weißt das nicht? Ihr glaubt schon nicht, wenn ich von dem rede, was hier in diesem Menschenleben vor euren Augen ist. Wie solltet ihr glauben, wenn ich euch Gottes Geheimnis zeigte? Es führt kein Weg von dieser Erde in den Himmel. Was ihr wissen solltet, das kann euch nur der sagen, der vom Himmel herabgekommen ist: der Menschensohn.

Mose hat in der Wüste eine Schlange an einen Pfahl gehängt (damit alle die am Leben bleiben sollten, die zu der Schlange aufsehen), so muß ich, der Menschensohn, ans Kreuz gehängt werden, damit jeder das ewige Leben findet, der zu mir aufsieht.

Denn Gott hat die Welt so sehr geliebt, daß er seinen einzigen Sohn dahingab, damit alle, die an ihn glauben, nicht verlorengehen, sondern ewiges Leben empfangen.

Auf dem Wege von Judäa nach dem Norden, nach Galiläa, reiste Jesus einmal durch Samaria, das dazwischen lag.

Er kam aber an eine samaritische Stadt, die Sichar hieß, und rastete bei dem Feld, das Jakob seinem Sohn Joseph gegeben hatte. Dort war auch der Brunnen des Jakob.

Weil er nun müde war von der Reise, setzte Jesus sich an den Brunnen, als es gerade Mittag war.

Da kam eine Frau aus Samaria, um Wasser zu holen, und Jesus bat sie: Gib mir zu trinken!

Die Frau wunderte sich und fragte: Du bist doch ein Jude! Wie kommst du dazu, mich, eine samaritische Frau, um Wasser zu bitten?
(Denn die Juden haben keine Gemeinschaft mit den Samaritern.)

Da antwortete Jesus: Verstündest du, wie nahe dir Gottes Freundlichkeit und Gottes Geschenk ist, und wüßtest du, wer der ist, der dich um Wasser bittet, du würdest die Bitte umkehren. Du würdest ihn um quellfrisches Wasser bitten.

Sie wunderte sich: Herr, du hast keinen Eimer bei dir und der Brunnen ist tief, woher willst du Quellwasser haben?
Bist du mehr als unser Vater Jakob, der diesen Brunnen für uns gegraben hat und der daraus trank samt seinen Kindern und seinem Vieh?

Jesus antwortete: Wer von diesem Wasser trinkt, der wird wieder Durst haben, wer aber von dem Wasser trinken wird, das ich ihm gebe, den wird nie wieder dürsten, –

denn das Wasser, das ich ihm gebe, wird in ihm zu einer Quelle werden, aus der ihm ewiges Leben zufließt.

Da bat ihn die Frau:
Herr, gib mir dieses Wasser, daß ich meinen Durst nicht mehr stillen und nicht immerfort hierher kommen muß, um zu schöpfen.

Er antwortete ihr:
Geh erst nach Hause, rufe deinen Mann und komm wieder her.

Die Frau erwiderte: Ich habe keinen Mann.

Da sprach Jesus zu ihr: Es ist wahr, was du sagst „Ich habe keinen Mann". Fünf Männer hast du gehabt, und der, den du jetzt hast, ist nicht dein Mann. Das ist richtig.

Darauf die Frau: Herr, ich merke, daß du ein Prophet bist. Mich interessiert eins: Unsere Väter haben auf diesem Berg angebetet. Ihr Juden hingegen sagt, in Jerusalem sei der richtige Ort zur Anbetung.

Aber Jesus antwortete: Glaube mir, Frau, es wird eine Zeit kommen, in der ihr weder auf diesem Berg noch in Jerusalem den Vater anbeten werdet. Ihr betet etwas an, das ihr nicht kennt, wir beten Gott an und wissen dabei, was wir tun. Denn das Heil und das Wissen um Gott kommen von den Juden.

Aber es kommt eine Stunde und sie ist — da ich mit dir rede — jetzt schon für dich da, in der die wirklichen Anbeter den Vater im Geist und in der Wahrheit anbeten. Denn der Vater sucht Menschen, die ihn so anbeten.
Gott ist Geist, und die ihn anbeten, die müssen es im Geist und in der Wahrheit tun.

Da redete die Frau noch einmal: Ich weiß, daß der Messias kommt, der Christus. Wenn der kommt, wird er uns alles verkündigen.

Jesus aber schloß das Gespräch ab: Ich bin's, der mit dir spricht.

Mittlerweile kamen seine Jünger zurück und wunderten sich, daß er mit einer Frau redete. Doch keiner fragte ihn: Was tust du da? Oder: Warum redest du mit ihr?

Da ließ die Frau ihren Krug stehen, lief in die Stadt und rief den Leuten zu: Kommt! Draußen ist ein Mann, der mir alles gesagt hat, was ich getan habe. Ich glaube, es ist der Christus. Und sie kamen aus der Stadt zu ihm hinaus.

Inzwischen baten ihn die Jünger: Rabbi! Iß! Er aber wehrte ab: Ich habe eine Speise, von der ihr nichts wißt.
Da fragten die Jünger einander: Es hat ihm doch niemand zu essen gebracht?

Aber Jesus sprach: Meine Speise ist die, den Willen dessen zu erfüllen, der mich gesandt hat, und sein Werk zu vollenden. Sagt ihr nicht: Es sind noch vier Monate bis zur Ernte? Tut eure Augen auf und seht über das Land hin – es ist schon weiß, es ist reif zur Ernte. (Damit antwortete Jesus zugleich auf die stille Frage der Jünger, warum er sich mit einer Frau aus Samaria befasse.)
Schnitter sind nötig, und wer schneidet, bekommt seinen Lohn und sammelt Frucht, die ihm ausreichen wird für ein ewiges Leben. Denn der Sämann soll sich mit dem Schnitter zusammen freuen. Hier trifft das Sprichwort zu: Der eine sät, der andere schneidet. Ich habe euch ausgesandt, zu ernten, was euch keine Mühe kostete. Andere hatten die Arbeit damit, und ihr zehrt von ihrer Mühsal.

Viele Samariter aus der Stadt aber glaubten an ihn, nachdem die Frau berichtet hatte: Er hat mir alles, was ich getan habe, auf den Kopf zugesagt.
Da baten sie ihn, er möchte bei ihnen bleiben – und er blieb zwei Tage da.

Während er mit ihm sprach, glaubten noch viel mehr Leute an ihn und sie sagten zu jener Frau: Nicht, was du gesagt hast, ist der Grund, daß wir glauben. Wir haben es selbst gehört und wissen, daß dieser Mann wirklich und in Wahrheit der Retter der Welt ist.

Nachdem er einen Kranken geheilt hatte, sprach Christus:

Haltet fest, was ich euch sage: Der Sohn kann von sich aus
nichts tun, nicht das Geringste. Er tut nur, was er den Vater
tun sieht. Und was immer der Vater tut, das tut der Sohn
ihm nach. Denn der Vater liebt den Sohn und zeigt ihm
alles, was er selbst tut. Ja, noch größere Werke wird er ihm
zeigen. Ihr werdet euch wundern!

Denn wie der Vater die Toten auferweckt und lebendig
macht, so gibt auch der Sohn denen das Leben, die er aus-
wählt. Denn nicht der Vater spricht das Urteil über die
Toten, er hat vielmehr das Gericht ganz und gar dem Sohn
in die Hände gelegt, damit man ihn ebenso ehre wie den
Vater. Wer den Sohn nicht ehrt, der ehrt auch den Vater
nicht, der ihn gesandt hat.

Was ich sage, gilt für alle Zeit:
Wer mein Wort hört und dem glaubt, der mich gesandt
hat, der hat ewiges Leben. Es wird ihn niemand vor dem
Gericht Gottes anklagen, er ist schon aus dem Tod unmittelbar ins Leben hinübergeschritten.

Was ich sage, gilt:
Die Stunde kommt und sie beginnt schon jetzt, in der die
Toten die Stimme des Sohnes Gottes hören werden. Und
wer sie hört, wird das Leben erhalten. Denn Gott hat sein
Leben aus sich selbst, er braucht es sich von niemandem
geben zu lassen. Er gibt es, wem er will. So hat er auch dem
Sohn die Würde verliehen, sein Leben aus sich selbst zu
haben und von niemandem abhängig zu sein.

Er gab ihm den Auftrag, das Gericht zu halten als sein Be-
vollmächtigter, den ihr den „Menschensohn" nennt. Wun-
dert euch nicht darüber. Es wird die Stunde kommen, in
der alle Toten in den Gräbern seine Stimme hören werden und heraustreten – die Gutes getan haben zu einer
Auferstehung, die ihnen das Leben schenkt, – die Böses
getan haben zu einer Auferstehung, in der es nur noch das
Gericht und das Urteil Gottes für sie gibt.

Sie waren unterwegs,
Jesus und seine Begleiter,
auf der Straße nach Jerusalem.
Er schritt ihnen voraus,
und sie waren entsetzt, daß er dorthin ging.
Sie folgten ihm und fürchteten sich.

Da nahm er die Zwölf,
die ihm am nächsten standen, beiseite,
und fing an, zu ihnen über alles zu sprechen,
was auf ihn wartete:

Seht, wir gehen nach Jerusalem hinauf,
und der Gesandte Gottes
wird den Hohenpriestern und den Schriftgelehrten
verraten und ausgeliefert werden.
Sie werden ihn zum Tod verurteilen
und die Römer werden das Urteil vollstrecken.

Sie werden ihn prügeln und anspeien,
geißeln und töten.
Nach drei Tagen aber
wird er lebendig aus dem Tode aufstehen.

Die Zwölf aber verstanden nicht,
wovon er sprach.
Die Worte blieben ihnen verborgen,
sie begriffen ihren Sinn nicht.

Da näherte sich ihm die Frau des Zebedäus mit ihren Söhnen Johannes und Jakobus und warf sich vor ihm auf die Knie, um damit zu zeigen, daß sie eine Bitte habe.

Was willst du? fragte er sie.

Ich will, bat sie, daß meine Söhne einen Ehrenplatz bekommen, wenn du dein Reich aufrichtest. Laß den einen zur Rechten deines Throns sitzen und den anderen zu deiner Linken.

Da wurde Jesus unwillig: Ihr wiß nicht, was ihr redet. Könnt ihr den Becher des Leidens und des Todes bis zur Neige trinken, den ich trinken werde?

Sie antworteten: Das können wir.

Darauf Jesus:
Gut. Ihr werdet denselben Becher austrinken, den ich trinken werde. Wer aber in meinem Reich zu meiner Rechten sein wird und zu meiner Linken, das entscheide ich nicht. Diese Entscheidung hat mein Vater längst getroffen.

Die zehn übrigen hörten das Gespräch mit an und ärgerten sich über die beiden Brüder. Aber Jesus rief sie alle zusammen und sprach zu ihnen: Ihr wißt, wie es zugeht: Die Fürsten regieren ihre Völker zugrunde. Die Machthaber halten sie unter der Peitsche.
Unter euch soll es anders sein. Wer unter euch eine Rolle spielen will, der soll die Rolle des Dieners übernehmen. Und wer unter euch eine leitende Verantwortung sucht, der soll euer aller Knecht sein.
Denn ich bin auch nicht gekommen, damit andere mir dienen. Ich bin gekommen, um mich wie einen Knecht zu verbrauchen, um mein Leben hinzuwerfen, wie man das Lösegeld hinwirft, mit dem man Sklaven freikauft.

Auf dem Wege nach Jerusalem kam er durch Jericho (die Stadt, die unten in der Jordanebene liegt, ehe der Anstieg nach Jerusalem beginnt).

Dort lebte ein Mann namens Zachäus. Der war ein leitender Beamter im römischen Zollwesen und war reich.

Er wollte Jesus sehen und ihn kennen lernen, doch es war ihm unmöglich. Er stand in der Menge eingekeilt und sah nichts, denn er war klein.

Da lief er den Leuten voraus und stieg auf einen Maulbeerbaum an der Straße, durch die Jesus kommen mußte, um auf diese Weise etwas von ihm zu sehen.

Es geschah aber mehr, als er erwarten konnte. Als Jesus an die Stelle kam, sah er ihn oben sitzen und rief ihn an: Zachäus, schnell! Komm herunter! Ich muß heute in deinem Hause Rast machen!

Zachäus beeilte sich, herunterzukommen. Er nahm ihn auf, bewirtete ihn und freute sich.

Als die anderen das sahen, protestierten sie: Das geht nicht! Er kann doch nicht bei einem Gesetzlosen, einem Ausbeuter einkehren!

Zachäus aber sah Jesus ins Gesicht und sagte: Herr, die Hälfte meines Besitzes will ich den Armen geben. Und wenn ich jemanden betrogen habe, dann gebe ich ihm vierfachen Ersatz.

Da antwortete Jesus:
Heute ist ein Freudentag für dieses Haus! Heute hat Gott ein Wunder getan! Wer will sich ärgern? Gehört nicht auch dieser Mann zu uns? Zum heiligen Volk Gottes?

Ich jedenfalls bin gekommen, die Menschen zu suchen und zu retten, um die sich keiner kümmert.

Als sie die Stadt Jericho soeben verlassen hatten,
er, seine Jünger
und eine beträchtliche Menschenmenge,
saß da ein Blinder am Weg, Bartimäus,
und bettelte.
Als der hörte,
Jesus, der Mann aus Nazareth, komme vorüber,
fing er an zu schreien:
Jesus, du König Israels,
kümmere dich um mich!

Aber die Leute in seiner Nähe fuhren ihn an,
er solle den Mund halten.
Er rief aber um so lauter:
Du König Israels,
hab Erbarmen mit mir!

Da blieb Jesus stehen und befahl:
Holt ihn her!
Und sie holten ihn und sagten:
Steh auf! Du hast Glück! Er ruft dich!
Er aber ließ seinen Mantel liegen,
sprang auf und ging zu Jesus.

Der fragte ihn:
Was willst du? Soll ich etwas tun?
Meister, war die Antwort, ich will sehen!
Jesus erfüllte ihm die Bitte und sprach:
Geh! Dein Glaube war deine Rettung.

Da öffnete der Blinde die Augen und sah.
Und er schloß sich Jesus an
und folgte ihm auf dem Weg.

In diesen Tagen weilte er einmal im Hause Simons.
Als er zu Tisch saß, kam
(obwohl Frauen zum Mahl der Männer nicht
zugelassen waren)
eine Frau herein,
die ein Glas mit echtem,
kostbarem Nardenwasser bei sich hatte.
Sie zerbrach das Glas
und goß das Wasser über seinem Haupt aus.

Da ärgerten sich einige der Anwesenden
und kritisierten sie:
Wozu diese Verschwendung?
Man hätte das Wasser doch verkaufen können!
Es hätte fünfhundert Mark ergeben,
die man hätte für wohltätige Zwecke verwenden können.
Und sie beschimpften sie von allen Seiten.

Jesus aber nahm sie in Schutz:
Laßt sie. Macht es ihr nicht so schwer.
Sie hat etwas besonders Schönes getan.

Arme wird es immer geben,
und wenn ihr wohltätig sein wollt,
wird es nie an Gelegenheit fehlen.
Mich habt ihr nur noch ein paar Tage.
Sie hat etwas getan,
was in kurzer Zeit ohnedies zu tun ist.
Sie hat meinen Leib gesalbt,
wie man ihn zu meinem Begräbnis salben wird.
Sie hat mir in meinem Leben die Ehre erwiesen,
die man sonst erst den Toten erweist.

Seid sicher:
Wo man jemals in der Welt davon reden wird,
daß ich gestorben bin,
um der Welt das Leben zu schenken,
da wird man auch über das reden,
was sie jetzt getan hat,
und wird es als ein Zeichen ihrer Liebe festhalten.

Kurz vor Jerusalem kamen sie über den Ölberg,
an den Ort Bethphage.
Da sandte Jesus zwei seiner Jünger voraus:
Geht in das Dorf, das vor euch liegt.
Ihr werdet dort eine Eselin angebunden sehen
und ihr Füllen dabei.
Bindet sie los und bringt sie zu mir.
Sollte euch jemand darauf anreden,
sie gehöre euch nicht, dann sagt:
Der Herr, der König Israels, braucht sie.
Dann wird er sie euch lassen.

In dem allem aber geschah nichts anderes
als was schon bei den Propheten zu lesen ist:

„Sagt dem Volk, das auf dem Zion wohnt,
auf der Höhe von Jerusalem:
Gib acht, dein König kommt!
Er kommt ohne Gepränge.
Er kommt, Frieden zu bringen,
er reitet auf einem Esel
und auf dem Füllen des Lasttiers."

Die beiden Jünger taten,
was Jesus befohlen hatte:
Sie gingen ins Dorf,
holten den Esel und das Junge,
legten ihre Mäntel auf seinen Rücken
und ließen Jesus aufsitzen.

Die vielen Menschen aber,
die mit auf dem Weg waren,
breiteten die Kleider auf die Straße,
andere hieben Zweige von den Bäumen
und streuten sie auf den Weg.

Als er nahe vor der Stadt war,
dort, wo man den Ölberg hinuntergeht,
konnten seine Begleiter nicht mehr an sich halten:
Das ganze Volk fing vor Freude an,
Gott zu rühmen und zu preisen,
mit lauten Gesängen und mit Jubel,
für all die großen Dinge, die es erlebt hatte:

Gepriesen sei der König!
Gepriesen sei, der von Gott kommt!
Der Himmel gibt Frieden
und Gottes Herrlichkeit ist über uns!

Einige von der Gruppe der Pharisäer,
die auch in der Menge standen,
kritisierten ihn:
Meister, verbiete deinen Jüngern, das zu sagen!
Er antwortete:
Ich sage euch,
wenn die schweigen, schreien die Steine!

Als er aber die Stadt vor sich sah,
weinte er über sie und klagte:
Könntest du doch heute begreifen, woher dein Friede kommt.
Aber du tust die Augen nicht auf.
Es wird eine Zeit kommen,
da werden deine Feinde dich mit Wall und Graben
einschließen und von allen Seiten belagern.
Sie werden dich zusammenschlagen mit deinen Kindern
und werden keinen Stein auf dem anderen lassen.
Und warum?
Nur weil du die Stunde nicht begriffen hast,
in der Gott dich besuchen wollte.

Als er danach in Jerusalem einritt,
geriet die ganze Stadt in Aufruhr:
Wer ist das?
Und sie riefen einander zu:
Das ist Jesus, der Nazarener aus Galiläa,
der Prophet!

Jesus ritt weiter und kam in den Tempel.
Dort sah er das Gedränge der Verkäufer und der Käufer.
Er trieb sie hinaus,
warf die Tische der Geldwechsler um
und die Stände der Taubenhändler
und rief:
Gott spricht:
„Mein Haus gehört dem Gebet –
ihr aber habt eine Räuberhöhle daraus gemacht."

Da kamen Blinde und Gelähmte zu ihm in den Tempel
und er heilte sie.

Als aber die Priester und die Schriftgelehrten
die wunderbaren Dinge sahen, die er tat,
und die Kinder hörten,
die im Tempel lärmten und jubelten:
„Heil dem König Israels!"
ärgerten sie sich und fragten ihn:
Hörst du, was die schreien?

Jesus gab zur Antwort:
Ja! Natürlich!
Habt ihr nie gelesen:
Aus dem Munde der Kinder und Säuglinge
hört man die Freude an Gott?

Er ließ sie stehen,
ging hinaus aus der Stadt nach Bethanien
und übernachtete dort.

In jenen Tagen,
als er teils mit dem Volk,
teils mit den Regierenden redete,
erzählte er einmal eine kurze Geschichte,
mit der er die Situation deutete:

Wie beurteilt ihr, so begann er,
die folgende Begebenheit:
Ein Mann hatte zwei Söhne.
Er wandte sich an den einen und befahl ihm:
Geh und arbeite heute im Weinberg!
Der Sohn antwortete:
Nein! Ich will nicht!
Nachher tat es ihm leid und er ging hin.
Da traf der Vater den anderen
und sagte ihm dasselbe.
Der gab zur Antwort:
Ja! Und ging nicht hin.
Wer von den beiden
hat nach dem Willen des Vaters gehandelt?
Sie entschieden: Der erste!

Und ich sage euch,
erwiderte Jesus:
Die verrufenen Zollwächter,
die von Gottes Willen nichts wissen,
und die Dirnen, die ihr verachtet,
werden vor euch ins Reich Gottes kommen.

Johannes der Täufer war da
und zeigte euch den Weg, der zu Gott führt.
Ihr habt ihm nicht gehorcht.
Die Zöllner und die Dirnen
gehorchten ihm.
Trotz alledem habt ihr eure Entscheidung nicht geändert.
Das Letzte war euer Nein.
Es war ein Nein nicht gegen Johannes allein,
sondern gegen Gott.

Eine andere Geschichte, die Jesus erzählte, lautet so:

Es war ein Gutsbesitzer, der legte einen Weinberg an. Er grenzte ihn mit einem Zaun ein, hob eine Kelter aus und baute einen Turm hinein. Dann beauftragte er eine Anzahl Arbeiter, den Weinberg zu bebauen, und begab sich auf die Reise.

Als die Erntezeit kam, sandte er seine Verwalter zu den Arbeitern. Die sollten den Ertrag abholen.
Die Arbeiter aber packten die Verwalter, peitschten den ersten aus, schlugen den zweiten tot und warfen den dritten mit Steinen.
Da sandte der Besitzer andere von seinen Dienern, eine größere Zahl, und die Arbeiter taten mit ihnen dasselbe.

Zuletzt überlegte er sich: Meinen Sohn werden sie nicht antasten, und schickte seinen Sohn.
Als die Arbeiter den Sohn sahen, sagten sie: Das ist der Erbe! Wenn wir den töten, gehört der Besitz uns! Sie griffen ihn, stießen ihn aus dem Weinberg und brachten ihn um.

Was meint ihr? Was wird der Besitzer mit den Arbeitern tun, wenn er kommt?

Er wird die Verbrecher auf eine böse Art umbringen, meinten die Zuhörer. Er wird den Weinberg an andere verpachten, die den Ertrag abliefern, wenn es Zeit ist.

Da fragte Jesus: Habt ihr nie in der heiligen Schrift gelesen: Der Stein, den die Bauleute weggeworfen haben, ist zum Eckstein geworden?
Ich sage euch: Gott hat euch beauftragt, seinen Willen zu verwirklichen. Er wird seinen Auftrag zurückziehen und einem Volk geben, das Gott gibt, was Gott gehört.

Die Priester aber und die Pharisäer merkten, daß er von ihnen sprach. Sie hätten ihn gern festgenommen, aber sie fürchteten sich vor dem Volk. Denn das Volk hielt ihn für einen Propheten.

Wenn Jesus uns auffordert, an ihn zu glauben, dann entscheidet
sich dabei unser Schicksal für die Ewigkeit. Er schildert das an
folgender Geschichte:

Es war ein Mann,
der bereitete ein großes Festmahl vor
und lud eine Menge Gäste dazu ein.

Als es Zeit war für das Fest,
schickte er seinen Boten zu den Eingeladenen:
Es ist alles fertig! Kommt!

Aber jeder hatte eine andere Ausrede zur Hand:
Der erste ließ sagen: Ich habe einen Acker gekauft.
Es geht nicht anders! Ich muß hinaus und ihn besehen.
Ich bitte dich, entschuldige mich.
Der zweite ließ sagen: Ich habe zehn Ochsen gekauft.
Es geht nicht anders! Ich muß hin und sie abholen.
Ich bitte dich, entschuldige mich.
Der dritte ließ sagen: Ich habe eben geheiratet.
Ich bitte dich, zu verstehen, daß ich nicht kommen kann.

Da kehrte der Bote um
und berichtete das alles seinem Herrn.
Der wurde zornig und wies ihn an: Schnell!
Geh gleich hinaus auf die Plätze und Gassen der Stadt,
hol' alle Armen, alle geistig und körperlich Behinderten
zusammen und führe sie herein.

Als das geschehen war, meldete der Bote:
Sie sind alle da, wie du befohlen hast,
es ist aber noch Platz.

Da befahl ihm der Hausherr:
Dann geh auf die Landstraßen
und an die Zäune und mach es dringlich:
Hole sie alle herein. Mein Haus muß voll werden.
Ich sage euch:
Von den Leuten, die zuerst eingeladen waren,
wird keiner mein Festmahl sehen oder schmecken.

Einmal kamen die Pharisäer wieder zu einer Besprechung zusammen, um sich zu überlegen, wie sie Jesus in der Diskussion eine Falle stellen könnten.

Schließlich beauftragten sie einige unter ihren Anhängern, die dem römischen Staat feindlich gesonnen waren, zusammen mit einigen Parteigängern des Herodes, die den römischen Staat unterstützten, und fragten ihn seiner politischen Einstellung wegen:

Meister, wir wissen, daß du kein Unrecht willst und genau das lehrst, was Gott befohlen hat. Du läßt dich durch Meinungen nicht beeindrucken und redest niemandem nach dem Munde.

Sage uns, wie du darüber denkst:
Ist es richtig, daß man dem römischen Staat Steuern zahlt?
Ist es falsch?

(Antwortete Jesus nun: Es ist richtig, dann verlor er die national Gesonnenen. Antwortete er: Es ist falsch, konnte man ihn bei den Römern anzeigen.)

Jesus verstand. Er hörte die Unredlichkeit leicht heraus: Was soll diese Falle, ihr Lügner? Zeigt mir die Münze, die man dem Kaiser zahlt.

Sie brachten ihm einen Denar, und er fragte sie: Was für ein Kopf ist darauf? Was sagt die Inschrift?

Der Kopf des Kaisers, erklärten sie, sein Name steht dabei.

Da wies sie Jesus an: Dann gebt dem Kaiser, was dem Kaiser ohnedies gehört. Und gebt Gott, was Gott gehört.

Als sie das hörten, wunderten sie sich, ließen ihn stehen und gingen davon.

Unter denen, die Jesus gerne ein Falle gestellt hätten, weil
er ihnen hinderlich war, kamen einmal auch die Sadduzäer,
die modern sein wollten und vom Gesetz Moses und vom
alten Glauben nicht viel hielten. Unter anderem glaubten
sie auch nicht an eine Auferstehung nach dem Tode. Sie
fragten: Meister, Mose hat geschrieben, folgende Regel
sollte gelten: Wenn einer stirbt und eine kinderlose Frau
hinterläßt, dann soll sein Bruder die Frau neben seiner
eigenen Frau zusätzlich heiraten, damit sie Kinder bekommt. Die Kinder sollen dann als Kinder des Verstorbe-
nen gelten, damit dessen Familie nicht ausstirbt.
Nun stelle dir vor: Da waren sieben Brüder. Der erste hei-
ratete und starb kinderlos. Der zweite nahm die Frau zu
sich und starb auch, ohne Kinder zu hinterlassen. Der dritte
und der vierte und schließlich alle sieben nahmen sie. Sie
starben alle, ohne daß die Frau ein Kind bekam. Zuletzt
starb die Frau auch. Wenn sie nun alle aus dem Tode wieder lebendig werden, mit wem wird sie dann verheiratet
sein, – alle sieben haben sie ja gehabt?

(Der Sinn der Geschichte sollte sein: Du siehst, wie unsinnig es
ist, von einer Auferstehung der Toten zu sprechen!)

Da antwortete ihnen Jesus:
Die Menschen in dieser Welt heiraten und werden geheiratet. Für die, die Gott als würdig ansieht, in seinem Reich
mit ihm zu leben, hat die Ehe keinen Sinn mehr. Sie sterben nicht mehr und brauchen keine Nachkommen. Sie sind
ausschließlich Gott zugewandt wie die Engel. Sie sind
Söhne Gottes und nicht Söhne von Menschen.
Ihr solltet dazu einmal nachlesen, was Mose über die Auferstehung aus dem Tode schreibt:
Als er Gott in dem brennenden Busch begegnete, nannte er
ihn den Gott Abrahams, Isaaks und Jakobs. Gott ist aber
kein Gott der Leichen, sondern ein Herrscher über lebendige Menschen. Alle leben sie durch ihn und bei ihm.
Da antworteten ihm einige von den Schriftgelehrten, die
an die Auferstehung glaubten: Meister, das ist wahr!
Und aus keiner der beiden Parteien wagte man noch, ihm
Fallen zu stellen.

Da kam ein Schriftgelehrter,
ein Professor, würden wir sagen –,
und hörte ihnen eine Weile zu.
Als er den Eindruck hatte,
die Antworten, die Jesus gab,
seien richtig und wahr,
stellte er selbst auch eine Frage:

Es gibt viele Regeln und Ordnungen,
die Gott uns vorgeschrieben hat.
Welche ist die wichtigste?

„Höre, Israel, es gibt nur den einen Gott",
antwortete Jesus mit einem Wort des Alten Testaments –
„und du sollst Gott, deinem Herrn,
dein ganzes Vertrauen zuwenden.
Du sollst ihn lieben mit deinem ganzen Herzen,
mit deiner ganzen Seele,
mit allen deinen Gedanken
und mit deiner ganzen Kraft."

Das andere Gebot heißt:
„Du sollst den Menschen neben dir
lieben wie dich selbst."
Es gibt keine erhabenere Regel.

Der Schriftgelehrte wiederholte:
Das ist wahr.
Es gibt nur einen Gott und keinen daneben.
Ihn lieben mit ganzem Herzen,
mit allen Kräften des Geistes und der Seele –
den Mitmenschen aber lieben wie sich selbst –
das ist besser als alle äußerlichen Versuche,
fromm zu sein.

Da sah Jesus, daß er vernünftig antwortete,
und fügte hinzu:
Du bist nicht weit weg von der Wahrheit
und dem Willen Gottes.

Im Tempel gab es an verschiedenen Stellen Opferkästen.

Nun saß Jesus eines Tages
in der Nähe eines dieser Kästen
und sah zu, wie die Leute Geld hineinwarfen.
Es war bemerkenswert,
wieviel Geld einige reiche Leute opferten.

Da kam auch eine arme Witwe
und warf zwei Heller hinein,
die etwa zehn Pfennigen entsprechen.

Und Jesus rief seine Begleiter zu sich
und sagte ihnen:
Diese arme Witwe hat mehr in den Opferkasten geworfen
als alle anderen.

Denn die anderen haben alle nur ein wenig
von ihrem Überfluß gegeben.
Die Frau dagegen gab von ihrer Armut
alles, was sie hatte,
ihre ganze Nahrung für den heutigen Tag.

Unter den Gästen, die nach Jerusalem gekommen waren,
um dort das Osterfest mitzufeiern,
waren auch einige Griechen.
Die interessierten sich für Jesus,
wandten sich aber nicht an ihn selbst,
sondern baten Philippus:
Ist es wohl möglich,
daß du uns mit Jesus in Verbindung bringst?
Wir möchten ihn kennen lernen.

Philippus ging zu Andreas
und besprach sich mit ihm, was zu tun sei,
und die beiden sagten es schließlich Jesus.

(Denn die Sache war wichtig. Die Juden wollten von Jesus nichts
wissen. Wenn die Griechen draußen nach ihm fragten, dann lag
hier für Jesus möglicherweise eine entscheidende Chance, dem
Haß der Juden auszuweichen und unter den fremden Völkern zu
wirken.)

Doch Jesus wehrte ab:
Die Stunde ist da.
Ich habe nur *einen* Weg,
Gottes Licht auszubreiten.
Haltet fest, was ich sage:

Wollte das Weizenkorn sich schonen,
so bliebe es einsam, bis es verbraucht ist.
Wenn es dagegen in die Erde fällt und stirbt,
dann entsteht Frucht aus ihm.

Wer sein Leben für so wertvoll hält,
daß er es unbedingt erhalten will,
wird es verlieren.
Wer es weggibt und sich in dieser Welt verbraucht,
wird es behalten.
Gott gibt es ihm wieder für die Ewigkeit.

Wer mir dienen will, der soll tun, was ich tue.
Wo ich bin, soll mein Diener auch sein.

Das Licht,
sagte Christus in jenen letzten Tagen seines Lebens,
ist noch eine kleine Weile bei euch.
Was ihr tut, das tut im Licht,
solange ihr es habt,
damit euch die Finsternis nicht verschlingt.
Wer in der Nacht geht, sieht seinen Weg nicht.
Nützt das Licht,
solange es Tag ist,
damit in euch und um euch her Licht ist.

Wer mir zugehört,
der gehört im Grunde nicht mir,
sondern Gott zu, von dem ich komme.
Wer mich sieht,
sieht den, der mich gesandt hat.

Ich bin als ein Licht in die Welt gekommen,
damit jeder, der sich mir zuwendet,
die Finsternis hinter sich läßt.

Ich bin nicht in die Welt gekommen,
um sie in den Tod und ins Verderben zu stoßen,
sondern um sie vor Tod und Untergang zu retten.

Wer nun hört, was ich sage, und es nicht annimmt,
den werde ich
nicht verdammen.
Ein anderer Richter wird ihn verurteilen:
Denn das Wort, das ich gesagt habe
und das er gehört hat,
wird ihn in seinem eigenen Gewissen verurteilen,
wenn der Tag des Gerichts kommt.

Nach all diesen Reden und Gesprächen sagte Jesus zu seinen Jüngern: Ihr wißt: Es sind noch drei Tage bis Ostern. Nun wird man mich den Henkern übergeben, die mich kreuzigen werden.

Da kamen die Würdenträger unter den Priestern und die leitenden Beamten aus der jüdischen Verwaltung im Palast des Hohenpriesters Kaiphas zusammen. Sie überlegten, wie man Jesus auf eine kluge Art zu fassen bekommen und umbringen könne. Aber, so beschlossen sie, nicht am Fest, sondern noch vorher, damit sich keine Demonstrationen bilden, die für ihn Stimmung machen.

Einer von den zwölf Begleitern Jesu, Judas Ischarioth, ging um die gleiche Zeit zu den Priestern. Ich will dafür sorgen, schlug er vor, daß ihr ihn unbemerkt in die Hand bekommt. Was bekomme ich dafür?
Dreißig Silberstücke, war das Angebot.
Von da an suchte Judas eine Gelegenheit, ihn festnehmen zu lassen, ohne daß die Öffentlichkeit es merkte.

Am Donnerstag der Woche vor Ostern pflegte man das Osterlamm zu essen. Da schickte Jesus Petrus und Johannes in die Stadt, das Passahmahl vorzubereiten: Wenn ihr in die Stadt kommt, werdet ihr einem Mann begegnen, der einen Wasserkrug trägt. Dem geht in das Haus nach, das er betritt, und sagt zu dem Herrn des Hauses: Der Meister läßt dich fragen: Wo ist der Raum, in dem ich das Osterlamm mit meinen Jüngern essen kann?
Er wird euch einen großen Saal zeigen, der mit Liegepolstern ausgestattet ist. Dort bereitet das Essen vor.

Die beiden gingen, trafen alles an, wie er es ihnen beschrieben hatte, und sorgten für das Mahl.

Am Abend, als es Zeit war, das Osterlamm zu essen, legte Jesus sich zu Tisch und die zwölf Apostel mit ihm.
Er wußte, daß die Stunde für ihn gekommen war, die Welt zu verlassen und zum Vater zu gehen.
Aber wie er die Seinen, die in der Welt zurückblieben, immer geliebt hatte, so liebte er sie bis ans Ende.

Während des Abendessens stand er auf, legte sein Obergewand ab und band sich eine Schürze um. Dann goß er Wasser ins Becken und fing an, seinen Jüngern die Füße zu waschen und sie mit der Schürze zu trocknen, wie es damals die Sklaven zu tun hatten.

Als er zu Petrus kam, wehrte der sich: Was soll das? Du willst mir die Füße waschen? Jesus antwortete: Was ich tue, verstehst du jetzt noch nicht! Später wirst du es verstehen. Aber Petrus redete weiter: Auf keinen Fall sollst du mir die Füße waschen! Niemals!
Wenn ich das nicht tue, antwortete Jesus, gehörst du nicht zu mir.
Da plötzlich redete Petrus ganz anders: Herr, nicht nur die Füße, sondern auch die Hände und das Haupt!
Aber Jesus wehrte ab:
Wenn ich dich wasche, dann genügt das Zeichen, daß ich dir die Füße wasche. Es gilt für den ganzen Menschen. Der ganze Mensch ist rein durch das, was ich an ihm tue.

Als er ihnen allen die Füße gewaschen hatte, warf er sich wieder sein Gewand über und legte sich auf sein Polster.
Wißt ihr, fragte er, was ich euch getan habe? Ihr nennt mich „Meister" und „Herr". Das ist richtig. Ich bin es.
Wie ich aber als euer Herr und Meister euch die Füße gewaschen habe, so sollt ihr einander die Füße waschen. Ein Beispiel habe ich euch gegeben für das, was ihr tun sollt.

Das steht fest: Der Knecht ist nicht größer als sein Herr und der Gesandte nicht größer als der, der ihm seinen Auftrag gibt. Wenn ihr das verstanden habt – glücklich seid ihr und Gottes Kinder, wenn ihr es tut.

Als sie nun anfingen zu essen,
sagte Jesus zu ihnen:

Von ganzem Herzen habe ich mich danach gesehnt,
das Ostermahl mit euch zu feiern,
ehe ich leide.
Ich werde es nicht mehr feiern,
bis es in einem ganz neuen Sinn wieder begangen wird,
wenn das Reich Gottes da ist.

Dann nahm er den Kelch,
betete den Dankpsalm und sprach:
Nehmt ihn und trinkt alle daraus.
Ich selbst werde von der Frucht des Weinstocks
nicht mehr trinken, ehe das Reich Gottes da ist.

Darauf nahm er ein Brot,
sprach das Dankgebet,
brach das Brot und gab es ihnen:
Das ist mein Leib,
der für euch in den Tod gegeben wird.
So sollt ihr es halten,
wenn ihr später an mich denkt.

Ebenso nahm er nach dem Essen den Kelch
und sprach:
Dieser Kelch ist ein Zeichen,
daß Gott zu euch stehen will
und ihr zu ihm gehört.
Denn das ist mein Blut,
das vergossen wird,
damit ihr das Leben habt.

Danach kam eine tiefe Traurigkeit über Jesus
und er sprach aus, was er kommen sah:

Es ist wahr.
Einer von euch wird mich verraten.

Da sahen die Jünger einander an,
der Reihe nach
und wußten nicht, wen er meinte.
Einer, den Jesus besonders liebte,
lag an seiner Brust.
Dem gab Petrus ein Zeichen,
er solle ihn fragen, wen er meinte.
Herr, wer ist das? fragte Johannes,
und Jesus antwortete:

Der, dem ich den Bissen eintauchen und geben werde.
Und er tauchte den Bissen ein
und gab ihn dem Judas.

Der hatte den Bissen kaum genommen,
da fuhr der Teufel in ihn.
Und Jesus gab ihm noch das Wort mit:
Was du tun willst, das tu bald!

Keiner, der mit am Tisch lag,
begriff in diesem Augenblick,
was das heißen sollte.
Einige meinten,
weil Judas die Kasse hatte, habe Jesus ihn angewiesen,
er solle für das Fest das Nötige einkaufen
oder den Armen etwas geben.

Als er aber den Bissen gegessen hatte,
ging Judas hinaus.
Es war Nacht.

In dieser Nacht,
so redete Jesus seine Jünger wieder an,
als sie auf dem Wege zum Ölberg waren,
in dieser Nacht werdet ihr alle an mir irre werden.

Schon in den heiligen Schriften steht:
„Ich werde den Hirten erschlagen
und die Schafe der Herde
werden sich in alle Winde zerstreuen."
Wenn ich aber aus dem Tode
zu neuem Leben aufstehen werde,
will ich euch auf dem Weg nach Galiläa
wieder sammeln.

Petrus antwortete:
Und wenn alle den Glauben an dich verlören,
ich könnte nicht an dir irre werden.

Petrus, sieh dich vor,
wandte sich Jesus an ihn.
Der Teufel hat etwas mit euch im Sinne.
Er wird euch schütteln,
wie man den Weizen im Sieb schüttelt.
Ich habe aber Gott gebeten,
daß du deinen Glauben behalten darfst.
Und wenn du später wieder auf den Füßen stehst,
dann hilf auch deinen Brüdern,
Fuß zu fassen.

Aber Petrus war seiner Sache sicher:
Herr, ich bin bereit,
mit dir ins Gefängnis zu gehen,
ja, in den Tod.

Da antwortete ihm Jesus:
Ich sage dir, Petrus,
heute nacht, ehe der Hahn kräht,
wirst du dreimal schwören,
du habest nie mit mir zu tun gehabt.

Als sie nach dem Abendmahl und all den Gesprächen
den Lobgesang gesungen hatten,
gingen sie auf den Ölberg hinaus.
Dort kam Jesus mit ihnen zu einem Gehöft,
das in einem Garten lag und das Gethsemane hieß.
Dort bat er seine Jünger:
Setzt euch hier. Ich will dort hinübergehen und beten.
Und er nahm Petrus, Johannes und Jakobus mit sich,
fing an zu trauern und sich zu ängsten und sprach:
Ich weiß nicht mehr ein noch aus vor Angst.
Der Tod greift nach mir. Bleibt hier und wacht mit mir.

Dann ging er ein paar Schritte weit,
bis er zusammenbrach.
Und er betete, auf dem Boden liegend:
Mein Vater, wenn es möglich ist,
laß das Entsetzliche an mir vorbeigehen!
Aber nicht wie ich will, sondern wie du willst.
Und er kam zu seinen Jüngern zurück,
traf sie schlafend an und weckte Petrus:
Könnt ihr nicht eine Stunde mit mir wachen?
Wacht und betet,
daß euch die Macht der Finsternis nicht überwältigt.
Der gute Wille hilft nicht,
wenn ihr in eurer Müdigkeit dahinträumt!

Noch ein zweites Mal ging Jesus weg und betete:
Mein Vater, wenn es keinen Ausweg gibt,
soll dein Wille geschehen!
Als er wieder zurückkam,
traf er seine Freunde schlafend an und so müde,
daß sie kaum die Augen öffnen konnten.
Da ließ er sie, ging wieder weg
und betete zum dritten Male mit denselben Worten.

Schließlich kam er zu den Jüngern zurück
und weckte sie:
Wollt ihr die letzte Stunde, die uns noch bleibt, verschlafen?
Es ist soweit. Die Menschen kommen und greifen nach mir.
Steht auf! Wir gehen! Der Verräter ist da.

Kaum hatte er das gesagt, kam Judas,
einer von den Zwölfen,
an der Spitze einer großen
mit Schwertern und Spießen bewaffneten Schar
von Söldnern der Tempelwache,
die die Priester und die Verwaltung abkommandiert hatten.

Der Verräter hatte mit ihnen ein Zeichen verabredet:
Der, dem ich einen Kuß gebe, ist es.
Den nehmt fest.

Sofort ging er auf Jesus zu:
Ich grüße dich, Meister,
und küßte ihn.
Mein Freund, antwortete Jesus,
warum bist du gekommen?
Da umstellten sie ihn und nahmen ihn fest.
Nur einer von den Begleitern Jesu
zog sein Schwert und schlug zu.
Er traf den Knecht des Hohenpriesters
und hieb ihm ein Ohr ab.
An ihn wandte sich Jesus:
Stecke dein Schwert weg!
Es nützt nichts.
Wer das Schwert zu Hilfe nimmt,
kommt durch das Schwert um.
Oder meinst du,
ich könnte nicht meinen Vater bitten,
mir mehr als hunderttausend Engel zu senden?

Und zu den Söldnern gewandt:
Ihr seid ausgezogen mit Schwertern und Spießen,
mich zu fangen, als ob es um einen Mörder ginge.
Jeden Tag saß ich im Tempel und habe geredet.
Ihr aber getrautet euch nicht,
Hand an mich zu legen.
Doch das alles geschieht, wie Gott es wollte
und wie er es den Propheten angekündigt hat.

Da verließen ihn alle seine Freunde und flohen.

Die Truppe mit ihrem Anführer und die Söldner der Juden nahmen Jesus, fesselten ihn und führten ihn zunächst zu Hannas, dem Schwiegervater des derzeitigen Hohenpriesters Kaiphas.

Petrus und Johannes aber gingen hinter ihnen her, und weil Johannes dem Hohenpriester bekannt war, ging er mit Jesus in den Palast. Petrus dagegen blieb vor der Tür stehen. Da wandte sich Johannes an die Magd, die die Aufsicht am Eingang hatte, sie möge auch Petrus einlassen.

Die fragte: Gehörst du nicht auch zu den Anhängern dieses Menschen? Aber Petrus verneinte: Ich gehöre nicht dazu. Drinnen standen die Soldaten und die Knechte um ein Kohlenfeuer und wärmten sich, und Petrus stellte sich zu ihnen, um sich ebenfalls zu wärmen.

Der Oberpriester Hannas aber befragte währenddessen Jesus, wer denn seine Schüler seien und was er für eine Lehre vertrete.
Jesus antwortete: Ich habe öffentlich geredet vor allen Menschen. Ich habe überall gelehrt, in der Synagoge und im Tempel, wo alle Juden zusammenkommen. Und nichts von allem, was ich gesagt habe, ist geheim. Wieso fragst du mich? Frage doch die, die mir zugehört haben, sie wissen, was ich gesagt habe.

Da gab ihm einer von den Knechten, die dabeistanden, einen Faustschlag ins Gesicht und fragte: So antwortest du dem Hohenpriester?

Wenn ich ungehörig geredet habe, entgegnete ihm Jesus, dann beweise, was ungehörig war. War es aber richtig, hast du keinen Anlaß zuzuschlagen!

Hannas aber ließ Jesus in Fesseln zu Kaiphas bringen, dem Hohenpriester.

Als es Tag wurde, versammelte sich das Presbyterium (eine Art jüdischer Selbstverwaltung mit den wichtigsten innenpolitischen Befugnissen, von den Römern zugestanden), und die Oberpriester und Schriftgelehrten kamen dazu. Sie führten Jesus in das Regierungsgebäude und versuchten dort, ihm in einer Verhandlung eine Schuld nachzuweisen, auf die die Todesstrafe stand, und konnten keine finden. Obwohl viele falsche Zeugen auftraten, konnten sie ihm doch nichts nachweisen.

Zuletzt kamen zwei und sagten: Er hat behauptet: Ich kann den Tempel Gottes abreißen und in drei Tagen wieder aufbauen.

(Hier lag ein Mißverständnis vor: Jesus hatte seinen Leib als den Tempel Gottes bezeichnet und von seinem Tod und von seiner Auferstehung nach drei Tagen gesprochen.)

Der Hohepriester erhob sich und fragte: Hast du nichts auf diese Anklage zu antworten? Jesus schwieg.

Da fuhr der Hohepriester fort: Ich stelle dich unter Eid und frage dich im Angesicht des lebendigen Gottes: Bist du der Christus, Gottes Sohn?

Jesus antwortete: Ja. Allerdings füge ich eins hinzu: Ihr werdet mich künftig nicht hier sehen, sondern zur Rechten Gottes sitzen, der die Macht hat. Ich werde vom Himmel wiederkommen und Gericht halten.

Da zerriß der Hohepriester sein Gewand als Zeichen des Entsetzens und rief: Er vergreift sich an Gott! Wozu brauchen wir noch weitere Zeugen? Ihr alle habt seine Gotteslästerung gehört. Was ist euer Urteil?

Sie antworteten: Er hat den Tod verdient! Da spuckten sie ihm ins Gesicht und prügelten ihn, andere aber schlugen ihm ins Gesicht und machten sich einen Spaß: Du weißt doch alles, du bist doch der Christus! Wer war es, der dich schlug?

Petrus saß währenddessen draußen im Hof.
Da kam eine Magd auf ihn zu und sagte:
Du warst auch mit dem Jesus aus Galiläa zusammen!
Er aber leugnete, während alle zuhörten, und sagte:
Ich weiß nicht, wovon du sprichst!

Als er später zur Tür hinausging,
sah ihn eine andere, die sagte zu den Umstehenden:
Der gehört auch zu den Anhängern des Jesus aus Nazareth.
Und wieder leugnete er und schwur dazu:
Bei Gott! Ich kenne den Menschen nicht!

Einen Augenblick später kamen einige,
die in der Nähe standen,
zu Petrus und sagten:
Kein Zweifel, du gehörst auch zu denen,
deine Sprache verrät dich!
Da fing er an zu leugnen und zu schwören:
Gott soll mich verdammen,
wenn ich mit diesem Menschen jemals zu tun hatte!
Da krähte der Hahn.

Jetzt erinnerte Petrus sich, daß Jesus gesagt hatte:
Ehe der Hahn kräht,
wirst du dreimal leugnen, mich zu kennen.
Er ging hinaus ins Freie
und fing an, verzweifelt zu weinen.

Inzwischen verhandelten die Priester und die Führer des Volks, wie sie Jesus töten könnten. Schließlich fesselten sie ihn wieder, ließen ihn wegbringen und übergaben ihn dem Hohen Kommissar Pontius Pilatus, dem Vertreter der Besatzungsmacht, der für Todesurteile zuständig war.

Als Judas, der ihn den Juden in die Hände gespielt hatte, sah, daß Jesus tatsächlich zum Tod verurteilt werden sollte, faßte ihn die Reue. Er brachte den Priestern und Ältesten die dreißig Silberstücke zurück und sagte: Ich habe ein schweres Unrecht getan. Ich habe einen unschuldigen Menschen verraten!

Die wehrten ab: Was geht das uns an? Das ist deine Sache! Judas nahm das Silber und warf es in den Tempel. Dann ging er davon und erhängte sich.

Die Priester nahmen das Geld und meinten: Es ist nicht gut, wenn wir es in den Opferkasten legen, denn es ist der Lohn für eine Bluttat. Sie verhandelten hin und her und beschlossen schließlich, davon den Acker des Töpfers zu kaufen, um einen Friedhof anzulegen, auf dem man verstorbene Pilger begraben könne. Darum heißt das Feld bis heute „Blutacker".

Während der Verhandlungen im Gerichtsgebäude des Pilatus standen die Juden draußen im Freien.

Da kam Pilatus zu ihnen hinaus und fragte: Was habt ihr für eine Anklage gegen diesen Menschen vorzubringen? Sie antworteten: Wäre der nicht ein Verbrecher, hätten wir ihn nicht gebracht!

Ich habe kein Interesse an ihm. Nehmt ihn mit und verurteilt ihn, wie es euer Gesetz fordert, entgegnete Pilatus. Wir dürfen niemanden töten, war ihre Antwort.

Da ging Pilatus wieder hinein in das Gericht, ließ Jesus kommen und fragte ihn: Bist du tatsächlich der König der Juden? Jesus antwortete: Fragst du das von dir aus, oder haben das andere über mich gesagt?

Ich bin doch kein Jude! wehrte Pilatus ab. Dein Volk und die Hohenpriester haben dich mir übergeben. Was hast du getan?

Mein Reich, antwortete Jesus, gehört nicht dieser Welt an wie andere Reiche. Wenn es ein Reich wäre wie andere, würden mich meine Anhänger gegen die Juden schützen. Aber mein Reich ist von ganz anderer Art.

Pilatus fragte weiter: Aber ein König bist du doch? – Ja, ich bin ein König, war die Antwort, ich bin geboren und in die Welt gekommen, um für die Wahrheit einzustehen. Wem Gott das Ohr für die Wahrheit öffnet, der hört meine Stimme.

Da schloß Pilatus das Gespräch mit der Frage: Was ist Wahrheit?

Als er das gesagt hatte, ging er hinaus zu den Juden und gab bekannt: Ich finde keine Schuld an ihm!

Danach nahmen die Soldaten des Gouverneurs
Jesus ins Gerichtsgebäude,
trommelten die ganze Mannschaft zusammen
und trieben ihren Spott mit ihm.
Sie zogen ihn aus,
warfen ihm einen Purpurmantel um,
flochten einen Kranz mit Dornen
und setzten ihn auf sein Haupt.

In die rechte Hand gaben sie ihm ein Rohr als Zepter,
warfen sich vor ihm auf die Knie
und spotteten:
Heil dir, König der Juden!
Spien ihm ins Gesicht,
nahmen das Rohr
und schlugen ihm damit auf den Kopf.

Ich bin der Mann, der Elend erlitt
durch die Rute des göttlichen Zorns.
In die Finsternis führte mich Gott,
nicht ins Licht.
Er hat mich ummauert ohne Ausweg,
mich in eherne Fesseln geschlagen.
Aber dies nehme ich zu Herzen,
und darum hoffe ich noch:
Die Güte des Herrn hört nicht auf,
seine Gnade hat kein Ende,
sie ist alle Morgen neu, und seine Treue ist groß.
Die Gabe, die mir gewiß zukommt,
ist der Herr selbst, spricht meine Seele,
darum will ich auf ihn hoffen!

Da ging Pilatus wieder hinaus auf die Plattform vor dem Palast. Er ließ Jesus ebenfalls herausführen und sagte zu den Juden:
Bitte! Ich führe ihn hier heraus, daß ihr seht: Ich finde kein Verbrechen an ihm.

So kam Jesus heraus, immer noch mit Dornenkrone und Purpurmantel.
Und Pilatus wies auf ihn hin: Seht, ein Mensch!

Als ihn aber die Priester und ihre Diener so sahen, schrien sie: Kreuzige ihn! Kreuzige ihn!
Da erwiderte Pilatus: Nehmt ihn mit! Kreuzigt ihn selbst! Ich finde keine Schuld an ihm.
Wir haben ein Gesetz, antworteten die Juden, nach dem er sterben muß, denn er hat behauptet, er sei Gottes Sohn.

Als Pilatus das Wort „Gottes Sohn" hörte, fürchtete er sich um so mehr. Er ging wieder in das Gerichtsgebäude hinein, ließ Jesus noch einmal vorführen und fragte ihn: Woher kommst du? Aber Jesus gab ihm keine Antwort.

Da drohte Pilatus: Sprichst du nicht mit mir? Weißt du nicht, daß ich die Macht habe, dich freizulassen oder auch zu kreuzigen?

Du hättest keine Macht über mich, war die Antwort, wenn sie dir nicht von oben verliehen wäre. Die größere Schuld liegt bei denen, die mich dir ausgeliefert haben.
Von da an bemühte sich Pilatus, Mittel und Wege zu finden, Jesus loszulassen.

Aber die Juden lärmten weiter: Wenn du den frei gibst, bist du kein Freund des Kaisers! Wer sich selbst zum König macht, erhebt sich gegen den Kaiser!

Da fragte Pilatus abschließend: Soll ich euren König kreuzigen?
Die Priester antworteten: Wir haben keinen König außer dem Kaiser!

Der Gouverneur sah aber noch eine weitere Möglichkeit. Er hatte die Gewohnheit, dem Volk auf das Fest, sozusagen als Geschenk, einen Gefangenen loszugeben. Es durfte ihn frei wählen.

Nun hatte er damals gerade einen besonders prominenten Gefangenen mit dem Namen Barabbas (ein Mitglied oder einen Führer einer illegalen Gruppe, der bei einem Aufstand einen Mord begangen hatte). Er rief daher die ganze Menge zusammen und fragte sie: Wen wollt ihr haben: Barabbas oder Jesus, von dem man sagt, er sei der von Gott gesandte Messias? (Denn er hatte wohl gemerkt, daß hinter der Anklage gegen Jesus nichts als Haß stand.)

Während Pilatus nun auf dem Thron des Richters saß, erhielt er eine Botschaft von seiner Frau, die ihm sagen ließ: Laß die Hände weg von diesem Gerechten. Ich hatte seinetwegen einen beängstigenden, schweren Traum.

Aber die Priester und die Ältesten beredeten die Leute, um Barabbas zu bitten, für Jesus aber sollten sie die Todesstrafe fordern.
Der Gouverneur fragte also noch einmal: Wen soll ich freigeben? Die Menge rief: Barabbas. Pilatus fragte dagegen: Was soll ich mit Jesus tun, von dem man sagt, er sei der Messias? Sie schrien alle zusammen: Man soll ihn kreuzigen! Wieder fragte Pilatus: Was hat er denn Böses getan? Sie schrien aber immer wilder: Man soll ihn kreuzigen!
Als Pilatus sah, daß er gegen das immer stärker anschwellende Geschrei nichts ausrichtete, nahm er eine Schüssel mit Wasser, wusch öffentlich vor dem Volk die Hände und sagte: Ich bin unschuldig, wenn hier ein Gerechter getötet wird. Die Schuld wird bei euch sein.
Da antwortete das ganze Volk: Sein Blut komme über uns und unsere Kinder! (Das heißt: Wenn das ein Verbrechen ist, dann soll die Strafe uns und unsere Kinder treffen.)
Da gab er ihnen Barabbas frei, Jesus aber ließ er mit der Geißel peitschen und zur Kreuzigung abführen.

Als sie ihn hinausführten vor die Stadt, konnte Jesus sein schweres Holzkreuz nicht tragen. Da nahmen sie einen Mann, der gerade vom Feld kam, Simon von Kyrene, und zwangen ihn, Jesus das Kreuz nachzutragen.

Eine große Volksmenge lief hinterher, unter anderem auch Frauen, die ihn bejammerten und beweinten.
Jesus wandte sich ihnen zu und sprach:

Ihr Frauen von Jerusalem! Weint nicht über mich! Weint über euch selbst! Weint über eure Kinder! Es werden Zeiten kommen, in denen man sagen wird: Glücklich sind die Unfruchtbaren! Glücklich, die keine Kinder in diese Welt brachten! Glücklich, die kein Kind gestillt haben. Dann wird man zu den Bergen sagen: Fallt über uns!, und zu den Hügeln: Deckt uns zu!
Denn wenn man das am grünen Holz tut, was soll mit dem dürren geschehen?

(Der Sinn dieser Worte ist: Jedes Kind, das von einer jüdischen Frau geboren wurde, konnte bisher der Messias sein. Das ist nun vorbei. Es können nur noch Menschen zur Welt kommen, die die Chance verloren haben, dem Messias zu begegnen.
Und wenn Gott ja gesagt hat zu dem Verbrechen, den Messias zu töten, und es geschehen läßt – wenn der Baum abgehauen wird, aus dem Leben wachsen soll –, was soll dann mit dem toten Rest des Volkes geschehen? Wird er nicht wie trockenes Holz in der Flamme des Untergangs verbrennen?
Im römisch-jüdischen Krieg, der das Ende des jüdischen Staats und den Untergang Jerusalems brachte, 37 Jahre nach dem Tod Jesu, folgte das Volk seinen Führern, die sich als Gottgesandte und Messiasse bezeichneten, in das Gemetzel. Rings um die Stadt ragten die Pfähle, an denen die Römer alle die massenhaft kreuzigten, die aus der belagerten Stadt zu entkommen suchten. Glücklich, sagt Jesus, sind in einem solchen Entsetzen die, die wenigstens sich nicht sagen müssen, sie haben Kindern das Leben geschenkt und sie dem allem ausgesetzt.)

Mit ihm zusammen trieb man aber auch noch zwei Verbrecher hinaus, um sie gleichzeitig mit ihm hinzurichten.

Dann kamen sie ans Ziel: eine Stelle, Golgatha genannt, das heißt: Totenkopfhügel. Da gaben sie ihm Essig mit Galle gemischt zu trinken. Aber als er das schmeckte, wollte er es nicht nehmen.

(Mit diesem leicht betäubenden Getränk wollte man den Gekreuzigten, mit denen man es besonders gut meinte, ihre Qual erleichtern, aber Jesus wollte sich offenbar das Bewußtsein nicht trüben lassen.

Darüber hinaus spielt der Psalm 69 herein, in dem der leidende Dichter klagt:
„Ich warte, ob jemand Mitleid habe,
aber da ist niemand,
ich warte auf Tröster
und finde keinen.
Sie geben mir Gift als Speise
und Essig für meinen Durst.")

Danach schlugen sie ihn ans Kreuz und mit ihm die beiden Verbrecher. Sie stellten aber die Kreuze so, daß der eine rechts und der andere links neben Jesus hing. Und Jesus betete: Vater, vergib ihnen! Sie wissen nicht, was sie tun!

Pilatus aber hatte eine Tafel anfertigen lassen, die oben am Kreuz angebracht wurde, mit der Inschrift:
Jesus. Aus Nazareth. König der Juden.

Diese Inschrift lasen viele Juden, denn der Ort der Kreuzigung lag nahe bei der Stadt. Sie war für alle lesbar, denn sie war hebräisch, lateinisch und griechisch wiedergegeben.

Da wandten sich die Priester der Juden an Pilatus: Das ist falsch! Du sollst nicht schreiben „Der König der Juden", sondern: „Behauptete, König der Juden zu sein".

Was ich geschrieben habe, antwortete Pilatus, habe ich geschrieben.

Nachdem die Soldaten Christus gekreuzigt hatten,
nahmen sie seine Kleider und machten vier Teile,
für jeden von ihnen einen.

Als sie an den Rock kamen,
stellte sich heraus, daß er ohne Naht war,
von oben bis unten in einem Stück gewebt.

Da sagten sie: Halt!
Den zerteilen wir nicht,
das Los soll bestimmen, wem er gehören soll.

In all dem erfüllte sich die Klage des Psalmdichters:
Sie haben meine Kleider unter sich geteilt
und über meinen Rock das Los geworfen.

Beim Kreuz Jesu stand aber auch seine Mutter
und die Schwester seiner Mutter,
dazu Maria, die Frau des Kleophas,
und Maria Magdalena.

Als nun Jesus seine Mutter da stehen sah
und den Jünger, den er besonders liebte, Johannes,
sagte er zu ihr:
Nimm ihn, statt meiner,
er soll dein Sohn sein.
Und zu Johannes:
Nimm sie als deine Mutter!
Von der Stunde an
nahm der Jünger sie zu sich in sein Haus.

Während Christus am Kreuz hing,
gingen die Spaziergänger aus der Stadt vorbei,
verspotteten ihn, schüttelten ihre Köpfe und riefen:
Du wolltest doch den Tempel abreißen
und ihn in drei Tagen wieder aufbauen!
Hilf dir selber, wenn du Gottes Sohn bist,
und steig herab vom Kreuz!

Auch die Priester verlachten ihn,
dazu die Schriftgelehrten und die Ältesten:
Anderen hat er geholfen,
sich selbst kann er nicht helfen!
Wenn er von Gott kommt
und der heilige König Israels ist,
dann soll er vom Kreuz herabsteigen,
so wollen wir an ihn glauben.
Er hat sich auf Gott verlassen,
der soll ihn befreien, wenn er ihn liebhat, –
hat er doch gesagt: Ich bin Gottes Sohn!

Auch einer der beiden Mörder,
die neben ihm gekreuzigt wurden,
stimmte in den Spott ein:
Du bist doch Christus,
dann befreie dich selbst und uns mit!

Da widersprach ihm der andere:
Du solltest dich vor Gott fürchten,
wenn du schon zum selben Tod verdammt bist!
Wir haben ihn verdient mit dem,
was wir verbrochen haben,
aber der hier hat nichts Böses getan.

Und er fuhr fort zu Jesus hin:
Jesus, denke an mich,
wenn du in dein Reich kommst.
Und Jesus sagte es ihm zu:
Das verspreche ich dir,
heute noch wirst du mit mir im Paradies sein.

Von der Mittagsstunde an
legte sich eine Finsternis über das Land,
die drei Stunden dauerte.
Um die dritte Stunde nach Mittag schrie Jesus auf:
Mein Gott, mein Gott,
warum hast du mich verlassen!

Da kam einer von denen, die herumstanden,
nahm einen Schwamm und füllte ihn mit Essig,
steckte ihn auf ein Rohr
und gab ihm so zu trinken.

Jesus nahm davon und rief:
Es ist vollbracht!
Ließ das Haupt sinken und starb.

(Lukas berichtet an dieser Stelle, Jesus habe in den letzten Augen-
blicken noch gesagt: „Vater, in deine Hände lege ich meinen
Geist".)

Und der Vorhang im Tempel
(der das Geheimnis Gottes vor den Augen der Menschen
gleichsam verhüllen sollte)
zerriß von oben bis unten in zwei Teile.
Die Erde bebte, die Felsen zerbrachen,
und, als Jesus aus dem Tod auferstanden war,
kamen die Leichen der toten Juden
aus ihren Gräbern in die heilige Stadt
und erschienen vielen.

Der Hauptmann aber und seine Söldner,
die Jesus bewachten, erschraken zu Tode,
als sie das Erdbeben miterlebten
und alles, was da geschah, und sagten:
Es ist wahr! Der war Gottes Sohn!

(Die Worte und Bilder dieses alten Leidenspsalms kehren in der Passionsgeschichte immer wieder. Es ist, als sei er im Blick auf die Leidensgeschichte gedichtet worden, obwohl er Jahrhunderte vorher entstand. Die Soldaten, die die Kleider verteilen, die Passanten, die Christus verspotten, die Einsamkeit, die Angst und Verzweiflung, die der Dichter schildert, sind wie ein Hintergrund für den Bericht über das Leiden und Sterben Jesu.)

Mein Gott, mein Gott, warum hast du mich verlassen
und bist so ferne meinem Angstschrei – meinen Klagerufen?
Ich rufe bei Tage, aber du antwortest nicht,
und bei Nacht, und finde keine Ruhe.

Auf dich vertrauten unsere Väter,
auf dich verließen sie sich und wurden gerettet.
Ich aber bin ein Wurm und kein Mensch,
der Leute Spott, von der Menge verachtet.
Alle, die mich sehen, verspotten mich,
reißen den Mund auf und schütteln den Kopf:
Er klage es dem Herrn, der helfe ihm heraus,
der rette ihn! Ist er doch sein Liebling!

Ja, du hast mir das Leben gegeben,
du hast mich geborgen an der Brust meiner Mutter,
von Mutterleib an bist du mein Gott!
Sei nun nicht ferne, denn die Angst ist groß
und kein Helfer ist da.
Ich bin hingegossen wie Wasser,
alle meine Glieder sind zerrissen,
mein Herz ist wie zerschmolzenes Wachs.
Meine Kehle ist vertrocknet wie eine Scherbe,
meine Zunge klebt mir am Gaumen,
und du stürzt mich in des Todes Staub.
Denn Gottlose haben mich umgeben,
eine Rotte von Übeltätern umringt mich,
sie haben meine Hände und Füße durchbohrt –
sie gaffen mich an und haben ihr Vergnügen an mir.
Sie teilen meine Kleider unter sich
und werfen das Los um mein Gewand.
Aber du, Herr, komm und sei mir nahe!
Du bist meine Kraft, komm und hilf mir!

Alle, die ihr den Herrn, den Heiligen, fürchtet,
rühmet ihn, ehret ihn, die ihr sein Volk seid!

Denn er hat das Elend des Gequälten nicht übersehen
und ihn nicht verlassen in seiner Not.
Als er zu ihm schrie, hörte er ihn.

Die Armen sollen essen und satt werden.
Die den Herrn suchen, werden ihn finden und sich freuen.
Ihr Herz soll für immer und ewig leben.

Alle Länder der Erde sollen es verstehen.
Sie sollen zum Herrn umkehren,
alle Völker sollen ihn ehren.

Denn dem Herrn gehört die sichtbare
und die unsichtbare Welt.
Die Völker stehen unter seiner Herrschaft.

Ihn allein werden anbeten, die in der Erde schlafen.
Vor ihm werden die Knie beugen alle,
die man in den Staub legte
und die ihr Leben nicht behalten konnten.

Es wird ein Volk kommen, das dem Herrn dient.
Von Gott werden die Menschen einander erzählen
von einer Generation zur anderen.

Sie werden kommen
und ihren Kindern von seiner Barmherzigkeit erzählen
und sagen:

Das alles hat er getan, er, unser Gott!

Jener Freitag aber war der Tag,
an dem man das Fest vorbereitete,
der Tag vor dem Sabbat,
dem Höhepunkt des Fests.

Nun wollten die Juden nicht,
daß die Leichen den Sabbat über an den Kreuzen blieben.
So gingen sie zu Pilatus und baten ihn,
er möge sie abnehmen lassen.

Mit ihnen kam auch Joseph von Arimathia zu Pilatus.
Der war ein Anhänger Jesu,
aber er war es nur heimlich,
weil er sich vor den Juden fürchtete.
Er bat Pilatus um die Erlaubnis,
den Leib Jesu abzunehmen, und Pilatus gab sie ihm.
Da ging er hin und nahm ihn vom Kreuz ab.

Auch Nikodemus,
der Jesus seinerzeit bei Nacht besucht hatte,
kam und brachte eine Mischung aus Myrrhe und Aloe,
dem Gewicht nach etwa hundert Pfund.

Da nahmen sie den Leib Jesu,
umwickelten ihn mit Binden
und balsamierten ihn mit den Salben,
wie man bei den Juden üblicherweise
einen Toten bestattete.

Nahe der Stelle, an der er gekreuzigt worden war,
lag ein Garten.
In ihm war ein neu ausgehauenes Grab,
in dem noch nie jemand gelegen hatte.

Dort hinein betteten sie Jesus in aller Eile,
weil es der Vorabend des Fests war.
Denn niemand durfte arbeiten
oder gar sich mit Toten beschäftigen.
Und sie taten es,
weil das Grab eben in der Nähe lag.

Als der Sabbat vorüber war
(am Samstagabend also),
kauften Maria Magdalena,
Maria, die Frau des Jakobus, und Salome Salben,
um den Leib Jesu zu balsamieren.

In der Morgenfrühe des ersten Tages der Woche
kamen sie zum Grab, als eben die Sonne aufging,
und fragten sich bange:

Wer wird uns den Stein vom Eingang des Grabes wegwälzen?
Da blickten sie auf und sahen,
daß der riesige, runde Stein weggewälzt war.
Sie gingen in das Grab
und sahen dort die Gestalt eines jungen Mannes
an der rechten Seite sitzen,
gehüllt in ein weißes Gewand,
und erschraken bis ins Herz.

Sie hörten ihn aber sagen:
Habt keine Angst!
Ihr sucht Jesus von Nazareth, den Gekreuzigten?
Er ist auferstanden, er ist nicht hier!
Seht her:
Das ist der Platz, an den man ihn gelegt hatte!

Geht zurück und sagt seinen Jüngern und Petrus,
daß er euch voraus nach Galiläa gehen wird.
Dort werdet ihr ihn sehen,
wie er es euch gesagt hat.

Da stürzten die Frauen aus dem Grab und flohen,
denn Angst und Grauen hatte sie erfaßt.
Sie sagten aber niemandem etwas,
denn sie fürchteten sich.

Am Morgen dieses Tages
stand Maria Magdalena vor dem Grab draußen,
in ihren Schmerz versunken.
Wie sie nun so weinte,
bückte sie sich und sah in das Grab hinein.
Da erblickte sie zwei Engel in weißen Kleidern.
Der eine saß am Kopfende,
der andere am Fußende der Grabstätte,
in der der Leib Jesu gelegen hatte.

Die fragten sie: Warum bist du so traurig?
Sie haben meinen Herrn weggetragen,
antwortete sie,
und ich weiß nicht, wohin.

Während sie das sagte, drehte sie sich um
und sah Jesus stehen. Sie wußte aber nicht, daß er es war.
Jesus fragte sie:
Frau, was weinst du? Wen suchst du?
Sie hielt ihn aber für den Gärtner und bat ihn:
Herr, wenn du ihn weggetragen hast,
dann sage mir doch, wohin du ihn gelegt hast,
damit ich ihn holen kann.

Da redete Jesus sie an: Maria!
Sie fuhr herum, wandte sich ihm zu und rief:
Mein Meister!
Aber Jesus wehrte ab:
Rühre mich nicht an,
denn ich bin noch nicht zu meinem Vater aufgefahren.
Geh aber zu meinen Brüdern und sage zu ihnen:
Ich kehre zu meinem Vater zurück und zu eurem Vater,
zu meinem Gott und zu eurem Gott!

Da kehrte Maria Magdalena zurück
und berichtete den Jüngern:
Ich habe den Herrn gesehen! Er hat gesagt:
Ich kehre zu meinem Vater zurück und zu eurem Vater,
zu meinem Gott und zu eurem Gott!

Noch mehr geschah an diesem Tag:
Zwei aus dem Kreis der Freunde Jesu
wanderten nach Emmaus,
das man von Jerusalem aus
in einer Stunde zu Fuß erreichte,
und redeten miteinander über alles,
was am Morgen geschehen war.

Während sie so miteinander sprachen und rätselten,
näherte sich Jesus und gesellte sich zu ihnen.
Sie aber erkannten ihn nicht,
ihre Augen waren wie zugehalten.
Was habt ihr denn so Wichtiges zu bereden? fragte Jesus.
Warum seid ihr so traurig?
Der eine, der Kleophas hieß, entgegnete:
Du scheinst der einzige
unter den Festgästen in Jerusalem zu sein,
der nicht weiß,
was in den letzten Tagen drüben geschehen ist!
– Was war das? fragte Jesus.
Das mit Jesus von Nazareth, erwiderten sie,
der ein großer, gewaltiger Prophet war.
In Wort und Werk hat er vor Gott und den Menschen
unerhörte Dinge getan.
Den haben unsere Priester und Machthaber
zum Tod verurteilt und gekreuzigt!
Und wir hatten gehofft,
er sei der, der kommen würde, um Israel zu befreien.
Vorgestern ist es geschehen.
Aber nun haben uns ein paar Frauen aus unserem Kreis
erschreckt.
Heute morgen waren sie am Grab,
fanden seinen Leib nicht
und kamen mit der Nachricht zurück:
Wir haben Engel gesehen!
Die haben uns gesagt, er lebe!
Da gingen einige andere von uns an das Grab
und fanden alles so,
wie die Frauen gesagt hatten.
Ihn selber aber sahen sie nicht.

Warum versteht ihr so wenig? entgegnete Jesus,
warum braucht ihr so lange, um zu begreifen,
was die Propheten längst gesagt haben?
Es ging doch nicht anders!
Christus *mußte* all das leiden
und von diesem Leiden aus seine Macht,
seine Herrlichkeit, gewinnen.
Und er fing an, zu erzählen und zu erklären,
was in den Büchern des Alten Testaments
bei Mose und den Propheten über ihn geschrieben sei.
Mittlerweile näherten sie sich dem Dorf
und er tat so, als wollte er weitergehen.
Sie baten ihn aber dringend: Bleibe bei uns!
Es ist Abend, bald wird es dunkel sein.
Da ging er mit ihnen in ihr Haus und blieb bei ihnen.

Da geschah es:
Während er mit ihnen zu Tisch lag,
nahm er das Brot, sprach das Dankgebet,
brach das Brot und gab es ihnen.
Da fiel es wie Schuppen von ihren Augen
und sie erkannten ihn.
Er aber verschwand vor ihnen.

Wir haben es doch gespürt! durchfuhr es sie.
Und sie bestätigten es einander:
Unser Herz brannte doch in uns,
während er an unserer Seite ging
und uns das Wort der Propheten erklärte.

Noch am Abend, in derselben Stunde,
brachen sie auf und kehrten nach Jerusalem zurück.
Dort fanden sie die elf Jünger
und den Kreis der Freunde versammelt.
Die riefen ihnen entgegen: Es ist wahr!
Der Herr ist auferstanden! Simon hat ihn gesehen.
Dann berichteten sie selbst,
was auf dem Weg geschehen war
und wie sie ihn an der Art,
in der er das Brot brach, erkannt hatten.

(Ein Zeichen für das, was Ostern ist, war schon in den Tagen vor dem Tod Jesu in Bethanien geschehen.)

Ein Freund Jesu, Lazarus, der in Bethanien wohnte, wo auch Maria und ihre Schwester Martha lebten, wurde in jenen Tagen vor Ostern krank. Da ließen die beiden Schwestern, Maria und Martha, ihm sagen: Dein Freund, den du liebhast, liegt krank.

Als Jesus das hörte, sagte er: Diese Krankheit führt nicht zum Tod. Sie soll vielmehr die Macht Gottes zeigen und dem Sohn Gottes zur Ehre dienen. Zunächst aber blieb er zwei Tage, wo er war. Erst dann sagte er zu seinen Jüngern: Auf, wir gehen wieder nach Judäa (wo Bethanien lag). Die Jünger hielten ihm entgegen: Meister, das letzte Mal wollten die Juden dich mit Steinen totschlagen, und du willst wieder dorthin?

Jesus antwortete: Ich muß die Zeit nützen. Der Tag hat zwölf Stunden. Wer bei Tage geht, kommt nicht zu Fall, denn die Sonne leuchtet ihm. Wer bei Nacht geht, stößt sich, denn er hat kein Licht. Lazarus, unser Freund schläft. Ich muß hingehen und ihn wecken.

Die Jünger meinten, er rede vom einfachen Schlaf, und sagten: Herr, wenn er schläft, wird er gesund. Da redete Jesus deutlicher: Lazarus ist gestorben. Ich bin aber froh für euch, daß ich nicht dort war, denn an Lazarus sollt ihr glauben lernen. Auf, laßt uns hingehen!

Als Jesus kam, war Lazarus schon vier Tage begraben. Als nun Martha hörte, Jesus sei unterwegs zu ihr, lief sie ihm entgegen, während Maria zu Hause blieb.

Herr, rief sie Jesus entgegen, wenn du dagewesen wärst, wäre mein Bruder nicht gestorben. Aber ich weiß auch jetzt noch, daß Gott dir alles gibt, worum du bittest. Jesus antwortete: Dein Bruder soll lebendig werden. Ja, ich weiß, war Marthas Antwort, er wird am letzten Tag der Welt auferstehen, wenn alle Toten lebendig werden.

Nein, heute! Die Auferstehung bin ich! Das Leben bin ich! Wer an mir festhält, wird leben, auch wenn er gestorben ist, und wer lebt und an mich glaubt, wird in alle Ewigkeit nicht sterben. Glaubst du das? Da antwortete Martha: Ja, Herr. Ich glaube, daß du der Christus bist, der Erwählte Gottes, der Sohn Gottes, der in die Welt kam.

Später kam auch Maria zu Jesus, fiel ihm zu Füßen und klagte: Herr, wärest du dagewesen, mein Bruder hätte nicht zu sterben brauchen.

Als Jesus sie und die Trauergäste, die zusammengekommen waren, weinen sah, faßte ihn der Zorn über den alten Feind der Menschen, den Tod. Bebend vor Erschütterung fragte er: Wo habt ihr ihn hingelegt? Herr, komm und sieh, antworteten sie ihm. Als sie ihn weinen sahen, sagten sie zueinander: Er muß ihn sehr lieb gehabt haben!

Am Grab hoben sie den Stein ab. Da wandte Jesus das Gesicht zum Himmel und sprach: Vater, ich danke dir, daß du mich erhört hast. Dann schrie er mit gewaltiger Stimme in das Grab: Lazarus! Komm heraus!

Und der Tote kam heraus, mit Totenbinden an Füßen und Händen umwickelt und das Gesicht mit einem Schweißtuch verdeckt. Macht die Binden los, wies Jesus die Umstehenden an, und laßt ihn gehen!

Viele Juden, die zu Maria gekommen waren und das miterlebt hatten, glaubten an ihn. – Einige aber gingen zu den Pharisäern und berichteten, was Jesus getan hatte.

Einige Zeit nach der Begegnung mit Jesus in Emmaus zeigte er sich den Jüngern aufs neue, und zwar am Galiläischen Meer.

Petrus, Thomas, Nathanael, Johannes, Jakobus und zwei andere Apostel waren dort beisammen. Als nun Petrus sagte: Ich will fischen gehen, erklärten die anderen: Wir auch! So gingen sie an den See hinunter und stiegen ins Boot. Aber während der ganzen Nacht fingen sie nichts.

In der ersten Morgenfrühe stand Jesus am Ufer, aber die Jünger wußten nicht, daß er es war. Kinder, redete er sie an, habt ihr nichts zu essen? Nein, antworteten sie. Werft das Netz über die rechte Seite des Boots, befahl er ihnen, dann werdet ihr etwas finden. Sie taten es und konnten das Netz vor der Last der Fische nicht mehr einholen.

Da sagte der Jünger, den Jesus liebhatte, Johannes, zu Petrus: Es ist der Herr!

Als Petrus das hörte, zog er das Untergewand über sich, denn er war nackt, und sprang ins Wasser. Die anderen Jünger kamen im Boot nach – sie waren nur etwa hundert Meter vom Land – und zogen das Netz mit den Fischen. Als sie ans Ufer traten, sahen sie ein Kohlenfeuer, auf dem Fische und Brot lagen.

Bringt von den Fischen, die ihr eben gefangen habt, befahl Jesus. Da stieg Petrus wieder ins Boot und zog das Netz aufs Land. Es stellte sich heraus, daß 153 große Fische darin waren, und obwohl es so viele waren, zerriß das Netz nicht.

Kommt her, rief Jesus ihnen zu. Wir wollen essen! Aber niemand hatte den Mut zu fragen: Wer bist du? Sie wußten, daß es der Herr war. Da kam Jesus, nahm das Brot und verteilte es an sie, ebenso die Fische und gab sie ihnen.

Das war das dritte Mal, daß Jesus sich dem Kreis seiner Freunde zeigte, nachdem er vom Tode auferstanden war.

Als sie gegessen hatten, wandte sich Jesus an Petrus: Simon Jona, liebst du mich mehr als die anderen? Ja, Herr, antwortete der, du weißt, daß ich dich liebhabe. Da fügte Jesus hinzu: Dann sorge für meine Lämmer. (Das heißt: für die in eurem Kreis, die schwächer sind als du.)

Zum zweitenmal fragte er ihn: Simon Jona, hast du mich lieb? Ja, Herr, antwortete Petrus, du weißt, daß ich dich liebhabe. Jesus setzte hinzu: Dann sorge für meine Schafe.

Aber Jesus fragte ihn noch ein drittes Mal: Simon Jona, hast du mich lieb. Da wurde Petrus traurig, weil Jesus zum drittenmal fragte: Hast du mich lieb? Ihm fiel ein, daß er Jesus dreimal verleugnet hatte. So antwortete er: Herr, du weißt alles, du weißt, daß ich dich liebhabe.

Jesus fügte hinzu: Dann sorge für meine Schafe. Halte fest, was ich sage, es gilt: Du warst einmal jung. Du hast dir deinen Gürtel selbst umgebunden und gingst, wohin du wolltest. Du wirst einmal alt werden, dann wirst du deine Hände ausstrecken und ein anderer wird dich binden und dich irgendwohin führen, wohin du nicht willst. Das sagte er ihm, um anzudeuten, welchen Tod er zu Gottes Ehre erleiden würde, und fügte hinzu: Dein Weg wird hinter mir her führen. Geh mit!

Da wandte Petrus sich um und sah den Jünger, den Jesus besonders liebte, hinter sich stehen. Da fragte er: Herr, was wird dann mit dem geschehen? Wenn ich will, entgegnete Jesus, daß er bleibt, bis ich wiederkomme, was geht es dich an? Du jedenfalls sollst meinen Weg gehen.

Da entstand ein Gerede unter den Brüdern: Dieser Jünger stirbt nicht! Jesus hatte aber nicht gesagt: Er stirbt nicht, sondern nur abgewehrt: Wenn ich will, daß er lebt, bis ich wiederkomme, was geht es dich an!

Das ist der Jünger, der von all dem berichtet und es aufgeschrieben hat. Wir wissen, daß es alles wahr ist, was er bezeugt.

Die elf Jünger aber gingen nach Galiläa, auf einen Berg, den Jesus ihnen genannt hatte und auf dem sie sich versammeln sollten.

Als sie Jesus sahen, warfen sie sich vor ihm auf die Erde. Aber selbst dort gab es einige unter ihnen, die unsicher waren und von Zweifeln hin und her gerissen.

Da trat Jesus zu ihnen und erklärte: Mir ist alle Macht im Himmel und auf der Erde in die Hand gegeben.

Geht hin und nehmt alle Völker in eure Gemeinschaft auf. Ihr sollt sie taufen und ihnen sagen, daß sie damit Eigentum des Vaters und des Sohnes und des heiligen Geistes sind. Ihr sollt ihnen die Weisungen weitergeben, die ich euch gab, und sollt ihnen zeigen, wie sie danach leben können.

Verlaßt euch darauf: Ich bin bei euch alle Tage bis an das Ende dieser Welt.

Und da geschah es: Während er sie segnete, schied er von ihnen. Sie aber kehrten frohen Herzens nach Jerusalem zurück, blieben Tag und Nacht im Tempel und rühmten Gott.

(Markus berichtet von der Himmelfahrt Jesu mit folgenden Worten:)

Als der Herr mit ihnen geredet hatte, wurde er zum Himmel aufgehoben. Nun hat er die Macht über die Welt mit dem Vater zusammen, wie ein Fürst, der zur Rechten des Königs seinen Thron hat.

Sie aber gingen in alle Richtungen auseinander und redeten überall davon, wohin sie kamen. Der Herr war mit ihnen am Werk und bestätigte, was sie sagten, durch wunderbare Zeichen, die dabei geschahen.

(Der Verfasser des Lukasevangeliums und der Apostelgeschichte beginnt den 2. Teil seines Berichts, eben die Apostelgeschichte, mit folgenden Worten:)

In dem vorigen Buch, lieber Theophilus, habe ich über das Leben und Wirken Jesu berichtet, von seinen Anfängen an, über alles, was er geredet und getan hat bis zu dem Tag, an dem er in das Reich des Vaters aufgenommen wurde.

In den vierzig Tagen, in denen er den Aposteln immer wieder erschien, redete er mit ihnen über das Reich Gottes, zeigte ihnen in vielen Fällen handgreiflich, wie nahe und wie lebendig er unter ihnen sei, und gab ihnen Anweisungen für ihre weitere Arbeit.

Als er sie zum letztenmal versammelte, befahl er ihnen, Jerusalem nicht zu verlassen, sondern dort zu warten, bis die Ankündigung Gottes sich erfüllen würde, die er ihnen mitgab. Denn Johannes hat, so sagte er, mit Wasser getauft und die Menschen durch das Zeichen des Wassers als Gottes Eigentum bezeichnet. Ihr aber werdet mit dem heiligen Geist getauft werden, und zwar bald, in wenigen Tagen.

Da fragten sie ihn: Bedeutet das, daß du in diesen Tagen das Reich Israel wieder aufrichten wirst? Er antwortete: Es ist nicht eure Sache, Gottes Pläne zu kennen und die Zeit oder die Stunde, die Gott bestimmt. Gott ist frei. Aber ihr werdet die Kraft des heiligen Geistes empfangen, der über euch kommen wird. Ihr werdet meine Boten und Augenzeugen sein in Jerusalem, in ganz Judäa, in Samaria und bis in die entferntesten Länder der Erde.

Als er das sagte und sie alle auf ihn hinschauten, wurde er aufgehoben. Eine Wolke umschloß ihn und entzog ihn ihren Augen.

Jeder, der glaubt und festhält,
daß Jesus der Beauftragte, der Bevollmächtigte Gottes
und Herr über Gottes Volk ist,
der ist Gottes Kind.
Und jeder, der Gott liebt und sein Kind ist,
der liebt auch alle anderen Kinder Gottes.
Für die wirkliche Liebe zu den Kindern Gottes
gibt es ein Merkmal:
Wer Gottes Kinder wirklich liebt, der liebt Gott selbst
und lebt nach seinen Anweisungen.
Denn darin besteht die Liebe zu Gott,
daß wir uns nach seinen Ordnungen richten,
und es ist ja nicht schwer, das zu tun.

Denn jeder, der Gottes Kind ist
und sein Leben von Gott empfangen hat,
überwindet die Welt.
Das heißt: Er überwindet die Widerstände,
die sich in ihm selbst
gegen die Anweisungen Gottes erheben.
Daß wir glauben können,
ist schon der Sieg über die Welt
und über alle Feindschaft gegen Gott,
die sich in uns und um uns her erhebt.
Was heißt denn, die Welt überwinden?
Es heißt: daran festhalten,
daß Jesus Christus der Sohn Gottes ist.

Denn Gott hat gesagt:
Ich habe ewiges Leben für euch vorgesehen
und mein Sohn wird es euch geben.
Wer sich am Sohn Gottes festhält, der hat das Leben.
Wer den Sohn Gottes nicht hat oder ihn wieder losläßt,
der hat das Leben nicht.
Darin liegt unsere Freiheit und unsere Fröhlichkeit,
daß wir wissen:
Wenn wir ihn etwas bitten
(das wir uns wünschen,
weil unser Wille und sein Wille übereinstimmt!),
dann hört er uns.

Ihr Lieben, wir wollen einander liebhaben,
denn die Liebe ist von Gott.
Wer Liebe weitergibt, der ist Gottes Kind
und zeigt, daß er Gott kennt.
Wer keine Liebe ausstrahlt,
weiß nichts von Gott, denn Gott ist Liebe.

Woher wissen wir, daß Gott uns liebt?
Wir wissen es,
weil er seinen einzigen Sohn in die Welt gesandt hat,
um uns ewiges Leben zu geben.

Liebe besteht nicht darin, daß wir Gott lieben,
und schon gar nicht darin, daß Liebe von uns ausgeht,
sondern darin, daß Gott uns geliebt
und seinen Sohn zu uns gesandt hat.
Darin besteht sie, daß wir die Liebe,
mit der Gott uns liebt, weitergeben.
Denn Gott hat seinen Sohn gesandt,
damit wir von unsrer Schuld
und unserem Unrecht frei werden.

Niemand hat Gott je gesehen.
Es gibt keinen Weg, Gott zu erfassen.
Wenn wir einander lieben,
dann ist Gott in uns und bleibt in uns.
Dann ist seine Liebe in göttlicher Vollkommenheit
in uns wirksam.
Gott ist Liebe, und wer in der Liebe bleibt,
der bleibt in Gott und Gott wohnt in ihm.
Furcht hat in der Liebe keinen Raum.
Vielmehr treibt die vollkommene Liebe die Furcht aus,
denn Furcht ist ein Zeichen,
daß wir Strafe verdient haben.
Wer sich noch fürchtet,
lebt noch nicht wirklich in der Liebe,
die von Gott kommt
und durch ihn hindurchgehen will.
Laßt uns einander lieben,
denn Gott hat uns zuerst geliebt.

Singt dem Herrn ein neues Lied,
denn er tat Wunder.
Er half mit seiner Rechten
und mit seinem heiligen Arm.

Der Herr hat gezeigt, daß er hilft,
er hat gezeigt, daß er gerecht ist,
vor den Augen der Völker.

Er war barmherzig und gütig.
Er war treu gegen das Volk Israel.
Von allen Enden der Erde
sah man, wie er half.

Jauchzt Gott zu, ihr Menschen,
frohlockt, spielt und musiziert!
Spielt dem Herrn auf der Harfe,
auf der Harfe mit starkem Gesang.
Bei Trompeten und Hörnerschall
seid fröhlich vor dem König, dem Herrn.

Es brause das Meer und was darin lebt,
die Erde und die darauf wohnen.
Die Ströme sollen rauschen vor Jubel,
die Berge miteinander sollen fröhlich sein
vor dem Angesicht Gottes, denn er kommt.

Er kommt und gibt der Erde Gerechtigkeit,
er ordnet die Welt in Gerechtigkeit
und die Völker nach richtigem Maß.

Liebe Brüder, schreibt Paulus an die Gemeinde in Korinth, ich brauche euch nur zu erinnern. Ich habe euch einmal alles erklärt und gezeigt und gedeutet, das ganze Evangelium. Ihr habt ja dazu gesagt. Ihr habt euch bewährt. Ihr dürft gewiß sein, daß Jesus Christus euch aus dem Tode und von all eurer Schuld retten wird.

Ich hoffe, ihr habt es behalten, so daß ich nicht in den Wind geredet habe.
Denn ich habe euch vor allem das weitergegeben, was ich selbst empfangen habe: Daß Christus für unsere Sünden gestorben ist, daß er begraben wurde und am dritten Tag wieder vom Tod auferstanden ist, wie die Propheten ankündigten.
Daß Petrus ihn sah und nach ihm alle Zwölf, daß er später von mehr als 500 Brüdern zugleich gesehen wurde, von denen noch viele leben und einige andere inzwischen verstorben sind. Dann sah ihn Jakobus, dann wieder alle Apostel. Zuletzt erschien er auch mir, der eigentlich viel zu spät zum Glauben und zum Leben kam.

Ist aber das der Inhalt des Evangeliums, daß Christus vom Tode auferstanden ist, wie kommen denn einige von euch dazu, zu sagen, es sei nichts mit der Auferstehung der Toten?
Wenn das so ist, dann ist auch Christus nicht vom Tod auferstanden. Ist er aber nicht auferstanden, dann ist das Evangelium leeres Gerede, dann ist euer Glaube hohl.

Denn wenn die Toten nicht auferstehen, dann ist auch Christus nicht auferstanden, dann ist auch euer Glaube an Christus sinnlos. Dann steckt ihr noch ganz und gar in euren Sünden.
Dann sind auch die verloren, die im Glauben entschlafen sind. Erwarten wir nur in diesem Leben von Christus etwas, dann sind wir von allen Menschen die ärmsten.

Nun ist Christus aber auferstanden von den Toten. Er ist der Erste unter all denen, die schlafen, der Erste unter denen, die, gleich ihm, auferstehen werden.

Nun steht es aber fest, daß Christus aus dem Tode aufgeweckt wurde. Damit hat er einen Anfang gemacht, dem sich alle Toten anschließen werden.

Ein Mensch hat den Anfang gemacht mit dem Tode und wiederum ein einzelner Mensch hat den Anfang gemacht mit der Auferstehung aus dem Tod. Denn nach dem Muster Adams sterben alle Menschen und nach dem Durchbruch, den Christus erkämpft hat, finden sie alle den Weg zum Leben.

Wie ein riesiges Heer werden sie aus dem Tod ins Leben ziehen: Allen voraus Christus, dann die, die zu Christus gehören und die ihm schon verbunden sind, wenn er wiederkommen wird. Dann wird das Ende da sein. Christus wird die Herrschaft über die Welt Gott, dem Vater, übergeben und alle sonstige Macht beenden: die Macht der Menschen, aber auch die Macht aller unsichtbaren Gewalten in der Welt. Er wird seine Herrschaft so lange ausüben, bis alle seine Feinde gebunden sind und er alle Macht besitzt. Der letzte unter den Feinden, die er entmachten wird, ist der Tod.

Denn von ihm ist gesagt: Gott hat ihm „alles unter seine Füße gelegt", bis auf diese eine Ausnahme: Hat Gott ihm diese Herrschaft gegeben, dann ist selbstverständlich, daß Gott seine Macht behalten wird.

Wenn aber ihm, dem Sohn, alles zu Füßen liegt, dann wird auch er selbst sich dem unterstellen, der ihm das Weltall unterstellt hat, damit nur ein Gott ist. Damit Gott allein Mittelpunkt ist und von ihm allein alle Herrschaft ausgeht und alles, was lebt, nur ihm allein dient.

Nun könnte jemand die Frage stellen:
Wie soll das denn zugehen, wenn die Toten auferstehen?
Wie soll man sich ihren Körper vorstellen?

Aber schon die Frage nach dem Körper ist Unsinn. Es ist doch wie auf einem Acker: Man wirft ein Korn in die Erde, aber Leben entsteht daraus erst, wenn das Korn stirbt. Was man sät, ist ja nicht die Pflanze, die entstehen soll, sondern lediglich ein Korn, vielleicht Weizen oder eine andere Getreideart. Wenn das Korn zugrunde gegangen ist, schafft Gott aus ihm einen Organismus nach seinem Plan, und zwar für jedes Korn einen besonderen, wie es jeweils seiner Art entspricht.

Es gibt auch sehr verschiedene Arten von Fleisch. Es ist nicht das gleiche, ob wir vom Fleisch des Menschen sprechen oder vom Fleisch des Viehs oder des Wildes, der Vögel oder der Fische. Außerdem gibt es himmlische und irdische Körper. Sie unterscheiden sich nach ihrem Glanz, ihrem Licht und ihrer Schönheit.
Es ist auch etwas anderes, ob wir vom Licht der Sonne sprechen oder vom Licht des Mondes und seinem Glanz oder vom Schimmer der Sterne. Ja, es ist auch zwischen Stern und Stern noch immer ein großer Unterschied, was Leuchtkraft und Helligkeit betrifft.

Mit der Auferstehung aus dem Tod wird es nicht anders sein: Was man in die Erde legt, hat den Tod in sich; was aber aufsteht, ist von einer Art, der der Tod nichts anhaben kann. Was man in die Erde legt, ist wertlos, was erweckt wird, ist von herrlicher Schönheit.
Was man begräbt, ist am Ende seiner Vitalität, was auferstehen wird, hat die Lebenskraft Gottes in sich. Man begräbt einen Leib, der durchdrungen war vom Leben der Seele, Gott aber wird einen Leib schaffen, der durchdrungen ist von seinem Geist. Und darauf bauen wir: Hier auf dieser Erde haben wir das Bild und die Gestalt des irdischen Menschen getragen. In der Auferstehung werden wir das Bild und die Gestalt des himmlischen Menschen gewinnen, das Bild Gottes.

Eins steht fest:
Fleisch und Blut kann man für das Reich Gottes nicht auf-
bewahren. Was der Verwesung verfallen ist, kann sich nicht
in Gottes Reich hineinretten, um dann lebendig zu sein,
wie Gott lebendig ist.

Ich verrate euch ein Geheimnis: Auch wenn wir, bis Christus kommt, nicht alle gestorben sein sollten, werden wir
doch alle verwandelt werden und werden diesen Leib zu-
rücklassen, – und zwar plötzlich, in einem einzigen Augenblick, wenn das Reich Gottes ausgerufen wird. Dann wird
die Posaune ertönen und die Toten werden aufstehen und
werden einen neuen, unzerstörbaren Leib tragen. Wir aber,
die Lebendigen, werden verwandelt.

Denn statt dieses verweslichen Leibes werden wir dann
einen unverweslichen Leib haben. Statt dieses dem Tode
verfallenen Leibes werden wir einen unsterblichen Leib haben, der ewiges Leben hat.

Wenn es so weit ist, wird sich die Voraussage erfüllen, die
Jesaja niedergeschrieben hat:
Der Sieg Gottes hat den Tod verschlungen.
Tod, wo ist nun dein Triumph?
Tod, wo ist dein Stachelstecken?

(„Stachel" ist der mit einem Widerhaken versehene Stock, der
an die Stelle der Peitsche trat und mit dem man ein widerspen-
stiges Tier zu treiben pflegte.)

Der Stachel, mit dem der Tod uns dahintreibt, bis wir sterben, ist unsere Sünde. Er hat sie gegen uns in der Hand,
weil wir dem Willen Gottes widerstreben. Denn der Tod
tut nur, was Gott will und was wir verdient haben.

Wir aber danken Gott, der uns an dem Sieg teilhaben läßt,
den Jesus Christus, unser Herr, errungen hat.

Alles, was wir meinen, wenn wir „Gott" sagen, seine Macht, sein Geheimnis, der Reichtum seiner Gedanken, seine verborgene Hoheit – das wohnt in Jesus Christus. In ihm ist das alles anschaulich und sichtbar, in seiner menschlichen Gestalt.

Alles, was Gott wollte, als er den Menschen schuf, die ganze Vollkommenheit eines ihm ähnlichen Geschöpfs, wird an euch sichtbar, wenn ihr zu Jesus Christus gehört und mit ihm eins seid.

Wie er begraben wurde, so seid ihr begraben und gestorben. Dafür ist die Taufe, bei der ihr ins Wasser getaucht werdet, das Zeichen. Wie er aus dem Tod auferstanden ist, so seid ihr zu einem neuen Leben auferstanden dadurch, daß ihr mit ihm verbunden seid und an ihn glaubt. Diesen Glauben gibt euch Gott, derselbe Gott, der auch ihn aus dem Tode zum Leben gerufen hat.

Eure Sünden waren gleichsam das Grab, in das ihr euch selbst verschlossen habt. Er aber hat die Sünden weggeräumt und euer Grab geöffnet und euch frei heraustreten lassen.

Oder anders gesprochen:
Ihr habt euch durch alles Böse, das ihr gedacht oder getan habt, ständig verschuldet. Immer länger wurde die Liste, in der verzeichnet war, was ihr Gott schuldig seid und was ihr zurückzuzahlen oder wieder gut zu machen habt.

Da hat Christus den Schuldschein genommen, ihn zerrissen und an das Kreuz geheftet, an dem er selbst gestorben ist. Damit ist gesagt: Das alles ist wieder gut gemacht. Das alles ist zurückbezahlt.

So hat er über den Tod gesiegt, über die Sünde und den Teufel, die über euch Macht hatten. Er hat sie unschädlich gemacht und bloßgestellt wie ein Feldherr, der nach dem Sieg ein Fest feiert und seine Gefangenen im Triumphzug nackt und gefesselt durch die Straßen führt.

Wenn ihr nun tatsächlich mit Christus auferstanden seid, dann streckt euch nach dem Leben aus, das von oben kommt, von Christus, der dort mit Gott herrscht.

Strebt nach dem, was droben ist, nicht nach dem, was hier unten auf der Erde als erstrebenswert gilt. Denn ihr seid für das Irdische nicht mehr da. Euer eigentliches Leben liegt in der Hand Christi, es ist bei Gott aufgehoben, auch wenn es irdischen Augen nicht sichtbar ist.

Wenn aber Christus, der euer Leben in der Hand hat, sichtbar hervortritt, dann wird auch das Neue und Herrliche, das er aus eurem Leben gemacht hat, sichtbar.

Was bedeutet das? Daß ihr alles, was zu diesem neuen Leben nicht paßt, von euch abwerfen sollt: Unreine Gedanken, lüsterne Stimmungen, Geldgier, Zorn, Groll, leichtfertige Reden über Gott, törichtes Geschwätz und alle Unehrlichkeit.

Es ist wie beim Kleiderwechseln: Ein schmutziges Gewand zieht man aus. So zieht alles aus, was euch bisher wichtig war. Verzichtet auf alles, was ihr bisher getan habt. Zieht dafür einen neuen Menschen an, der so ist, wie Gott ihn gewollt hat, und der so ist, daß er Gott versteht.

Dann ist nicht mehr wichtig, was man hier auf der Erde für wichtig hält: ob ihr Europäer oder Asiaten seid, ob ihr in einer christlichen Tradition aufgewachsen seid oder nicht, ob ihr kleine oder große, reiche oder arme Leute seid. Wichtig ist, daß ihr die Menschen geworden seid, die Gott wollte, daß ihr aus der Hand Christi euer Wesen und Leben empfangen habt.

Gott hat euch zu seinen Heiligen und Geliebten erwählt.
Nun soll euer Leben ein Fest sein:

Kleidet euch königlich.
Euer Festgewand sei Barmherzigkeit,
Freundlichkeit, Bescheidenheit,
Achtsamkeit und Geduld.
Haltet es miteinander aus
und verzeiht einander,
wenn ihr euch gegenseitig Vorwürfe zu machen habt.
Christus hat euch verziehen.
Tut es nun auch gegenseitig.

Über all das zieht die Liebe an,
die den Schmuck vollendet
wie ein schönes Band.

In euren Herzen regiere der Friede Christi.
Denn er will,
daß ihr in eurer Gemeinschaft eins seid.
Er will, daß ihr dankbar seid.

Laßt das Wort Christi
zwischen euch hin und her gehen
und behaltet davon einen Reichtum an Weisheit.
Helft einander,
es zu verstehen und Freude daran zu haben.
Singt Psalmen und geistliche Lieder
und preist Gott in euren Herzen
für seine Freundlichkeit.

Alles, was ihr tut in Wort und Werk,
das tut so,
daß dem Herrn Jesus damit gedient wird.
Dankt dem Vater,
indem ihr ihn, den Herrn, rühmt.

Was sollen wir nun tun?
Wenn Gott uns liebhat,
ist es dann noch wichtig,
ob wir es mit Gut und Böse
so ganz ernst nehmen?
Die Liebe Gottes kommt doch desto leuchtender heraus,
je weniger wir sie wert sind!

Es wäre gefährlich, so zu denken.
Denn wir haben mit all dem Unrecht,
das wir früher begangen haben,
nichts mehr zu tun.
Wir sollten auch nicht mehr damit zu tun haben wollen.

Wißt ihr nicht, daß die Taufe den Tod bedeutet?
Nachdem Christus alles mit sich ins Grab genommen hat,
alles Unrecht, alle teuflische Gewalt,
sind wir mit ihm begraben worden,
und zwar dadurch, daß man uns ins Wasser getaucht hat.
Das Wasser bedeutet den Tod.
Wir liegen gleichsam mit ihm im selben Grab.
Wie Christus durch die Macht Gottes
aus dem Grabe aufgeweckt wurde,
so sollen wir nun ein neues und anderes Leben führen.
Wenn wir aber mit ihm gestorben sind,
dann glauben wir gewiß,
daß wir auch mit ihm leben werden.
Denn Christus hat keinen Tod mehr vor sich,
sondern nur noch das Leben.
Der Tod hat keine Macht mehr über ihn.
Wohl aber hat Christus die Macht über den Tod.

Das gilt euch allen:
Macht mit der Tatsache Ernst,
daß ihr mit der Sünde so wenig mehr zu tun habt
wie die Toten
(die auch nicht mehr lügen, stehlen oder raffen können!),
daß ihr vielmehr für Gott lebt,
so gewiß ihr bei Christus geborgen seid.

Eines Tages merkte ich, daß Gott mit mir reden wollte. Ich hatte eine Vision: Ich stand in einer Talebene. Rings um mich her lag alles voll von Totengerippen.

Da führte mich Gott an ihnen allen vorbei. Eine unübersehbare Menge bedeckte das ganze Tal – und sie waren alle von der Sonne ausgedörrt.
Dann redete mich Gott an: Du Menschensohn, glaubst du, daß diese Gerippe wieder lebendig werden können? Ich antwortete: Das weißt allein du, Herr.

Darauf befahl er mir: Sprich ein Machtwort zu diesen Gebeinen. Sag ihnen: „Der Herr spricht: Ich will einen neuen, lebendigen Geist in euch bringen. Ihr sollt wieder lebendig werden. An euch sollen Sehnen wachsen und Fleisch soll euch bedecken, Haut soll euch überziehen und ihr sollt wieder atmen und sollt merken, daß hier Gott, der Herr, am Werk ist."
Da sprach ich das Machtwort, das mir befohlen war. Als ich es gesprochen hatte, hörte ich ein Rauschen, und die Knochen rückten aneinander, sie bekamen Sehnen und Fleisch und Haut. Aber sie atmeten noch nicht.
Da wies mich Gott an: Menschenkind, sprich ein Machtwort: „Du lebendiger Geist, komme aus den vier Winden zusammen und blase diese Erschlagenen an, daß sie wieder lebendig werden."
Ich sprach es. Da kam Leben in sie. Sie atmeten und sprangen auf die Füße und um mich her stand ein großes Heer.
Und Gott erklärte mir, was ich erlebt hatte: Diese Gerippe sind mein heiliges Volk Israel. Sie sagen: Unsere Knochen sind vertrocknet, unsere Hoffnung ist gestorben. Wir sind verloren.

Nun sprich du ein Machtwort:
So sagt Gott, der Herr:
„Ich will eure Gräber öffnen und euch aus den Gräbern holen und euch heimführen.
Ich will meinen Geist in euch legen, daß ihr lebendig werdet. Ich werde euch heimführen. Ich habe es gesagt und ich werde es tun. Ich, der Herr."

In einer Vision sieht der Prophet Jesaja (im 8. Jahrhundert vor Chr.) auf die Zeit voraus, in der Gott mit seinem Volk endgültig verbunden sein würde. Christus selbst hat diese Voraussagen auf sich und die Kirche bezogen.

Freuen soll sich die Wüste,
freuen soll sich das dürre Land,
frohlocken die Steppe und blühen!
Wie die Narzissen soll sie blühen
und jauchzen und jubeln vor Freude.
Sie soll die Herrlichkeit Gottes schauen
und die Pracht des Herrn.

Darum stärkt die schlaffen Hände
und festigt die schwachen Knie.
Sagt zu denen, die in ihrem Herzen verzagt sind:
Seid ohne Angst, fürchtet euch nicht!
Tut die Augen auf: da ist Gott selbst!

Dann werden die Augen der Blinden aufgehen
und die Ohren der Tauben sich öffnen.
Da wird der Gelähmte springen wie ein Hirsch
und die Zunge des Stummen Gott preisen.
Denn in der Wüste wird Wasser aus der Erde quellen
und Bäche werden durch die Steppe rinnen,
der glühende Sand wird von Seen bedeckt
und das durstige Land reich sein an Quellen.
Eine ebene Straße wird hindurchgehen,
ein heiliger Weg für Gottes Volk.
Auch die Einfältigen werden ihn finden
und brauchen sich vor der Irre nicht zu fürchten.
Kein Löwe wird sie bedrohen, kein Raubtier sie überfallen,
sondern erlöste Menschen werden
auf jener Straße wandern.
Menschen, die Gott befreit hat, werden nach Hause gehen
und in seine heilige Stadt kommen.
Wie die Sonne wird die Freude über ihnen strahlen.
Die Freude wird ihr Gast sein in ihrem Haus
und Fröhlichkeit bei ihnen einkehren.
Und fern wie ein Flüchtling, der sich verbirgt,
werden der Gram sein und das Seufzen.

In den letzten Jahren seines Lebens (ca. 58–63) war Paulus mehr-
fach in Gefangenschaft: In Ephesus, in Jerusalem, in Caesarea und
schließlich in Rom. Mehrere der Briefe, die von ihm erhalten
sind, wurden in der Haft diktiert, unter ihnen der an die Gemeinde in Philippi geschriebene, den wir den Philipperbrief nennen und den wir (unter Auslassung einzelner kurzer Stücke) voll-
ständig vom 1. bis 12. Mai lesen.
Nach seinem Inhalt schließen wir, daß die kleine Gemeinde in
Philippi unter Verfolgungen zu leiden hatte und daß sie den
Apostel um Rat und Hilfe bat. Paulus gibt, was die Gemeinde
braucht: Er läßt sie spüren, wie verbunden er selbst ihr durch sein
eigenes Los ist. Er betont, wie sehr Christen von vornherein mit
Gefahr und Tod zu rechnen haben. Und schließlich weist er sie
immer wieder auf Christus selbst hin, den Leidenden und Ster-
benden, der gehorsam war bis zum Tod und der heute, da er
mit Gott herrscht, all denen besonders verbunden ist, die, wie er,
zu leiden haben. Aber darin, so bedeutet Paulus der Gemeinde
immer wieder, gerade in der Verbundenheit des Leidens gehören
die einzelnen Angehörigen der Gemeinde auch unter sich zusammen. Christus, der Apostel, die Gemeinde und jeder einzelne
sind durch die geheimnisvolle Kraft des gemeinsamen Leidens
verbunden und eins. Das Leben hat wieder eine Richtung für die
Leute in Philippi. Ihr mühseliger Kampf hat wieder einen Sinn.
Das Leben jetzt und nach dem Tode, im Reich Christi, hat seinen
Zusammenhang wieder.

Philipper 1, 1–6

Paulus und Timotheus, zwei Mitarbeiter Jesu Christi,
grüßen alle Heiligen in Philippi,
alle, die zu Jesus Christus gehören,
mit den Vorstehern und den Helfern.
Die Freundlichkeit und der Friede Gottes,
unseres Vaters,
und unseres Herrn Jesus Christus möge euch umgeben.
Wenn ich bete, denke ich immer wieder an euch alle
und freue mich über euch.
Ich danke meinem Gott immer aufs neue dafür,
daß ihr miteinander so fest zum Evangelium haltet
vom ersten Tag an bis heute.
Ich habe das sichere Vertrauen,
daß der, der das alles in euch angefangen hat,
sein Werk zum Ziel bringen wird bis zu dem Tag,
an dem ihr Jesus Christus begegnen werdet.

Ich kann nicht anders über euch denken als so.
Denn ich trage euch in meinem Herzen und weiß,
daß ihr und ich die selbe Freundlichkeit Gottes
empfangen haben.
Ihr gehört in meiner Zelle zu mir.
Ihr seid mir verbunden,
wenn ich die Botschaft von der Liebe Gottes weitersage
und verteidige und für sie einstehe.

Und – das ist, bei Gott! wahr:
ich sehne mich nach euch,
als ob Christus selbst
euch in mir liebte und suchte.

Darum bete ich auch darum,
daß ihr nicht stehenbleiben möget:
daß eure Liebe immer reicher werde,
bis sie überfließt,
reicher an Erkenntnis und Erfahrung.
Denn ihr sollt unbestechlich urteilen können,
was euch hilfreich ist
und was euch schadet.
Ihr sollt lauter sein,
so lauter, daß Christus euch nichts vorzuwerfen hat,
denn ihr sollt ihm begegnen können,
wenn er kommt.

Was ihr auch tut und redet,
man soll euch anmerken,
daß Christus in euch gewirkt
und euch zurechtgebracht hat,
daß er euch in wirkliche Menschen umgeformt hat.
Man soll Gott ehren und loben,
daß das möglich war.

Es ist gut, wenn ihr wißt, liebe Brüder,
daß meine Haft
und der ganze Prozeß, den ich durchzumachen habe,
sich für die Ausbreitung des Evangeliums
nur hilfreich ausgewirkt haben.
Daß ich hier liege
und warum ich hier festgehalten werde,
daß ich es nämlich für Christus erleide,
das ist in der ganzen Kaserne bekannt geworden
und weit darüber hinaus.
Die meisten von den Brüdern aus der Gemeinde
haben dadurch Mut gewonnen, mehr zu wagen
und das Wort Gottes unbekümmerter weiterzugeben.

Natürlich sind auch einige darunter,
die von Christus reden
und dabei nur von ihrem Ehrgeiz
und ihrer Rechthaberei getrieben sind.
Aber die anderen tun es doch in redlicher Absicht.

Die einen tun es aus Streitsucht, mir zuleide,
wenn sie Christus verkündigen,
mit unreinem Herzen.
Sie wollen mir in meinem Gefängnis weh tun.
Die anderen tun es mir zuliebe,
weil sie wissen, daß ich hier liege,
um für das Evangelium einzustehen.

Aber, was macht's? Worauf kommt es denn an?
Doch wohl nur darauf, daß so oder so,
aus reinen oder unreinen Motiven,
Christus verkündigt wird.
Und darüber, daß das geschieht,
freue ich mich
und will mich auch weiterhin freuen.

Eines ist mir ganz sicher:
Alles, was ich durchmache, führt mich weiter
auf dem Weg zur ewigen Herrlichkeit.

Euch danke ich für euer Gebet,
mit dem ihr mich umgebt,
und Jesus Christus danke ich
für seinen heiligen Geist, der mich tröstet.

So hoffe ich von ganzem Herzen das eine,
daß Christus mein Bemühen gelten läßt
und ich so dicht bei ihm stehen darf,
daß man nicht nur mein Leiden sieht,
sondern, wie es von jeher mein Wunsch war,
mein Leib die Größe und Herrlichkeit Christi zeigt.
Das kann dadurch geschehen, daß man mich freiläßt
und ich wieder von ihm reden darf.
Oder dadurch, daß man mich hinrichtet
und ich ihm auf diese Weise ähnlich werde.
Wenn ich nämlich lebe, so stehe ich für Christus.
Wenn ich sterbe, habe ich erst recht nur Gewinn.
Lebe ich in dieser Welt,
dann kommt es meinem Werk zugute,
so daß ich eigentlich selbst nicht weiß,
was ich wählen soll.

Ich bin auf beiden Seiten gebunden:
Auf der einen Seite möchte ich gerne sterben
und bei Christus sein,
denn das wäre von allem bei weitem das Beste.
Auf der anderen Seite
möchte ich gerne in dieser Welt weiterwirken,
weil es für euch so nötig wäre.
Im Grunde weiß ich auch,
daß ich bei euch bleiben werde,
um euch weiterzuhelfen
und euren Glauben fröhlicher zu machen.
Denn ihr sollt sagen, wenn ich wieder zu euch komme:
So viel sind wir Jesus Christus wert,
daß er uns Paulus wieder zurückgibt!

Was auch die Zukunft bringen mag, eines ist wesentlich:
Lebt so, wie es dem Evangelium von Christus
am genauesten entspricht.

Ob ich zu euch komme und euch sehe
oder ob ich hier bleibe und man mir über euch erzählt –
wichtig ist allein,
daß ihr fest steht in einem Geist,
daß ihr ein Herz und eine Seele seid,
wenn ihr mit mir zusammen
für den Glauben an das Evangelium kämpft.
Laßt euch auf keinen Fall Angst machen von euren Gegnern.
Denn daß sie das Evangelium hassen,
ist ein Zeichen, daß Gott schon entschieden hat:
daß sie verloren sind mit all ihrem Widerstand
und daß ihr den Sieg vor euch habt.

Denn ihr habt das kostbare Geschenk empfangen,
daß ihr euch für Christus entscheiden konntet.
Ihr glaubt an ihn und ihr leidet nun auch für ihn.
Uns aber verbindet der gemeinsame Kampf,
den ihr an mir seht
und über den ich nun auch mit euch rede.

Es ist doch so:
wir nehmen voneinander Mahnungen an,
wir lieben und trösten einander,
wir gehören durch Gottes heiligen Geist zusammen,
wir sind geübt, aneinander Anteil zu nehmen
und alles, was schwer ist, miteinander zu tragen.
Wenn das so ist, dann macht mir eine Freude:
Haltet mit ganzem Herzen zusammen.
Denkt und sucht und liebt das eine,
auf das es ankommt.
Tut nichts im Streit oder aus törichtem Ehrgeiz.
Laßt die Regel gelten: Jeder ist selbst unwichtig.
Wichtig ist immer der andere.
Jeder denkt von sich selbst gering
und stellt immer den anderen, mit dem er gerade zu tun hat,
höher als sich selbst.

Was Paulus hier in seinen Brief einfügt, ist wahrscheinlich ein urchristliches Gemeindelied, ein Hymnus auf Christus. Wer es gedichtet hat, wissen wir nicht. Es ist nicht ausgeschlossen, daß Paulus selbst der Verfasser ist.

Jeder halte sich Christus
vor Augen
und gehe
seinen Weg mit,
wie das Lied sagt:

„Herrlich und mächtig wie Gott war er.
Aber er behielt seine Macht nicht für sich
und den Glanz seines göttlichen Wesens.

Alles legte er von sich ab,
er nahm die Gestalt eines Knechts an
und wurde ein Mensch unter Menschen.

Die arme Gestalt eines Menschen trug er
und beugte sich tief hinab bis hin zum Tod,
ja, bis zum Tode am Kreuz.

Darum hob ihn Gott über alles empor
und setzte ihn über alles, was lebt,
über Menschen und Mächte.

Denn den Namen Jesus sollen sie nennen
und ihre Knie beugen
im Himmel und auf der Erde und unter der Erde.

Und mit allen Stimmen sollen sie rufen:
‚Jesus Christus ist Herr!'
Und Gott, den Vater, rühmen und preisen!"

Ihr Lieben,
ihr habt schon lange damit Ernst gemacht,
gehorsam zu sein.

Ich weiß, daß das immer so gewesen ist.
Nicht nur, wenn ich bei euch war,
sondern ganz besonders auch jetzt,
wo ich von euch getrennt bin.

Laßt nur nicht nach und bemüht euch
mit allen Kräften, in Furcht und Zittern,
daß ihr das ewige Leben gewinnt.

Denn auch euer guter Wille kommt von Gott.
Und wenn es euch gelingt, ihm gehorsam zu sein,
dann habt ihr die Kraft dazu in euch,
weil er sie euch gab.
Er gab sie euch, weil er euch liebt.

Tut alles, was ihr tut,
ohne Widerstand und ohne Gegenrede,
daß ihr eindeutig auf Gottes Seite steht.
Daß ihr Kinder Gottes seid
mitten unter den verirrten und verdrehten Menschen,
und wie Lichter über die Welt hin leuchtet.

Haltet das Wort hoch, von dem ihr das Leben habt,
zu einem Zeichen,
(wenn Christus kommt und mein Werk prüft!)
daß ich nicht umsonst gelaufen bin
und nicht vergeblich gearbeitet habe.

Und wenn es so kommen sollte,
daß ihr das Fest eures Glaubens feiert,
und ich das Opfer bin, das dabei stirbt,
dann freue ich mich und freue mich mit euch allen.
Ihr selbst sollt euch ebenso freuen
und in eurer Freude mit mir verbunden sein.

Liebe Brüder, freut euch, daß ihr zum Herrn gehört
und daß der Herr für euch da ist.
Daß ich euch immer wieder dasselbe schreibe,
stört mich nicht, denn ihr müßt wissen,
wo die Grundlage ist, auf der ihr steht.
Gebt acht auf die, die von draußen hereinschwätzen.
Gebt acht auf die,
die angeblich für das Reich Gottes arbeiten,
ohne dazu berufen zu sein.
Gebt acht auf die,
die euch mit alten Traditionen festhalten wollen,
etwa mit der Beschneidung der Juden, und euch sagen:
Daran erkennt man die, die zu Gott gehören!
Wenn es ein Zeichen gibt,
an dem man die Kinder Gottes kennt, dann ist es dies:
Gott dienen und von ihm geführt sein.
Wir sind Gottes Kinder.
Wir bauen unser ganzes Leben auf Christus
und verlassen uns nicht auf äußere Zeichen.
Wenn ich darauf Wert legen wollte,
könnte ich mich darauf berufen, ein Jude zu sein
und also zu Gottes Volk zu gehören.
Ich gehöre zum Stamm Benjamin
und kann mich auf die alte heilige Geschichte
der Hebräer beziehen.
Ich habe Ernst gemacht mit dem jüdischen Glauben
und bin in die strenge Gemeinschaft
der Pharisäer eingetreten.
Ich habe meine ganze Kraft eingesetzt,
die christliche Gemeinde zu verfolgen,
von der ich meinte, sie führe unser Volk in die Irre.
Wenn einer das Gesetz erfüllt hat,
dann bin ich es.
Keinen Fehler kann mir irgendeiner nachweisen.
Aber alles, was mir damals wichtig gewesen war,
worauf ich mein ganzes Leben
und mein ewiges Heil gebaut hatte,
das habe ich weggeworfen wie Schmutz,
als mir Christus entgegentrat.

Alles, was mir wichtig war,
habe ich weggeworfen.
Und ich tue es noch,
wenn ich den unendlichen Reichtum bedenke,
der darin besteht,
Jesus Christus, den Herrn, zu kennen.

Seinetwegen habe ich alles hinter mir gelassen
und habe es wie Schmutz angesehen,
um nur Christus zu gewinnen
und in ihm geborgen zu sein.

Mich interessiert nicht mehr,
wie ich versuchte,
Gottes Freundlichkeit zu verdienen
mit Gesetzen und Moralregeln,
nachdem ich weiß, daß er meinen Glauben sucht,
nicht mehr und nicht weniger
als meinen Glauben an Jesus Christus.

Worauf kommt es denn an?
Doch darauf:
Von Christus geliebt zu sein,
seine Freundlichkeit zu begreifen und zu bejahen,
die Kraft zu begreifen,
die in seiner Auferstehung verborgen ist,
das Geheimnis zu erfassen,
das uns mit ihm verbindet,
wenn wir sein Leiden mitleiden.

Denn das will ich:
der armen Gestalt des gekreuzigten Christus
will ich ähnlich werden,
immer tiefer mit ihm im Leiden verbunden sein.
Auf diesem Wege will ich vorwärtskommen,
bis er mir begegnen
und mich aus dem Tode
zu neuem, herrlichem Leben in seinem Reich
wecken wird.

Es ist nicht so,
daß ich es schon erreicht hätte,
Christus, dem Gekreuzigten, ähnlich zu sein
oder gar mit ihm in seinem Reich zu leben.
Ich habe das Ziel aber im Auge
und laufe darauf zu, um es zu ergreifen,
nachdem Christus mich zuerst ergriffen hat.

Ich kenne mich zu genau, um zu meinen,
ich hätte es alles schon in der Hand.
Aber das eine kann ich sagen:
Ich lasse alles liegen, was hinter mir ist.
Ich strecke mich nach dem aus, was vor mir liegt.
Ich laufe auf das Ziel zu,
weil ich den Preis will, der auf den Sieger wartet.

Und das ist der Preis:
daß Gott mich zu sich holt,
weil ich zu Christus gehöre.
Wer diesen Preis sucht und ihn will,
der soll nirgends hinsehen als auf sein Ziel.

Denn wir gehören nicht mehr der Erde.
Wir sind Bürger des himmlischen Reiches.
Von dort erwarten wir den, der uns rettet,
unseren Herrn Christus,
der unsere arme, zerschundene Menschengestalt
verwandeln wird.
Er wird ihr die neue Schönheit
des himmlischen Menschen geben,
so daß wir ihm gleich sind.
Denn er hat die Macht dazu,
wie er über alles die Macht hat,
über Himmel und Erde
und über das ganze Weltall.

Meine Brüder,
die ich liebe und nach denen ich mich sehne,
ihr meine Freude und meine Krone,
steht fest
und laßt euch von dem Herrn festhalten.

Ein Wort habe ich für Euodia und Syntyche
(zwei Frauen in der Gemeinde):
Ich bitte sie herzlich und dringend,
nichts anderes im Sinn zu haben,
als was uns verbindet.
Ich bitte sie, dem Herrn gemeinsam mit uns zu dienen.

Und ich bitte dich auch,
mein treuer Freund und Schicksalsgenosse,
kümmere dich um sie
und bringe sie wieder zusammen.
Sie gehören ja auch zu denen,
die mit mir für das Evangelium gekämpft haben,
mit Klemens und allen anderen Mitarbeitern,
und ihre Namen stehen ja im Buch des Lebens!

Freut euch, daß Christus euch hält und trägt!
Ich sage es noch einmal:
Seid fröhlich miteinander und sorgt,
daß eure Güte allen Menschen Freude macht.

Denn der Herr ist nahe.
Macht euch keine Sorgen!
Wenn ihr zu bitten habt,
dann redet mit Gott im Gebet,
sagt ihm, was euch fehlt,
und dankt ihm.

Der Friede Gottes,
der so viel mehr ist als unsere Gedanken verstehen,
sei ein Schutzwall und eine Wacht
um eure Herzen und Gedanken,
daß nichts und niemand
euch von Jesus Christus trennen möge.

Noch eins, liebe Brüder:
Es ist wichtig, daß ihr euch Gedanken macht
über alles, was wahr ist, was anständig ist,
was gerecht, was sauber, was liebenswert,
was erfreulich ist.
Denkt an alles, was ich euch erklärt,
gesagt und weitergegeben habe
und was ich euch jetzt nur noch – ohne viel Worte –
vorleben kann.
Denkt an alles und tut es,
so wird Gott mit seinem Frieden um euch sein.
Eine besonders große Freude habt ihr mir damit gemacht,
daß ihr wieder so praktisch für mich gesorgt habt.
Ich weiß, ihr habt auch früher an mich gedacht
und hattet keine Möglichkeit, es zu zeigen.
Ich sage das nicht, weil ich in so großer Not war.
Ich habe gelernt mit dem auszukommen, was ich habe.
Ich bin mit allem vertraut.
Ich weiß mich einzuschränken und zu genießen.
Ich kann satt sein und hungern,
ich kann viel haben oder nichts.
Ich kann es, weil Er mir die Kraft gibt.
Es ist aber doch gut,
daß ihr euch um mein Elend gekümmert habt.
Was ich von Epaphroditus empfing, ist ein Opfer,
das Gott mit Freude und Wohlgefallen ansieht.
Gott beschenke euch, wo ihr selbst Mangel habt,
wie es seinem großen Reichtum,
der Herrlichkeit Jesu Christi, entspricht.
Grüßt jeden einzelnen, der zu Christus gehört,
jeden Heiligen.
Die Brüder, die bei mir sind, grüßen euch.
Auch alle übrigen Glieder der Gemeinde,
besonders die aus dem Haus des Kaisers,
die Heiligen, grüßen euch.
Die Freundlichkeit unseres Herrn Jesus Christus
sei mit euch
und fülle euer Herz mit seinem heiligen Geist.

Paulus

Die Abschiedsreden, von Christus am Tag vor seinem Tod ge-
sprochen, weisen immer wieder auf Pfingsten voraus: auf den
Tröster, den Heiligen Geist.
Wir lesen sie vom 13. bis zum 23. Mai.

Und Jesus fuhr fort
in seinem Gespräch mit seinen Freunden:
Seid ohne Angst!
Laßt euch durch nichts erschrecken!
Haltet an Gott fest und an mir.
Im Hause meines Vaters sind viele Wohnungen.
Wenn es nicht so wäre, würde ich hingehen
und euch für eine Wohnung sorgen.
Und wenn ich nun hingehe,
um euch Schutz und Geborgenheit bei Gott zu schaffen,
dann werde ich auch wiederkommen und euch holen,
damit ihr dort seid, wo auch ich bin.
Der Weg, den ich gehe, ist euch vertraut.

Da entgegnete Thomas:
Herr, wir wissen nicht, wohin du gehen willst.
Woher sollen wir etwas über den Weg wissen?
Der Weg, sagte Jesus zu ihm, bin ich.
Ich bin der Zugang zum Geheimnis Gottes.
Ich bin der, der das Leben hat und ewiges Leben gibt.
Nur der findet den Vater, der ihn über mich sucht.
Wer mich begriffen hat,
der hat auch meinen Vater kennen gelernt.
Von jetzt an kennt ihr ihn und habt ihn gesehen.
Herr, bat Philippus, zeige uns den Vater,
dann wollen wir zufrieden sein.
Da antwortete Jesus:
Eine so lange Zeit bin ich nun schon bei euch,
Philippus,
und du hast mich immer noch nicht verstanden.
Wer mich sieht, hat den Vater vor Augen.
Glaubst du nicht, daß der Vater um mich und in mir ist?
Was ich rede, rede ich nicht aus mir selber.
Was ich tue, tue nicht ich.
Der Vater, der in mir ist,
wirkt durch mich und tut, was er will.

Wenn ihr mich liebt,
lebt ihr nach den Weisungen,
die ich euch gegeben habe.

Wenn ich nun weggehe,
will ich den Vater bitten,
er möge euch einen Helfer, einen Beistand schicken,
der für alle Zeiten bei euch bleibt:
den Geist der Wahrheit.

Die übrige Menschheit kann ihn nicht empfangen.
Sie ist blind für ihn.
Sie hat kein Verständnis für ihn.
Ihr habt ihn begriffen,
denn er ist bei euch und wird bei euch bleiben.

Ich lasse euch nicht als Waisen zurück.
Ich komme wieder zu euch.
In ganz kurzer Zeit
werden mich die übrigen Menschen nicht mehr sehen.
Ihr dagegen werdet mich weiterhin sehen,
denn ich lebe und ihr sollt auch leben.

An jenem Tag,
an dem der Beistand, der Geist, zu euch kommen wird,
wird euch ganz deutlich sein, was ich meine:
Daß mein Vater um mich ist
und daß ich um euch her und in euch bin.

Wer nach den Weisungen lebt, die ich gegeben habe,
der liebt mich wirklich.
Wer aber mich liebt,
den wird mein Vater lieben.
Und ich selbst werde mit Liebe um ihn sein
und werde ihm seinen Weg zeigen.
Ich werde ihm das Geheimnis Gottes zeigen
und das Geheimnis, daß ich da bin.

Solange ich bei euch war, habe ich es euch gesagt:
Daß der Vater und ich zu euch kommen werden
und bei euch wohnen (V. 23).
Der Beistand aber, der heilige Geist,
den der Vater statt meiner zu euch senden wird,
wird euch alles aufs neue deutlich machen
und euch an alles erinnern, was ich gesagt habe.

Frieden lasse ich bei euch zurück.
Meinen Frieden gebe ich euch.
Meine Gabe ist anders als alles,
was die Welt geben kann.
Euer Herz erschrecke nicht
und fürchte sich nicht.

Ihr habt gehört, daß ich gesagt habe:
Ich gehe weg und komme wieder zu euch.
Je mehr ihr mich liebt, um so mehr freut ihr euch,
daß ich gesagt habe: Ich gehe zum Vater!
Und nicht nur für mich, auch für euch ist es gut,
denn der Vater ist gewaltiger und herrlicher als ich
und seine Nähe ist für euch der stärkste Schutz.
Ich habe es euch gesagt, ehe es soweit ist,
damit ihr nicht euren Halt verliert, wenn es geschieht.

Ich werde nicht mehr viel mit euch reden,
denn der geheime, gewaltige Herrscher dieser Welt kommt,
der – hinter aller Menschenmacht verborgen –
gegen Gott kämpft.
Er hat zwar keine Handhabe gegen mich.
Er richtet nichts gegen mich aus
und tut, ohne es zu wissen und zu wollen,
doch nur, was Gott will.

Aber, damit auch die Menschen draußen sehen,
daß ich den Vater liebhabe und nur das tun will,
was er mir aufgetragen hat, –
steht auf! Laßt uns gehen!

(Bisher war der Weinstock ein Bild für das heilige Volk, das Gott gepflanzt hat, das er hegt und das für ihn Frucht bringt. Jesus wendet dieses Bild jetzt auf sich selbst an:)

Der wirkliche, echte Weinstock bin ich.
Der Vater ist der Weingärtner.
Jede Rebe an mir, die unfruchtbar ist,
schneidet er weg.
Und jede, die Frucht bringt,
säubert er, daß mehr Frucht an ihr wächst.

Ihr seid schon rein und seid fähig,
Frucht zu tragen,
nachdem ich mein Wort in euer Herz gelegt habe.
Bleibt an mir und laßt mich in euch wirken.
Eine Rebe kann keine Trauben tragen,
wenn sie nicht am Weinstock festgewachsen ist.
Und ihr könnt keine Frucht bringen,
wenn ihr nicht an mir festgewachsen seid
und an mir bleibt.

Ich bin der Weinstock, ihr seid die Reben.
Wer an mir bleibt und in wem ich wirke,
der bringt reiche Frucht.
Ohne mich aber bleibt ihr unfruchtbar.
Die, die ihre Kraft nicht aus mir holen,
werden weggeworfen wie Reben und verdorren.
Man wird sie einsammeln und ins Feuer werfen
und sie werden verbrennen.

Wenn ihr an mir bleibt
und meine Worte in euch ihre Wirkung tun,
werdet ihr Gott bitten, um was ihr immer wollt,
und ihr werdet es empfangen.
Es gibt nur einen Auftrag für euch:
Reiche Frucht tragen,
glauben und nach Gottes Willen leben.
So werdet ihr meine Freunde,
und so können die Menschen begreifen, wer Gott ist,
und anfangen, an ihn zu glauben.

Gottes Liebe kommt zu mir –
und ich gebe sie euch weiter.
Für euch aber ist entscheidend,
daß ihr euch meine Liebe gefallen laßt.
Meine Liebe annehmen heißt,
die Weisungen befolgen, die ich gegeben habe.
Wie ja auch ich Gottes Liebe empfange,
indem ich den Auftrag erfülle,
den Gott mir erteilt hat.

Ich sage euch das,
damit ihr euch ebenso freut wie ich
und eure Freude reich und vollkommen sei
und eine Grundlage habe.
Meine Weisung an euch aber besteht immer nur darin,
daß ihr die Liebe aneinander weitergebt,
die ihr von mir empfangen habt.
Niemand erfüllt das innere Gesetz dieser Liebe
vollkommener als der,
der für seine Freunde sein Leben hingibt.
Meine Freunde seid *ihr* in dem Maß,
in dem ihr das tut: Liebe weitergeben.

Ich sage nicht mehr, daß ihr Knechte seid,
denn ein Knecht erfährt die innersten Absichten nicht,
aus denen sein Herr handelt.
Euch aber habe ich gesagt, daß ihr meine Freunde seid.
Ihr merkt es daran,
daß ich euch alles weitergesagt habe,
was ich von meinem Vater hörte.

Es ist nicht so,
daß ihr mich zu eurem Freund gemacht habt.
Vielmehr habe ich euch ausgewählt und dazu bestimmt,
zu den Menschen hinauszugehen
und meine Liebe weiterzugeben,
damit eure Arbeit einen Ertrag bringt,
der für die Ewigkeit vorhält.

Wenn es die Menschen um euch stört, daß ihr Christen seid, dann müßt ihr wissen, daß mich die Menschen schon lange vor euch als Störung empfunden und beseitigt haben.

Richtet ihr euch nach den Spielregeln, die sonst unter den Menschen gelten, so wird man euch schätzen und ehren. Da ihr aber von diesen Spielregeln und von diesem Geist nichts annehmen könnt, stört ihr die Menschen um euch her.

Denkt daran! Ich habe es euch gesagt: Es geht dem Knecht nicht besser als seinem Herrn. Haben sie mich ausgestoßen, so werden sie euch auch ausstoßen. Haben sie sich nach meinem Wort gerichtet und es beachtet, so werden sie das eure auch beachten.

Aber all das begegnet euch, weil ihr meinen Namen tragt, und weil sie den nicht kennen, der mich gesandt hat.

Wäre ich nicht gekommen und hätte ich nicht zu ihnen gesprochen, so würden sie sich nicht an Gott, dem Vater, versündigen.

So aber haben sie keine Ausrede ihres Unglaubens wegen. Wer mich haßt, haßt auch meinen Vater.

Hätte ich nicht all das Große, alle diese Taten getan, die kein anderer getan hat, dann wäre ihr Unglaube zu verzeihen. So aber haben sie alles miterlebt und hassen nun mich und meinen Vater.

In all dem erfüllt sich das Wort, das schon in ihren heiligen Schriften steht: „Sie hassen mich ohne Grund."

Und auch später, wenn euer Beistand kommen wird, den ich euch vom Vater senden werde, der Geist der Wahrheit, der vom Vater ausgeht, wird man von mir weiterreden.

Ihr werdet den Menschen weiterhin sagen und zeigen, wer ich bin. Denn ihr gehört von allem Anfang an zu mir.

Nun gehe ich zu meinem Vater,
der mich in die Welt gesandt hat.
Weil ich das zu euch gesagt habe,
ist euer Herz voll Schmerz und Trauer.

Aber ich sage euch die Wahrheit:
Es ist auch wieder gut für euch,
daß ich weggehe.

Wenn ich nämlich nicht wegginge,
käme auch der Beistand, der Helfer, nicht zu euch:
der heilige Geist.
So aber will ich ihn zu euch senden.

Wenn der kommt,
wird er den Menschen, die mich ausgestoßen haben,
klarmachen, was es mit der Sünde auf sich hat,
mit der wirklichen Gerechtigkeit
und mit dem Urteil Gottes.

Denn das ist die wirkliche Schuld:
daß sie nicht an mich glauben.
Das ist die wirkliche Gerechtigkeit,
die Gott gefällt:
daß ich durch den Tod zum Vater gehe
und ihr mir durch den Glauben verbunden bleibt.
Das ist das wirkliche Todesurteil:
daß die finstere Macht,
die hinter dem Unglauben der Menschen am Werk ist,
keine Zukunft mehr hat.

Ich habe euch noch viel zu sagen,
aber ihr könnt es jetzt noch nicht alles tragen.
Wenn aber der Geist der Wahrheit kommt,
zeigt und deutet er euch Schritt um Schritt
das Geheimnis Gottes und das Geheimnis meines Todes.

Es ist nur eine kurze Zeit,
dann werdet ihr mich nicht mehr sehen.
Und es wird wieder nur eine kurze Zeit vergehen,
dann werdet ihr mich sehen.

Da fragten einige seiner Jünger einander gegenseitig:
Was soll das heißen:
eine kurze Zeit und noch einmal eine kurze Zeit?
Was meint er mit der kurzen Zeit?

Seid euch klar darüber,
antwortete Jesus,
ihr werdet verzweifelt sein und klagen.
Unsere Feinde werden sich freuen,
während ihr weint.
Aber eure Verzweiflung wird in Freude umschlagen.

Eine Frau, die ein Kind zur Welt bringt,
hat Schmerzen und muß sie annehmen,
denn ihre Stunde ist da.
Wenn sie aber das Kind geboren hat,
denkt sie nicht mehr an ihre Angst und Qual,
sondern ist glücklich,
daß ihr Kind zur Welt gekommen ist.

Ihr seid jetzt traurig,
aber ich werde euch wiedersehen
und euer Herz wird sich freuen.
Und niemand soll euch eure Freude
jemals wieder nehmen.
An dem Tag wird es für euch
keine quälenden Fragen mehr geben.

Aber jetzt schon gilt, was ich sage:
Wenn ihr den Vater um etwas bittet,
wird er es euch mir zuliebe geben.

Bittet, und ihr werdet empfangen,
und zwar so,
daß eure Freude keine Grenzen hat.

Nach allen diesen Worten
hob Jesus den Blick zum Himmel und betete:

Vater, die Stunde ist da.
Tu du nun dein Werk an deinem Sohn,
so daß es die Menschen sehen,
damit auch ich dich den Menschen zeigen kann.
Denn mein Auftrag umfaßt alle Menschen.
Ich soll all denen ewiges Leben geben,
denen du das Ohr aufgetan hast und die mir zugehören.
Ewiges Leben! – Worin soll es bestehen,
wenn nicht darin, daß sie dich erkennen,
dich, den einen, wirklichen Gott,
und den, der dein Bote ist: Jesus Christus.

Ich habe von dir geredet und habe gewirkt und gearbeitet,
um dich und deine Macht und Herrlichkeit
bekannt zu machen.
Das war der Auftrag, den ich erfüllen sollte
und den ich nun abgeschlossen habe.
Gib mir nun den Lichtglanz wieder,
die Macht und die Herrschaft in deinem Reich,
die ich hatte, ehe die Welt entstand.

Ich habe den Menschen gesagt und gezeigt, wer du bist.
Denen, die du dazu bestimmt hast, mich zu hören.
Sie sind deine Kinder.
Du hast sie mir als Brüder und Freunde gegeben.
Sie haben alles bewahrt und festgehalten,
was ich ihnen gesagt habe.
Sie wissen nun, daß alles, was du mir gabst,
von dir gekommen ist.
Nun bitte ich für sie.
Ich meine nicht die ganze Menschheit,
sondern die, die du mir gegeben hast.
Sie gehören dir,
wie alles, was mir gehört, dein ist,
und alles, was dir gehört, mein.
Alle Liebe und Macht, die dich und mich verbindet,
ist nun in ihnen sichtbar.

Ich bin nicht mehr bei ihnen in der Welt.
Sie aber bleiben in der Welt zurück,
und ich komme und bitte dich für sie:

Heiliger Vater,
erhalte sie unter dem Schutz deines Wortes.
Denn dazu habe ich die Botschaft von dir erhalten,
daß sie eins seien, wie du und ich eins sind.
Solange ich bei ihnen war, habe ich sie bewahrt,
indem ich ihnen dein Wort weitersagte,
und habe ihnen Schutz gegeben.
Keiner unter ihnen ging mir verloren
außer dem einen, dem das Verderben bestimmt war.

Nun komme ich zu dir
und rede das alles vor ihren Ohren,
damit die Freude, die mich erfüllt,
auch sie erfüllen möge:
die Freude, bei dir zu sein.
Ich habe ihnen dein Wort gegeben
und die Menschen um sie her haßten sie,
weil sie ihrem menschlichen Leben nichts abgewinnen,
wie auch mich nichts damit verbindet.

Ich bitte dich nicht, sie aus der Welt wegzunehmen,
sondern sie vor dem Bösen zu bewahren
und von allem, was nur menschlich ist, abzugrenzen.
Schließe ihnen die Wahrheit auf
und gib ihnen Stand und Halt in ihrem Glauben.
Dein Wort ist die Wahrheit,
nach der sie leben und an die sie glauben sollen.

Wenn ich sie wieder in die Welt hinaussende,
dann geschieht an ihnen dasselbe, was an mir geschah:
Denn auch du hast mich in die Welt gesandt.
Wenn ich mich nun für sie opfere und mein Leben hingebe,
dann soll das geschehen,
damit auch sie sich um der Wahrheit willen opfern
und in der Wahrheit geschützt bleiben.

Ich bitte aber nicht nur für sie allein,
sondern auch für alle,
die durch sie von mir hören und an mich glauben.
Denn sie alle sollen eins sein,
wie du, Vater, und ich
zusammengehören und eins sind.
Sie alle sollen mit dir und mir
unauflöslich verbunden sein,
damit auch die übrigen Menschen verstehen,
daß ich von dir gekommen bin.

Ich habe ihnen dein Wort gegeben
und sie mit dir verbunden.
Ich habe ihnen damit dieselbe Herrlichkeit gegeben,
die du mir gegeben hast,
damit sie eins seien, wie du und ich eins sind.
Ich bleibe in ihnen wirksam wie du in mir,
so daß sie alles zerstreute Leben hinter sich lassen
und ganz und vollkommen und aus einem Stück sind.
Denn die anderen Menschen sollen begreifen,
daß ich dein Bote bin
und du sie liebst wie mich selbst.

Vater, ich will, daß die, die du mir gegeben hast,
bei mir sind, daß sie meine Herrlichkeit sehen,
die du mir gabst, ehe die Welt entstand.
Ich habe sie durch deine Botschaft
mit dir verbunden
und will ihnen auch künftig
von dir und deinem Geheimnis sagen.
Denn die Liebe, die dich und mich verbindet,
soll auch sie mit dir verbinden,
und ich will auch in den künftigen Zeiten
in ihnen wirksam sein.

Als es fünfzig Tage nach Ostern soweit war,
daß der Morgen des Pfingstfests anbrach,
kamen sie alle in einem Haus zusammen.

Plötzlich kam ein Brausen über sie,
als ob ein gewaltiger Sturm sie überfiele.
Das ganze Haus, in dem sie saßen,
war voll davon.
Sie sahen Feuer, das über sie herfuhr,
wie in einzelne Flammen zerrissen.
Gottes Geist erfaßte sie alle
und brannte in ihnen.
Da fingen sie an, fremdartige Worte zu stammeln,
wie der Geist sie ihnen eingab.

Nun wohnten aber in diesen Tagen in Jerusalem Juden,
die aus allen möglichen fremden Ländern kamen,
Männer, denen es um Gott Ernst war.
Als die das Reden und Rufen hörten,
kamen sie zusammen, eine große Menge,
und waren entsetzt.
Sie hörten nämlich fremde Laute und verstanden sie doch,
so, als ob jeder seinen eigenen Dialekt hörte,
und sie fragten in ihrem Schrecken und ihrer Ratlosigkeit:
Sind das nicht alles Galiläer?
Wie kommt es, daß jeder von uns
sie in seiner eigenen Sprache reden hört?
Wir Parther und Meder und Elamiter,
wir Gäste aus Mesopotamien, Judäa, Kappadozien,
Pontus und Asien, Phrygien, Pamphylien, Ägypten
und aus Lybien bei Kyrene?
Wir Bewohner von Rom,
wir Juden und Judengenossen, Kreter und Araber –?
Wir hören sie reden.
Wir verstehen sie,
und sie reden von großen Taten Gottes!
Sie waren entsetzt und verwirrt und fragten:
Was ist das? Wo soll das hinaus?
Andere allerdings lachten und meinten:
Sehr einfach! Sie sind betrunken!

Da erhob sich Petrus mit den elf Aposteln und redete zu ihnen:
Juden, Bürger von Jerusalem! Ich will euch sagen: Hier handelt es sich nicht um Betrunkene, wie ihr vermutet – es ist ja erst 9 Uhr morgens –

hier handelt es sich um das Ereignis, von dem der Prophet Joel gesprochen hat:

„Am Ende der Zeit", spricht Gott,
„will ich meinen Geist über die Menschen ausschütten.
Da werden eure Söhne und Töchter wie Propheten reden.
Junge Männer werden wunderbare Visionen haben,
eure Alten werden Träume erleben, die etwas bedeuten.
Auf meine Knechte und Mägde will ich in jenen Tagen
Geist von meinem Geist ausgießen.
Sie werden reden, was ich ihnen eingebe."

Männer von Israel, laßt euch folgendes sagen: Ihr kennt Jesus, den Nazarener. Ihr habt seine Wunder und seine mächtigen Taten erlebt. Gott war auf seiner Seite und hat durch ihn gewirkt, – ihr wißt das.
Den habt ihr den Gottlosen ausgeliefert, habt ihn angenagelt und umgebracht. Daß sich darin zugleich Gottes Wille und Absicht verwirklicht hat, steht auf einem anderen Blatt.

Den hat Gott nun wieder lebendig gemacht und aus den Fesseln des Todes gelöst, – es war ja auch nicht möglich, daß der Tod ihn festhielt.
Schon David meint ihn, wenn er sagt:

„Ich sehe den Herrn vor mir, was auch immer geschehen mag.
Er steht mir bei, daß ich nicht ins Wanken gerate.
Deshalb ist mein Herz fröhlich
und mein Mund voller Lieder,
denn wenn auch mein Leib zur Ruhe geht,
verläßt ihn doch die Hoffnung nicht.
Denn du wirst meine Seele nicht fallen lassen,
daß sie im Reich der Toten versinkt,
und wirst nicht zulassen, daß dein Heiliger verwest."

Diesen Jesus, so fuhr Petrus fort,
hat Gott auferweckt.
Wir alle können das bezeugen.
Er hat die Herrschaft über die Welt angetreten,
zusammen mit Gott.
Der Vater hat ihm zugesagt,
er wolle allen den Menschen, die zu ihm gehören,
den heiligen Geist schenken.
Nun hat er diesen heiligen Geist auf die Erde gesandt.
Das, was ihr seht und hört, ist dabei geschehen.

Ihr und alle, die sich Israeliten nennen,
müßt aber wissen:
Den Jesus, den ihr gekreuzigt habt,
hat Gott zum Herrscher gemacht
und ihm alle Vollmacht übertragen.

Als sie das hörten,
ging es ihnen wie ein Stich durchs Herz,
und sie fragten Petrus und die anderen Apostel:
Männer! Brüder! Was sollen wir denn tun?

Stellt euch um, stellt euch ganz und gar um,
antwortete Petrus, und laßt euch taufen!
Dann gehört ihr wie wir zu Jesus Christus
und er ist euer Herr.
Dann stehen auch eure Sünden
nicht mehr zwischen Gott und euch.
Dann ist auch für euch dieser heilige Geist da,
denn er soll – so will es Gott –
euch zukommen und euren Kindern.
Er soll auch denen zuteil werden,
die jetzt noch weit von ihm entfernt leben.
Gott, unser Herr, wird sie herbeirufen.

Daraufhin ließen sich taufen,
die sich sein Wort zu Herzen nahmen.
Es dürften etwa dreitausend Menschen gewesen sein,
die an diesem Tag zur Gemeinde hinzukamen.

Nach diesem großen Tag blieb die Gemeinde der Christen
weiterhin eng verbunden.
Die Berichte der Apostel über Jesus Christus
hielten sie zusammen.
Die Verantwortung, die einer für den anderen empfand,
das gemeinsame Mahl, das sie feierten,
wie Christus es mit den Aposteln gefeiert hatte,
und das gemeinsame Gebet
waren die verbindenden Kräfte.

Um sie her bildete sich ein Ring staunender Menschen,
während durch die Apostel Wunder geschahen
und aufregende Vorgänge, an denen man merkte:
Hier ist Gott am Werk.

Alle aber, die sich zu Christus zählten,
fühlten sich einander zugehörig
und legten all ihren Besitz zusammen.
Sie verkauften ihr Hab und Gut
und teilten den Erlös an alle aus,
die eine Hilfe nötig hatten.

Sie waren Tag für Tag oben im Tempel und feierten,
sie hielten von Haus zu Haus das heilige Abendmahl.
Wenn sie so gemeinsam aßen,
taten sie es in ihrer einfachen Freude an Gott.
Sie priesen ihn -
und das ganze Volk freute sich mit ihnen.

Der Herr aber fügte täglich neue Menschen hinzu,
die den Schritt wagten,
in die Gemeinde einzutreten,
und die das Heil und die Seligkeit fanden.

Einmal gingen Petrus und Johannes
in den Tempel hinauf.
Es war gerade Gebetszeit,
nachmittags um drei Uhr.

Dort saß Tag für Tag ein Bettler
vor der sogenannten „Schönen Tür".
Er war von Geburt an gelähmt,
seine Angehörigen trugen ihn täglich hinauf,
und er verbrachte den Tag damit,
bei den Besuchern des Tempels zu betteln.

Als nun Petrus und Johannes kamen
und im Begriff waren, den Tempel zu betreten,
bat er auch sie um eine Gabe.
Da blieben die beiden stehen
und Petrus faßte ihn ins Auge:
Sieh uns an!
Der Gelähmte sah sie an und dachte,
nun eine Gabe zu bekommen.
Aber Petrus fuhr fort:
Silber und Gold habe ich nicht.
Ich habe etwas anderes und das will ich dir geben.
Du sollst jetzt tun,
was Christus dich tun heißt:
Steh auf!

Da faßte er ihn an der rechten Hand
und richtete ihn auf.
Im selben Augenblick waren seine Füße und Knöchel fest.
Er sprang auf und lief hin und her,
trat mit ihnen zusammen in den Tempel,
ging umher, hüpfte vor Freude und dankte Gott.

Wie er so umherlief und Gott dankte,
sahen ihn die Leute.
Das ist doch – sagten sie – der Bettler,
der an der Schönen Tür saß!
Da ging ein Staunen, ja ein Erschrecken durch die Menge
über das, was sich an ihm ereignet hatte.

Als nun der Lahme, der gesund geworden war,
mit Johannes und Petrus im Tempel umherlief,
kamen die Leute zu ihnen in die „Halle Salomos",
und Petrus fing an, über Jesus Christus mit ihnen zu reden.
Währenddessen kamen die Priester dazu
und der Hauptmann der Tempelwache
(und außerdem die Sadduzäer, die sich darüber ärgerten,
daß die beiden von der Auferstehung der Toten redeten
und Jesus als Beispiel anführten).
Sie verhafteten die beiden
und setzten sie fest bis zum nächsten Tag.
Es war nämlich inzwischen Abend geworden.
Am anderen Morgen traten der Magistrat,
die Räte und die Gelehrten zusammen,
ließen sie kommen und fragten sie:
Wer hat euch die Fähigkeit verliehen, so etwas zu tun?
Petrus, erfüllt von heiligem Geist, antwortete:
Führer des Volkes, Älteste von Israel,
ihr wollt über die Wohltat urteilen,
durch die dieser arme Mensch geheilt worden ist.
Wir wollen euch gern sagen, woher sie kam,
euch und dem ganzen Volk Israel:
Von Jesus Christus, dem Nazarener,
den ihr gekreuzigt habt und den Gott auferweckt hat.
Wenn dieser Mann hier gesund vor euch steht,
dann ist es Sein Werk.
Rettung – Heil – Seligkeit,
das gibt es nirgends anders als bei Christus.
Kein anderer Name ist uns Menschen gegeben,
an den wir uns halten können.
Niemand hilft uns unter dem weiten Himmel,
mit Gott ins reine zu kommen, als er allein.

Als sie den Mut und die Freiheit der beiden sahen,
wunderten sie sich, denn sie wußten,
daß sie keine geschulten Leute waren, sondern Laien,
und daß sie seinerzeit zur Begleitung Jesu gehört hatten.
Sie konnten aber nichts Rechtes dagegen sagen,
denn neben ihnen stand – das war nicht wegzudiskutieren –
der Mann, den sie geheilt hatten.

Danach zog sich das Gericht zur Beratung zurück.
Man diskutierte hin und her:
Was soll man mit diesen Leuten tun?
Ihre Tat kennt man in ganz Jerusalem.
Sie zu bestreiten, ist sinnlos.
Eins kann man tun, und man sollte es auch tun,
damit die Sache keine weiteren Kreise zieht:
Man sollte ihnen verbieten,
weiterhin den Namen Jesus Christus
in den Mund zu nehmen,
wenn sie öffentlich reden.

Man rief sie wieder herein und verbot ihnen,
künftig von Jesus Christus zu erzählen
oder irgend etwas über ihn zu behaupten.
Petrus und Johannes allerdings widersprachen:
Ihr solltet selbst beurteilen können,
ob es zulässig ist,
daß wir euch mehr gehorchen als Gott.
Wir können nicht schweigen über das,
was wir selbst gesehen und gehört haben.

Da verwarnte man sie
und drohte mit einer neuen Verhaftung,
ließ sie aber für diesmal gehen,
weil man keine Strafe für sie finden konnte,
die sich das Volk hätte gefallen lassen.
Denn draußen erzählten die Menschen einander,
was geschehen war,
und rühmten die Tat Gottes.

Nach ihrer Entlassung
kamen Petrus und Johannes zurück und berichteten,
was die Priester und Ältesten verlangt hätten,
ihren Freunden.

Als sie das hörten, riefen sie alle miteinander
Gott an mit dem alten Lobgesang:
„Herr, du hast den Himmel gemacht
und die Erde und das Meer und alles, was besteht.
Du sprichst durch den Mund unseres Vaters David,
deines Knechts –
und es ist derselbe heilige Geist,
der in ihm redet, den auch wir empfangen haben –:
Warum toben die Völker?
Warum machen sie Pläne,
die doch keine Aussicht haben zu gelingen?
Die Könige der Erde verbinden sich
und die Fürsten vereinigen sich
gegen den Herrn und gegen seinen Christus –"
Ja, es ist wahr, sie verbünden sich in dieser Stadt
gegen deinen heiligen Knecht Jesus,
den du zum Herrn eingesetzt hast.
Herodes und Pilatus,
die Juden und die Römer verbünden sich,
aber sie tun, ohne es zu wollen,
ja nur, was du gewollt hast.
Und nun, Herr, sieh, wie sie drohen!
Gib deinen Knechten Mut,
dein Wort in aller Freiheit zu sagen.
Hilf uns und gibt uns Kraft,
daß durch uns geschieht,
was dein Knecht Jesus tun will:
daß Menschen heil werden,
daß sie Zeichen deiner Macht sehen
und staunen über deine Taten.

Gepriesen sei Gott,
der Vater unseres Herrn Jesus Christus,
der uns gesegnet und beschenkt hat mit allem,
was an Segen des Geistes in der himmlischen Welt ist,
der uns beschenkte durch Christus,
durch sein Wort und sein Werk.
Er hat uns erwählt vor dem Anfang der Welt,
ihm zu gehören in der Liebe,
die ihn und Christus verbindet.
Er hat es getan,
um uns für sich zu bewahren und uns rein zu machen.

Aus Liebe bestimmte er uns, seine Söhne zu sein,
und Christus führte uns in sein Haus,
er, der für uns eintrat. So war es sein Wille.
Dafür preisen wir seine Liebe
und das Licht seiner Freundlichkeit,
die er uns schenkte in ihm, dem Geliebten.
Durch seine Tat empfingen wir Freiheit,
durch den Tod, den er an unserer Stelle erlitt,
Freiheit von all unserer Schuld.

Was er zuvor beschlossen, was er sich vornahm zu tun,
wenn die Zeit reif sei, das hat er enthüllt:
Das All der Welt unter ein Haupt zu fassen,
unter die Herrschaft des Christus,
was im Himmel und auf Erden ist.
Nun sind wir Söhne in seinem Haus,
vor Zeiten dazu bestimmt
von ihm, der alles in seiner Kraft durchwirkt.

Wir sollten, das war sein Plan,
der Widerschein seines Lichts sein,
wir, die ihm zugewandt standen
im Warten auf Christus.
Sein Lichtglanz ist heute schon sichtbar an uns,
und wir rühmen Ihn, der ihn verlieh.

Ich habe gehört – schreibt Paulus weiter – daß ihr im Glauben an den Herrn Jesus Christus verwurzelt seid und in Liebe mit allen Gliedern der Kirche verbunden.

Nun danke ich Gott unablässig für alles, was er an euch getan hat, und denke in meinem Gebet an euch. Gott, den wir durch unseren Herrn Christus kennen, der Vater, der in unzugänglichem Licht wohnt, möge euch Geist geben von seinem heiligen Geist. Er möge euch ein weises Herz geben. Klarheit möge er euch geben, daß ihr ihn seht und versteht und begreift. Er möge euch die besonderen Augen geben, mit denen das Herz sieht, so daß ihr die Zukunft sehen könnt, die doch sonst so verborgen ist und die wir nur immer wieder mit unseren armen Worten umschreiben können:

Die große, herrliche Zukunft, die ihr vor euch habt und für die Gott euch bestimmt hat. – Den überreichen Glanz der Welt Gottes, in die er euch führen wird, sollt ihr sehen – den Lichtglanz, der sich jetzt schon in euch spiegelt. Die unmeßbare Größe seiner Macht, die an uns wirkt, sollt ihr spüren, seine Gewalt, die Fülle seiner Kraft, die in unserem geringen Glauben am Werk ist.

Hat er sie nicht bewiesen, als er Christus aus dem Reich der Toten holte? Als er ihn zu sich rief und ihm Macht gab von seiner Macht? Macht über alle Mächte, Gewalten und Kräfte in der Welt, alle Mächte über der Welt und hinter den sichtbaren Dingen, die unsere Sinne wahrnehmen?

Alles hat er ihm unterstellt. Nicht nur in der Welt, die heute besteht, sondern auch in der, die kommen wird.
Er hat ihn zum Haupt der Kirche bestimmt, so daß die Kirche gleichsam seine leibliche Gestalt ist. Denn in der Kirche soll zum Ausdruck kommen, sichtbar und leiblich, wer Herr ist über alle Welten, wer der Herr ist, der das All mit seiner Gegenwart erfüllt.

Denkt daran, so erinnert Paulus die Epheser, daß es eine
Zeit gab, in der ihr ohne Glauben lebtet, getrennt von Gott,
getrennt von der Gemeinschaft seiner Kinder, als Außen-
seiter, während andere fest und unauflöslich zu ihm gehörten. Ihr hattet keine Verbindung mit Christus. Ihr ge-
hörtet nicht zu der Gemeinschaft, die wir „Gottes Volk"
nennen. Die großen Voraussagen über Gottes Reich galten
für euch nicht. Ihr lebtet ohne Hoffnung eurem Tod entgegen und wart verlassen in dieser Welt wie Kinder, die
keinen Vater haben. Aus dieser Ferne seid ihr an Gottes
Haus und Gottes Stadt nahe herangekommen. Christus hat
euch zu sich geholt und ist auch für euch gestorben.

Denn er macht Frieden. Mehr noch, er ist selbst der Friede,
der zwischen euch und Gott ist. Er hat aus zwei Welten –
der Welt Gottes und eurer verschlossenen Menschenwelt –
eine einzige Welt gemacht. In der dürft ihr mit Gott leben.
Er hat den Zaun abgerissen, der zwischen Gott und euch
stand. Dieser Zaun war eure Ablehnung, eure Feindschaft
gegen Gott.

Er hat die alten Vorschriften und Gesetze abgeschafft, die
die Menschen früher erfüllen mußten, um mit Gott Frieden
zu finden. Aus dem zwiespältigen Menschen, der keinen
Frieden finden konnte, hat er einen ganzen, heilen, neuen
Menschen gemacht. Der ist nun mit Gott im Vertrauen verbunden.

Er ist gekommen und hat euch gesagt, daß nun Friede sei.
Friede für die in der Ferne und Friede für die in der Nähe.
So seid ihr keine Gäste mehr in Gottes Haus und keine
Heimatlosen von der Landstraße, sondern Bürger in Gottes
Stadt und Hausgenossen Gottes.

Mehr noch: Ihr seid selbst mit eingebaut in Gottes heiligem
Tempel wie Steine, die ihren festen Platz und ihre bleibende Aufgabe haben. Das Fundament sind die Apostel
und die Propheten. Der Schlußstein im Gewölbe, der den
ganzen Bau hält und abstützt, ist Jesus Christus selbst.

Ich beuge meine Knie vor dem Vater. Ich beuge sie vor Gott, dem Herrn, von dem Jesus Christus gesagt hat, wir dürften ihn Vater nennen. Von ihm hat jeder seinen Namen und seine Würde, der sich im Himmel oder auf der Erde einen „Vater" nennt.

Ich bitte für euch, daß ihr stark werdet am inneren Menschen, daß sein heiliger Geist euch Klarheit gebe. Er kann es tun, seine Herrlichkeit hat keine Grenzen. Sein Reichtum erschöpft sich nicht.

Ich bitte für euch, daß Christus in euren Herzen wohne und daß euer Glaube durch ihn stark und frei und die Liebe der Wurzelboden werde, das Fundament für euer ganzes Leben.

Ich bitte für euch, daß ihr fähig werden möchtet, mit allen Gliedern der Kirche zusammen zu begreifen, wie unübersehbar weit das Geheimnis Gottes ist, wie unersteiglich hoch, wie unergründlich tief.

Es geht ja um nicht weniger als um das Größte und Kostbarste, das dennoch uns allen erreichbar ist:

Die Liebe Christi mit dem Glauben zu erfassen, die zu hoch und zu unbegreiflich ist auch für den stärksten Menschengeist.

So wird Gottes Fülle in euch wohnen, mehr noch: Ihr selbst, die Gemeinschaft der Christen, werdet Gottes Fülle sein.

Er kann es euch geben. Er kann viel mehr und Größeres tun als wir bitten oder verstehen. Denn seine Kraft ist es, die in uns wirkt.

Ihm soll alle Ehre zukommen, aller Lobgesang, dessen seine Gemeinde fähig ist. Jesus Christus ist bei uns. Dafür danken wir ihm von einer Generation zur anderen, durch alle Zeiten hin und in Ewigkeit. Amen.

Ich bitte euch – während meine Hände gefesselt sind, weil ich Christus diene –, daß ihr euch etwas von mir sagen laßt:

Gott hat mit euch Besonderes vor. Er hat euch eine hohe Würde zugedacht. Achtet nun darauf, daß zwischen eurer Bestimmung und eurem tatsächlichen Leben kein Riß klafft.

Tragt es geduldig, daß ihr unter den Menschen keine große Rolle spielt. Verzichtet auf euer Recht und eure Macht. Habt einen langen Atem und tragt einander mit der Geduld und der Kraft, die aus der Liebe kommen.

Achtet auf alles, was euch verbindet: Gottes Geist will, daß ihr eins seid und daß der Friede euch zusammenhält.

Ihr seid ein Leib und ein Geist. Ihr seid gemeinsam berufen, Gottes Kinder in seinem Haus zu sein. Alles, was ihr von Gottes Reich erhofft, ist euch gemeinsam.

Ihr habt *einen* gemeinsamen Herrn, *ein* Glaube ist euch gemeinsam. *Eine* und dieselbe Taufe ist es, die an euch geschehen ist.

Über euch ist *ein* Gott, *ein* Vater aller Menschen. Er, der Eine, wirkt durch euch hindurch und wohnt in euch.

Er hat seine Freundlichkeit jedem von uns auf seine eigene Weise geschenkt, er hat uns Kräfte und Fähigkeiten gegeben, die verschieden sind und uns doch verbinden sollen.

Es ist Christus, der sie ausgeteilt hat.

Gott hat uns verschiedene Kräfte und Fähigkeiten gegeben. Und doch sollen sie uns verbinden.

Den einen hat er zum Apostel eingesetzt, dem anderen die Gabe verliehen, seinen Willen zu verstehen und anzusagen, dem dritten die Gabe, das Evangelium auszulegen, dem vierten die Fähigkeit, Menschen zu führen und ihre Gemeinschaft zu ordnen, dem fünften, ihnen zu zeigen, wie sie als Christen in ihrer täglichen Arbeit leben sollen.

Alle zusammen dienen dem einen Ziel, daß eine Gemeinde entsteht, die in der Lage ist, ihre Aufgabe zu erfüllen. Sie alle dienen dem erklärten Willen Gottes, daß diese Gemeinde die leibliche Gestalt Christi sein soll.

Denn es kann nicht jeder glauben, was ihm gefällt. Vielmehr sollen wir gemeinsam glauben, was wahr ist, und sollen in der Erkenntnis des Sohnes Gottes verbunden sein.

Wir sollen erwachsene Menschen werden, so ausgereift, wie es dem Glauben an Christus und all dem, was er für uns getan hat, entspricht.
Wir sollen keine Kinder mehr sein, mit denen jeder tun kann, was er will, die sich dahintreiben und dahinschaukeln lassen wie Wellen im Meer, von jeder Behauptung, von jeder Phrase, die fromm klingt und doch nur schlau ist. Wir sollen nicht auf das gerissene Spiel hereinfallen und auch nicht auf planmäßige Lüge.

Wir sollen der Wahrheit dienen, in Liebe miteinander verbunden sein und so immer stärker auf ihn hin ausgerichtet sein: auf Christus.
Er ist das Haupt. Von ihm hat der Leib seine Einheit, von ihm wird er lebendig zusammengehalten durch alle Gelenke hindurch.
Von ihm her tut jedes Glied seinen Dienst nach den Aufgaben und Kräften, die einem jeden gegeben sind. So sorgen sie alle miteinander, daß der ganze Leib leben und wirken kann. So leben und wirken wir als die Gemeinde Christi und sind einander in Liebe verbunden.

Liebe Brüder, es kommt darauf an, stark zu sein. Ihr werdet aber in dem Maß Kraft haben, als ihr sie euch von Christus geben laßt.

Es kommt darauf an, gerüstet zu sein. Legt die Waffen Gottes an, damit ihr euch wehren könnt, wenn der große Lügengeist, der Teufel, euch zu Fall bringen will.

Denn unser Kampf richtet sich nicht gegen Menschen, sondern gegen verborgene geistige Mächte, die in dieser Welt – unsichtbar für menschliche Augen – herrschen, gegen allen bösen Geist, der auf dieser Erde umgeht.

Deshalb nehmt die Waffen Gottes auf, damit ihr Widerstand leisten könnt, wenn der böse und gefährliche Tag kommt, und euch durchsetzen und das Feld behaupten könnt.

Die Wahrheit sei euer Schwertgurt. Gerechtigkeit sei euer Panzer. Die Stiefel an euren Füßen seien die Bereitschaft, überall das Evangelium auszurufen.
Euer Glaube sei der Schild, mit dem ihr die brennenden Pfeile des Bösen abwehren könnt. An ihm werden sie verlöschen.
Der Schutz Gottes sei euer Helm, der Geist Gottes und jedes Wort, das er gesprochen hat, euer Schwert.

Ihr fragt, wie ihr zu diesen Waffen kommt? Es gibt nur einen Weg: Betet täglich und stündlich. Nehmt Gottes Geist bei eurem Gebet zu Hilfe. Seid wach und bittet beharrlich und ausdauernd für alle, die zur Gemeinde Christi gehören.

Bittet auch für mich, daß Gott sein Wort in meinen Mund lege, daß er mir helfe, es auszusprechen, daß er mir die Fröhlichkeit und die Freiheit gebe, das Geheimnis des Evangeliums überall bekanntzumachen.

Deshalb bin ich ja gefangen, weil ich für das Evangelium wirke. Bittet für mich, daß ich immer unbekümmerter, immer stärker, immer freier davon reden kann. Denn das ist mein Auftrag.

In diesem Kampf, so führt Paulus Römer 14 und 15 aus, sollt ihr einander nicht allein lassen. Ihr sollt aber vor allem nicht trennen zwischen Gruppen, die verschieden darüber denken, wie man diesen Kampf zu führen habe.
Es gibt Menschen, die meinen, mit ihrem Glauben viel an Natürlichkeit und Weltlichkeit vereinbaren zu können und also mit ihrem Glauben der Welt gewachsen zu sein. Andere gibt es, die sorgsam darauf bedacht sind, daß ihr Glaube durch „natürliche" oder „weltliche" Dinge nicht Schaden leide, und die also den Glauben für bedroht halten. Paulus nennt die ersteren „Starke", die zweiten „Schwache". Besonders kraß trat dieser Gegensatz in der ersten Gemeinde dann heraus, wenn man sich zu gemeinsamen Mahlzeiten an den Tisch setzte.

Die Schwachen, die sich um ihren Glauben ängsten, sollt ihr in euren Kreis aufnehmen und ihnen nicht mehr zumuten, als sie selbst für richtig halten.
Der eine glaubt, es schade ihm nicht, wenn er Fleisch ißt, und genießt, was ihm schmeckt. Der andere hat die Erfahrung gemacht, daß er bei einem bescheidenen, einfachen Essen freier bleibt.
Wer sich die Genüsse der Tafel zutraut, der soll den anderen, der sie meidet, nicht verachten. Und wer sich einen Genuß versagt, der mache daraus kein moralisches Gesetz für den anderen. Denn den einen wie den anderen hat Gott angenommen.

Was geht es dich an? Es ist nicht deine Sache, den Knecht eines anderen, nämlich Gottes Knecht, brauchbar oder unbrauchbar zu finden. Ob sein Herr ihn gelten läßt oder abweist, entscheidet er allein. Und wenn einer wirklich zu selbstsicher war oder zu engherzig, dann kann Gott ihn noch immer zurechtbringen.

Der eine arbeitet an den Werktagen und feiert an den Sonntagen. Der andere arbeitet und feiert, werktags oder sonntags, wie es ihm ums Herz ist. Wichtig ist nur, daß jeder weiß, warum er so und nicht anders lebt.
Wer sich an die Ordnung der Woche oder des Jahres bindet, der drückt damit aus, daß er dem Herrn dient. Wem an der Ordnung der Woche oder des Jahres nichts liegt, der sagt damit, daß er einen Herrn hat, der über allen Ordnungen steht.

Wer alles ißt und genießt, der tut es im Einvernehmen mit seinem Herrn, denn er nimmt in seiner Freiheit Gaben Gottes dankbar an. Wer sich gute und schöne Dinge versagt, der tut es, weil er dem Herrn dient, und dankt Gott, der ihm diesen Weg gezeigt hat.

Keiner von uns lebt, um sich selbst und seine Qualitäten vor anderen Leuten herauszustellen. Keiner von uns lebt, um vor sich selbst heilig oder gut zu sein. Keinem von uns ist es, wenn er stirbt, wichtig, was man über ihn sagt oder ob er mit sich selbst zufrieden sein konnte.

Wenn wir leben, haben wir nur einen Maßstab: Ob Christus zu unserem Leben ja sagen kann. Wenn wir sterben, ist nur eins wichtig: Ob Christus uns annimmt. Leben und sterben ist für uns kein Unterschied. Auf alle Fälle hat Christus uns in der Hand.

Denn dazu ist er gestorben und wieder lebendig geworden, daß er ein Herr sei über Tote und Lebende.

Wie kommst du nun dazu, dich als Richter über deinen Bruder aufzuspielen? Oder wie kommst du, der andere, dazu, auf deinen Bruder verächtlich herabzusehen?

Wir werden alle abwarten müssen, wie Christus über uns urteilt und über unser eigenes Leben. Denn Gott selbst hat gesagt:

„So wahr ich lebe: Alle Knie sollen sich vor mir beugen und jeder Mund soll zu meinem Urteil ja sagen."

Das bedeutet: Jeder von uns wird Gott über sein eigenes Leben, über sein eigenes Tun und seinen eigenen Glauben Rechenschaft geben müssen.

Wenn es nun so ist, wie ihr sagt: daß nämlich Christus euer Herr ist – dann könnt ihr euch nicht mehr von eurer Sünde beherrschen lassen, auch nicht in leiblichen Dingen. Dann könnt ihr nicht mehr sagen: Ich „muß" das tun, obwohl ich weiß, daß es böse ist. Ihr könnt nicht so tun, als wäret ihr eure eigenen Herren. Ihr dient auf alle Fälle einem anderen. Ihr habt die Möglichkeit, eure Glieder der bösen Macht zur Verfügung zu stellen, die gegen Gott arbeitet, und könnt eure Glieder wie Werkzeuge oder Waffen ihr zur Verfügung stellen. Tut es nicht! Ihr habt mit dieser Welt, in der der Tod regiert, nichts mehr zu tun. Ihr seid schon mitten im wirklichen Leben.

Ihr habt die Möglichkeit, euch Gott zur Verfügung zu stellen. Dann wird Gott euren Leib, ja jedes einzelne Glied, in seinen Dienst nehmen. Sie werden in seinem Auftrag arbeiten und kämpfen und der Gerechtigkeit in der Welt Raum schaffen.

Es ist mühsam, euch das zu erklären, weil ihr noch zu sehr in den Anfängen steckt. Ich will es in einem Bild sagen: Wie brave Untertanen der Sünde habt ihr bisher gehorsam erfüllt, was sie von euch verlangte, und seid dabei von einer Unsauberkeit zur anderen und von einem Unrecht ins andere getaumelt.

Dient nun Gott mit derselben Treue. Stellt ihm euren Leib zur Verfügung wie bisher der Sünde. Dann wird Gerechtigkeit um euch sein und ein Abglanz von Gottes Heiligkeit.

Als ihr nämlich Knechte der Sünde waret, da habt ihr auch eure Freiheit gehabt und habt sie genossen. Genau besehen war es nichts weiter als eine Freiheit von allem, was recht gewesen wäre. – Ihr habt auch euren Lohn erhalten und habt ihn mit vollen Zügen genossen. Es ist kein Wunder, wenn ihr euch mit Entsetzen daran erinnert. Denn dieser Lohn und dieser Genuß laufen geradlinig auf den Tod zu. Und nun? Nun seid ihr Knechte und Mitarbeiter Gottes. Euer Lohn ist es, in seiner heiligen Nähe zu sein und bei ihm in Ewigkeit zu bleiben. Wer ein Söldner der Sünde ist, den entlohnt sie mit dem Tod. Wer Gott dient, dem gibt er, was er Jesus Christus, unserem Herrn, gegeben hat: ewiges Leben.

Nun ist das eine ganz sicher: Wenn wir zu Jesus Christus gehören, kann niemand zu uns sagen: „Du gehörst nicht zu Gott"! Oder: „Du hast am ewigen Leben keinen Anteil".
Denn Gott hat uns seinen Geist gegeben, um an uns dasselbe zu tun, was er an Jesus Christus getan hat: Wie er ihn lebendig gemacht hat, hat er auch uns ein neues Leben gegeben.

Das gilt so zuverlässig, wie das andere gegolten hat: daß wir nämlich mit unserer Sünde im Tod enden. Eben von dieser Zwangsläufigkeit hat er uns befreit.

Jetzt habt ihr eine andere Art von Leben in euch: Wer ihr seid, das bestimmt nicht mehr euer Leib und nicht mehr euer schwankender Charakter. Nicht mehr das Hin und Her zwischen Sünde und gutem Willen, zwischen Wahrheit und Lüge, zwischen Glauben und Unglauben.

Wer ihr seid, bestimmt allein Gott. Sein Geist wohnt in euch und er ist von jetzt an das Wichtigste und Entscheidende an euch. Woran man merkt, daß man Gottes Geist hat? Daran, daß man sagen kann: „Jesus Christus ist mein Herr, und ich bin das Kind seines Vaters. Er hat mich rein gemacht, ihm will ich gehören – trotz allem, was sonst in meinem Leben geschieht."

Wer diesen Geist von Christus nicht hat, der gehört ihm nicht zu.

Wenn aber nun der Geist Gottes in euch wohnt, der doch Jesus Christus aus dem Tod erweckt hat, dann wird er auch eure armselige Menschlichkeit – bis hin zu eurem Leibe, der doch sterben muß – zu einem neuen Leben aufwecken.

Liebe Brüder, wir sind künftig unserem Egoismus, unserer Herrschsucht und dem Zwang, Böses zu tun, nicht mehr verpflichtet.

Denn wer sich von Gottes Geist führen läßt, der ist ein Kind Gottes.

Es ist ja nicht so, daß wir weiterhin in Angst leben müßten, in der Angst, den Geist Gottes wieder zu verlieren, oder in der Angst, es Gott nicht recht zu machen.

Wir haben doch die Zusage erhalten: „Ihr seid Kinder Gottes." Nun tun wir weiter nichts als das eine, das nötig ist, und wozu wir berechtigt sind: Wir rufen zu Gott: Lieber Vater! und halten uns an ihn.

Wir könnten das nicht, wenn es nicht Gottes Geist selbst wäre, der uns immer wieder sagt: Du bist ein Kind Gottes!

Wenn wir aber Kinder Gottes sind, dann gehören wir zu ihm. Das hört nicht eines Tages auf, etwa mit unserem Tode. Wir gehören in sein Haus für alle Ewigkeit. Wir kehren zu ihm heim wie Christus selbst.

Es kommt nur darauf an, dicht neben Christus zu gehen, mit ihm zu leiden, wenn es sein muß, und mit ihm in die lichte Welt Gottes einzutreten.

Denn davon bin ich überzeugt: Alles, was es in dieser Welt an Leiden gibt, an Schmerzen und Entbehrungen, ist bedeutungslos. Es ist der Rede nicht wert gegenüber der kommenden Herrlichkeit, die Gott uns zeigen – mehr noch: die er uns schenken will.

Wer einmal begriffen hat, auf welche Weise man mit Gott ins reine kommt, der sagt nicht mehr: Gott? Gott ist vielleicht im Himmel – ich sehe nichts von ihm! Als ob Christus nicht auf dieser Erde gewesen wäre! Der sagt auch nicht mehr: Der Tod? Ich weiß nichts davon, es wird wohl alles aus sein! Als ob Christus nicht vom Tode auferstanden wäre.

In Wirklichkeit können wir wissen, wer Gott ist. Wir können in unserem Herzen bewahren, was er gesagt hat, und es in unseren menschlichen Worten nachsprechen. Entscheidend ist, in schlichten Worten zu sagen: Ja, Jesus ist mein Herr. Wichtig ist, zu wissen und zu glauben: Dieser Jesus Christus ist lebendig und nicht tot. So weiß man etwas von Gott. So bleibt man mit ihm verbunden.

Denn wir kommen mit Gott ins reine dadurch, daß unsere Gedanken und unser Wille ihm gehören. Wir werden für alle Ewigkeit glücklich dadurch, daß wir diese Liebe zwischen ihm und uns nicht verbergen, sondern öffentlich und frei in ihr leben. Es ist nicht neu, sondern eine alte Ordnung, die von jeher gegolten hat: Wer alles, sein Leben und sein Heil, von Gott erwartet und von ihm erbittet, wird es empfangen und glücklich werden.

Nun kann sich niemand an Gott wenden, wenn er nicht an ihn glaubt. Niemand kann an einen Gott glauben, von dem er nichts gehört hat. Niemand kann etwas von Gott hören, wenn keiner mit ihm über Gott spricht. Und wer soll die Kühnheit haben, zu den Menschen über Gott zu reden oder ihnen gar etwas von Gott auszurichten, wenn Er ihn nicht dazu bestimmt, berufen und ausgesandt hat?

(Man findet Gott nicht im blauen Himmel oder in den grünen Bäumen, jedenfalls nicht den wirklichen Gott.) Glaube entsteht, wo berufene Prediger Gottes Botschaft weitersagen. Und wer ein berufener Prediger ist, zeigt sich daran, ob er genau das nachspricht, was Christus ihm vorgesprochen hat.

Wach auf, du Schläfer! Steh auf und bleibe nicht bei den Toten liegen! Denn Christus will sein Licht über dir aufgehen lassen wie eine Sonne!
Tut die Augen auf! Seht auf euren Weg! Seht auf alles, was ihr tut, und tut es mit Sorgfalt und wachem Gewissen. Lebt nicht töricht in den Tag hinein, sondern seht euch die Welt an, in der ihr lebt, in die Gott euch gestellt hat.

Jeder Augenblick hat eine Chance in sich, nämlich die, daß der Glaube eine leibliche Gestalt finden kann in einem Wort oder in einer Tat. Nützt sie! Versäumt sie nicht! Denn es geschieht genug Böses in unseren Tagen.

Überlegt euch, was Gott euch aufgetragen hat, und handelt, wie es eurem Glauben entspricht. Denn weise handeln heißt, so leben, daß der Glaube sichtbar wird.

An diesen Gedanken schließt Paulus Betrachtungen über die nächstliegenden Aufgaben an. Er sagt – mit anderen Worten – jeder solle im anderen Christus sehen und ihm dienen. Dabei sei wichtig, zu berücksichtigen, wie man in einem Land oder in einer bestimmten Zeit das Zusammenleben der Menschen geordnet habe. Man könne nicht aus dem christlichen Glauben heraus über Nacht oder gar mit Gewalt neue soziale oder politische Ordnungen schaffen – etwa zwischen Mann und Frau, zwischen Vorgesetzten und Untergebenen, zwischen Regierungen und Völkern, sondern solle versuchen, in den jeweils gültigen Ordnungen Christ zu sein und die Liebe Christi zu leben und zu zeigen.

Ein Beispiel dafür ist das Wort über die Ehe, bei dem – nach einer selbstverständlichen Ordnung jener Zeit – vorausgesetzt wird, daß die Frau im Mann ihren „Gebieter", ihren „Herrn" zu sehen habe, wie ein Sohn in seinem Vater oder ein Bürger in seinem König.

Der folgende Text muß deshalb unter Umständen von jeder Generation, in der sich die gesellschaftlichen Ordnungen geändert haben, mit anderen Augen gelesen werden. Denn wesentlich sind nicht die Regeln, die sich für Paulus ergeben haben oder vielleicht – ganz anders – sich für uns ergeben, sondern die Voraussetzung, die das Ganze bestimmt: daß nämlich jeder im anderen Christus zu sehen hat.

Die Frauen sollen sich ihren Männern fügen und in ihnen
Vertreter des Herrn selbst sehen. Denn der Mann ist ja das
Haupt der Frau – wie ihr wißt –, ähnlich wie Christus das
Haupt der Kirche ist und Helfer und Herr der Gemeinde,
die sein Leib ist.

Wie nun die Kirche Christus unterstellt ist, so sollen es sich
auch die Frauen ihren Männern gegenüber gefallen lassen,
daß sie ihnen in allen Dingen unterstellt sind.

Die Männer aber sollen ihre Frauen liebhaben, wie Christus
die Kirche liebt und wie er sich für sie in Liebe geopfert hat.

Wenn es so ist, sagt Paulus, daß die Frau dem Mann nach den
Ordnungen ihrer Zeit oder ihres Landes unterstellt ist, dann soll
die Frau nicht meinen, weil sie nun eine Christin ist, solle oder
könne sie diese Ordnung einfach umstoßen. Vielmehr solle sie,
wie es ihre Zeit ihr vorschreibt, ihrem Mann „dienen". Denn man
komme ja nicht dadurch mit seinem Leben zurecht, daß man
lästige oder ungerecht scheinende Ordnungen beiseite schiebt,
sondern dadurch, daß man sie willig und in Liebe ausfüllt und
dadurch verwandelt, sie dadurch menschlich macht.

Man kommt ja nicht dadurch mit Gott zurecht, daß man sagt:
Ich bin ein freier Mensch, ein Kind Gottes – also gilt nichts mehr,
was Menschen mir zumuten. Denn Christus selbst wurde ein
Mensch in den Bedingungen seiner Zeit und seines Lebens, ohne
gegen die Unmenschlichkeit und das soziale Unrecht seiner Zeit
mit Gewalt aufzubegehren. Denn jede Revolution beginnt mit
Haß und endet mit Unrecht.

Man versteht auch die oft mißverstandenen und mißdeuteten
Worte des Paulus über die Ehe, über die Sklaven und über den
Gehorsam gegenüber dem Staat nicht, wenn man nicht all das
zusammen sieht.

Daß sich andererseits dort, wo Christen – bedingungslos liebend
– in den Bedingungen ihrer Zeit mitleben, die Ordnungen, die
Sitten, die Meinungen um sie her wandeln, ändern, und zwar
möglicherweise von Grund aus, das ist ebenso wahr und wichtig.
Die Worte über die Ehe, die wir auf der folgenden Seite noch
einmal bringen, sind ein Beispiel dafür.

Seit Paulus hat sich die Stellung der Frau entscheidend geändert. Es war vor allem der christliche Glaube, der das zuwege gebracht hat. Schon Paulus, der der Frau befohlen hat, „sich ihrem Mann unterzuordnen", sagt andererseits, es gebe vor Gott keinen Unterschied zwischen den Menschen, weder zwischen Mann und Frau noch zwischen Herren und Sklaven.

Was sich in der Beurteilung der Frau – und auch des Sklaven – geändert hat, geht auf christliche Gedanken und Impulse zurück. Weder die griechisch-römische Antike noch irgendeine Religion in der Nachbarschaft des Christentums besaßen dazu die Voraussetzungen.

Wir dürfen, da die heutige Freiheit der Frau nicht durch einen unchristlichen, sondern entscheidend durch den christlichen Geist selbst bewirkt ist, die Gedanken des Paulus weiterführen und so übersetzen:

Wenn Mann und Frau nach den Ordnungen ihrer Zeit gleichberechtigt nebeneinander stehen, dann gilt:

Die Frauen sollen sich ihren Männern fügen und die Männer den Frauen. Denn jeder Ehepartner ist das Haupt des anderen, wie Christus das Haupt der Kirche ist.

Wie die Gemeinde Christus in allen Dingen willig dient, so sollen Mann und Frau einander willig dienen. Sie sollen einander lieben, wie Christus die Gemeinde liebt und sich für sie geopfert hat.

Das Geheimnis der Ehe ist groß. Es ist so groß wie das Geheimnis der Liebe zwischen Christus und seiner Kirche. So unauflöslich, wie Christus mit seiner Kirche verbunden ist, so unauflöslich ist die Ehe. So ausschließlich, wie die Kirche nur einen einzigen Herrn hat und der Herr nur eine einzige Kirche in dieser Welt, so ausschließlich soll der Mann mit einer einzigen Frau verbunden sein und die Frau mit einem einzigen Mann und nicht mit mehreren.

So nahe und so endgültig, wie die Kirche zu Christus gehört, so nahe und endgültig gehören Mann und Frau zueinander. Das Geheimnis der Ehe ist groß. Denn in ihm spiegelt sich das Geheimnis des Opfers, der Hingabe, das Geheimnis der Liebe und der Vertrautheit zwischen Gott und uns Menschen.

Ihr habt mich gefragt, ob es für Christen gut sei, als Mann und Frau leiblich zusammen zu leben, einander leiblich liebzuhaben.

Ich meine so: Wenn ein Mann es fertigbringt, auf die leibliche Liebe zu verzichten, weil er Gott dienen will, ist es gut. Es könnte aber sein, daß er sich täuscht und daß er sich nun doch – ohne verheiratet zu sein – mit einer Frau leiblich einläßt, weil er nicht widerstehen kann. In diesem Fall ist es viel besser, er heiratet. Wir sind nicht so stark, wie wir vielleicht meinen, und es ist auf alle Fälle gut, wenn jeder Mann seine Frau und jede Frau ihren Mann hat.

Der Mann soll seine Frau leiblich liebhaben, wenn sie es möchte, und die Frau ihren Mann, wenn er sie bittet.

Denn wir sind ja auf alle Fälle in erster Linie für den anderen da. Der Leib der Frau gehört nicht ihr, sondern dem Mann, den sie liebhat. Der Leib des Mannes gehört nicht ihm und seinem Trieb, sondern der Frau, die er liebhat, und was der Mann mit seinem Leib tut, das soll die Frau mit ihrem ganzen Herzen bejahen können.

Es ist nicht gut, wenn einer sich dem anderen entzieht, es sei denn, sie wollen beide verzichten, um eine Zeitlang ihre Aufmerksamkeit ganz Gott zuzuwenden und Zeit zu haben für das Gebet und die Stille mit Gott.

Aber dann sollen sie wieder zusammenkommen. Denn der Teufel wartet auf die Gelegenheit, den einen vom anderen wegzuziehen.

Ihr wißt, daß euer Leib ein Tempel des heiligen Geistes ist, und daß ihr euch nicht selbst gehört.

Gott hat euch der Macht des Teufels entzogen. Es hat Christus viel gekostet, euch frei zu machen. Darum rühmt Gott und dankt ihm. Was ihr aber mit eurem Leib tut, das tut in der Dankbarkeit gegen Gott. Es soll zeigen, daß euer Leib und euer Geist ihm gehören.

Wenn ich etwas über die ledigen Frauen und die Witwen sagen soll, dann – als persönlichen Rat – folgendes:
Sie sollen, wenn sie es können, eine Ehe nicht wünschen. Wenn sie andererseits den Wunsch haben, dann sollen sie – ohne ihr Gewissen zu quälen – heiraten. Es ist viel besser, zu heiraten, als unerfüllt und unzufrieden zu sein.

Den Verheirateten allerdings habe ich keinen persönlichen Rat zu geben, sondern ein Gebot des Herrn weiterzusagen: Mann und Frau sollen sich nicht trennen. Haben sie sich aber einmal getrennt, dann sollen beide künftig allein bleiben und nicht aufs neue heiraten, – oder aber sich miteinander versöhnen und wieder zusammenkommen.
Was nun Ehen betrifft, in denen Mann und Frau nicht durch denselben Glauben verbunden sind, so habe ich – wieder als persönliche Meinung – folgenden Rat:
Wenn ein Christ eine Frau hat, die seinen Glauben ablehnt und die doch mit ihm leben möchte, soll er sich nicht von ihr trennen. Wenn eine Frau, die an Christus glaubt, einen Mann hat, der von Christus nichts wissen will und der doch mit ihr leben möchte, dann gibt es keinen Grund zu einer Scheidung.
Denn der gottlose Mann ist durch seine Frau, die eine Christin ist, mit Gott verbunden, und die gottlose Frau ist durch ihren Mann, der ein Christ ist, mit Gott verbunden. Auch ihre Kinder gehören Gott, durch den Vater oder die Mutter, eben durch den Christen in der Ehe.

Wenn allerdings der ungläubige Teil – der von der Unauflöslichkeit einer christlichen Ehe nichts verstehen kann – sich scheiden lassen will, mag der andere in die Scheidung einwilligen. Der Christ oder die Christin sind in diesem Fall nicht gezwungen, die Ehe mit Gewalt aufrechtzuerhalten.
Allerdings: Im Frieden und nicht im Streit sollen sie auseinandergehen.
Denn du Frau: Du kannst nicht wissen, ob es für deinen Mann eine Hilfe ist, Gott zu finden, wenn er gegen seinen Willen mit dir verbunden bleibt.
Und du Mann weißt nicht, ob du deiner Frau zum Glauben hilfst, wenn du sie zwingst, bei dir zu bleiben.

Ähnlich steht es mit den „Sklaven" und „Herren", die in jener Zeit durch strenge Ordnungen voneinander getrennt waren. Wie es sich mit Mann und Frau verhält, daß nämlich die rechtlichen Ordnungen heute anders sind als damals, so denkt heute auch kein Christ mehr daran, einen Untergebenen und Vorgesetzten etwa in einer Behörde unserer Tage als „Sklaven" und als „Herren" zu betrachten und voneinander zu trennen.

Was in der damaligen Gesellschaft das einseitige Machtverhältnis des Herren gegenüber seinem Sklaven war, das ist heute die Zusammenarbeit zwischen dem Vorgesetzten und dem Untergebenen, wie sie unsere Wirtschaftsordnung und unsere gegenwärtigen sozialen Verhältnisse mit sich bringen. Es war in erster Linie der christliche Glaube, der die Bindung zwischen Herren und Sklaven im Laufe der Zeit gelöst hat. Er wird ebenso maßgebend sein müssen, wenn wir uns heute um eine gerechte und menschliche Form der Über- und Unterordnung von Menschen bemühen.

Es kommt in erster Linie darauf an, was Gott mit jedem einzelnen vorhat. Wenn einer als kleiner Angestellter oder als schlichter Arbeiter leben muß, dann soll er seinen Weg bejahen und sich nicht in Unzufriedenheit verzehren. Wenn er aufsteigen kann durch seine Leistung oder durch sein Können, dann soll er die Möglichkeit nützen und sich emporarbeiten.

Es sind da keine großen Unterschiede für einen Christen. Wer äußerlich ein kleiner Untergebener ist, der ist dadurch, daß er zu Christus gehört, ein freier Mensch.
Wer äußerlich ein großer Vorgesetzter, Direktor oder Chef ist, der fügt sich als Christ auf alle Fälle dem Willen Jesu Christi.

Ihr gehört Christus und sollt in erster Linie auf ihn sehen. Es war schwer genug für ihn, euch zu freien Menschen zu machen. Werdet nun nicht Knechte von Menschen –
sei es dadurch, daß ihr euch ihnen wie Hunde unterwerft,
sei es dadurch, daß ihr euch danach sehnt, Menschen beherrschen zu dürfen. Gott hat jedem einen Platz gegeben und einen Auftrag. Ehe wir uns mit Gewalt, aus Ehrgeiz oder aus Unzufriedenheit nach oben drängen, sollen wir verstehen, was für einen Auftrag Gott uns an der Stelle gegeben hat, an der wir jetzt sind.

Es gibt eine Ordnung, die zwischen Eltern und Kindern gilt:

Sie besagt zunächst, daß die Kinder ihren Eltern gehorchen sollen, denn so gehören sie in den Augen Gottes zusammen.

„Du sollst deinen Vater und deine Mutter ehren", sagt das vierte Gebot und fügt hinzu: Das ist für dich selbst am allerwichtigsten. Auf diese Weise gewinnt dein Leben Stand und Halt. Und das ist nicht davon abhängig, ob deine Eltern klüger oder besser sind als du.

Umgekehrt gilt:
Ihr Eltern, mißbraucht eure Autorität nicht. Zwingt eure Kinder nicht, sich gegen euch aufzulehnen und sich von euch abzuwenden. Erzieht sie mit Verstand und in Ehrfurcht, denn sie sind Gottes Werk. Gebt ihnen die Gesinnung mit, die der Herr fordert. Gebt ihnen den Glauben mit.

Es ist wie überall, wo ein Mensch von Gott angewiesen ist, den anderen zu respektieren, ob er nun „über" oder „unter" ihm steht.

Wenn einer seinem Vorgesetzten unterstellt ist, soll er ihm gehorchen und sich nicht gegen diese Zumutung sträuben. Er soll ganz einfach und wahrhaftig Christus ehren, indem er sich einem Menschen fügt.

Er soll aber den Willen eines Menschen nicht erfüllen, weil er einen Vorteil davon hat, sondern weil Gott es so von ihm verlangt. Gott wird ihm seinen wirklichen Lohn geben, unabhängig davon, wieviel ihm seine Stellung äußerlich einbringt.

Die Vorgesetzten umgekehrt sollen in ihren Untergebenen Christus sehen, der ein Diener aller Menschen war, und ihre Befehlsgewalt nicht heraushängen. Sie müssen wissen, daß hoch- und niedrig-gestellte Menschen denselben Herrn im Himmel haben und daß Gott sich von menschlichen Positionen und Titeln nicht imponieren läßt.

Wie ich höre, kommt es bei euch – in Korinth – vor, daß zwei Christen miteinander streiten. Das ist schlimm genug. Aber nun kommt es sogar vor, daß sie ihren Streit vor einem Gericht ausfechten, das mit Menschen besetzt ist, die vom christlichen Glauben nichts wissen oder nichts halten.

Ich verstehe das nicht. Warum könnt ihr einen Streit zwischen zwei Christen nicht unter Christen klären und schlichten?

Wer zu Christus gehört, ist am letzten, großen Gericht über die Welt beteiligt. Wenn ihr nun um die Maßstäbe wißt, mit denen über die Welt gerichtet werden soll – und ihr an diesem Gericht beteiligt seid –, solltet ihr dann eure kleinen Differenzen nicht selbst beurteilen und klären können?

Wir stehen mitten in den Auseinandersetzungen dieser Welt, und sollen – so will es Gott – im Gericht über die geistigen Mächte dieser Welt, über die guten und die bösen, mit ihm zusammen richten. Nun wollt ihr vor der Aufgabe resignieren, die Streitigkeiten über eure kleinen Interessengegensätze in Gerechtigkeit auszutragen.

Es ist nicht zu begreifen: Ihr habt Streit untereinander und laßt euren Streit schlichten von Leuten, die von eurem Glauben und von den Maßstäben, nach denen ihr leben wollt, nichts wissen.

Schämt euch gründlich. Ist denn wirklich niemand unter euch, der soviel Weisheit hat, daß er ein Urteil fällen kann in einer Sache, die seinen Bruder betrifft?

Der Grundfehler ist, daß ihr überhaupt Streit miteinander habt. Warum laßt ihr euch nicht lieber ein Unrecht zufügen? Warum nehmt ihr nicht lieber eine Niederlage in Kauf oder einen Nachteil?

Wißt ihr nicht, daß Gott in seinem Reich keinen Raum hat für Leute, die sich am Streit um Vorteile, am Kampf um Interessen und an egoistischen Händeln beteiligen?

Dasselbe, was für die Ehe und für das soziale Problem gilt, gilt für das Verhältnis zwischen dem Staat und dem einzelnen: Der Staat ist zunächst immer eine gültige Ordnung und der Christ hat so wenig, wie Christus selbst ein Revolutionär war, gegen den Staat zu revoltieren. Er soll aber dem Staat Gottes Willen klarmachen und soll versuchen, den Staat zu verwandeln, soweit das notwendig und möglich ist. Der Christ ist keineswegs ein braves Staatsschaf. Die Begriffe Freiheit – Gleichheit – Brüderlichkeit, mit denen der einzelne Bürger sich in den letzten 200 Jahren allmählich von der Allmacht des Staats befreite, können die Tatsache nicht verbergen, daß sie christlichen Ursprungs sind, ebenso wie die Befreiung der Frau oder die Befreiung des Sklaven.

Jeder Mensch soll sich der Staatsordnung fügen, in der er lebt. Denn die Aufgaben, die der Staat hat, kommen von Gott. Menschen, die Macht ausüben, nehmen eine Aufgabe wahr, die Gott ihnen zugewiesen, sie tragen eine Verantwortung, die ihnen Gott auferlegt hat. Wer sich also der staatlichen Autorität widersetzt, widersetzt sich dem Willen Gottes, der ihm diese Autorität zugemutet hat. Wer sich gegen die Fügungen Gottes auflehnt, wird merken, daß Gott nicht auf seiner Seite ist. Denn Gott setzt Menschen als Richter ein oder gibt ihnen staatliche Macht in die Hand, weil er will, daß wir miteinander leben können. So sind sie alle – vielleicht ohne daß sie es wollen oder wissen – seine Diener. Darum soll man sich ihnen fügen, nicht nur aus Angst vor ihrer Gewalt, sondern aus Überzeugung. Darum auch zahlt ihr eure Steuer. Denn die Verantwortlichen im Staat sollen als Gottes Diener in der Lage sein, ihr Amt wahrzunehmen. Gebt jedem, was ihm nach Recht und Ordnung zusteht. Die Steuer, dem die Steuer zusteht, Gehorsam, dem Gehorsam zusteht, und Ehrerbietung dem, der diese Ehrerbietung – weil Gott hinter ihm steht – verlangen kann.

Im Grunde habt ihr niemandem gegenüber eine Verpflichtung außer der, daß ihr den anderen auf alle Fälle lieben sollt. Denn alles, was Gott von uns will, erfüllen wir, indem wir den anderen lieben.

Es stehen zwar auch einige anderslautende Bestimmungen im Gesetz Gottes, wie:
Du sollst nicht ehebrechen, du sollst nicht töten, du sollst nicht stehlen, du sollst nicht von Dingen träumen, die dir nicht zustehen. Aber all das ist in dem einen Wort zusammengefaßt: Du sollst deinen Mitmenschen lieben wie dich selbst. Wer liebt, kann dem anderen nichts Böses antun. So ist die Liebe der Weg, auf dem wir auch den einzelnen Weisungen Gottes gehorchen.

Vor allem kommt es in den einzelnen Entscheidungen darauf an, den Blick von den kleinen Dingen abzuwenden auf das eigentliche Ziel eures Lebens hin. So seid ihr frei und versteht den Zeitplan Gottes.

So betrachtet, ist es höchste Zeit, aus allen menschlichen Träumen, Hoffnungen und Ängsten aufzuwachen. Denn der Tag Gottes rückt von Stunde zu Stunde näher. Laßt uns alle Werkzeuge ablegen, die man in der Dunkelheit, im Geheimen, unter Dieben, Heuchlern und Lügnern verwendet. Laßt uns dagegen die Waffen in die Hand nehmen, die man bei Tage führt, wenn es um Gerechtigkeit und Wahrheit geht. Wir haben das Licht nicht zu scheuen. Wir brauchen uns nicht zu verstecken. So laßt uns auch entsprechend auftreten, klar und aufrecht.

Fressereien und Saufereien sind nicht unsere Sache. Ebensowenig heimliche Liebesabenteuer und Ausschweifungen, von denen man nichts wissen darf. Dasselbe gilt von allem fanatischen Herumstreiten und von allem unguten Ehrgeiz.

Man soll an uns nichts anderes wahrnehmen als das eine, daß Christus um uns her ist. Ich könnte auch sagen: Hüllt euch in Christus. Zieht Ihn an wie einen Mantel, so daß man Ihn vor Augen hat, wenn man euch sieht.

Was euer gemeinsames Leben in der Kirche betrifft, so will ich euch dazu eins sagen:

Niemand soll aus seinem Glauben mehr herausholen, als er hergibt. Gott hat nicht jedem denselben Glauben oder gleich „viel" Glauben gegeben. Es gehört zur Klugheit des Christen, das ihm von Gott zugeteilte Maß zu bejahen und sein Konto nicht zu überziehen.

Wir sollen ja auch nicht alle dieselben Aufgaben wahrnehmen. Unser eigener Körper besteht ja auch nicht aus lauter gleichartigen Gliedern, sondern aus sehr verschiedenartigen. Wenn wir sagen, die Kirche sei so etwas wie die leibliche, sichtbare Gestalt Jesu Christi, dann heißt das, daß jeder von uns irgendeine Funktion hat wie ein Glied an einem Leib.

Es gibt Christen, die in der Lage sind, uns zu sagen: Hier und jetzt verlangt Gott dies und jenes von euch! Daß sie dabei wirklich Gottes Willen vertreten, merken wir daran, ob ihr Wort vom Glauben an Jesus Christus bestimmt ist.
Es gibt Christen, deren besondere Fähigkeit die ist, in aller Einfachheit und Verborgenheit an anderen Menschen einen liebevollen Dienst zu tun. Sie müssen darauf achten, wirklich und aus ganzem Herzen das zu tun, was man an ihnen sieht: nämlich zu dienen und nicht etwas anderes.
Es gibt Christen mit der Fähigkeit, das Wort Gottes auszulegen, es zu erklären und verständlich zu machen. Sie müssen darauf achten, daß sie nicht sich selbst nach vorn schieben, sondern allein und ausschließlich das Wort Gottes meinen.
Es gibt Menschen mit der Fähigkeit, mit anderen zu reden, ihnen zurechtzuhelfen, sie zu trösten. Sie sollen es im Geist und mit dem Wort Jesu Christi tun.
Wenn jemand die Aufgabe hat, zu führen, zu verwalten oder zu regieren, dann wende er seine ganze Kraft und Aufmerksamkeit darauf.
Wenn jemand sich mit Menschen einläßt, die im Elend sind, die krank sind, arm oder verkommen, dann tue er es mit offenem, fröhlichem Herzen.

Wenn es sich um den Glauben handelt, dann bleibt nicht untätig, sondern greift zu, wo eine Gelegenheit ist, ihn weiterzugeben.
Der Geist, den ihr empfangen habt, ist ein Feuer. Laßt es brennen und brennt mit! Ergreift die Aufgaben, die euch der Augenblick stellt – besser: die euch der Herr in jedem Augenblick eures Lebens stellt. Wendet alle eure Kräfte an sie.

Tut all das mit freiem, fröhlichem Herzen. Wißt, daß ihr eine große Zukunft vor euch habt. Bleibt willig unter den Lasten, die euch Gott auferlegt hat, und sucht sie nicht abzuwerfen. Seht darauf, daß euer Gebet nicht irgendwann, unregelmäßig und zufällig stattfindet, sondern bleibt täglich im Gespräch mit Gott.
Greift zu, wenn jemand unter euch in der Gemeinde eine Hilfe nötig hat. Kommt jemand an eure Tür, dann laßt ihn herein und kümmert euch um ihn.
Macht denen, die euch hassen oder verfolgen, deutlich, daß Gott sie liebt und daß auch ihr ihnen diese Liebe geben möchtet.

Freut euch mit denen, die einen Anlaß haben, sich zu freuen. Wenn Menschen um euch sind, die Leid tragen, dann laßt das Leid an euch herankommen und schiebt es nicht von euch. Seht zu, daß euch eure Gedanken und Gesinnungen von den anderen nicht trennen, sondern euch mit ihnen verbinden.
Verzichtet darauf, hoch hinaus zu wollen. Geht mit Christus zusammen dorthin, wo die geringen Aufgaben und die geringen Menschen sind. Schlagt euch den Dünkel aus dem Kopf, ihr könntet alles am besten oder wüßtest alles am genauesten.

Fügt euch jemand Böses zu, dann laßt es euch gefallen, ohne es ihm zurückzugeben. Bemüht euch, allen Menschen gegenüber gute und freundliche Gedanken zu haben.
Christus hat Frieden gemacht. Es ist gut, wenn ihr nun auch mit allen Menschen im Frieden lebt, soweit es an euch liegt und soweit es irgend möglich ist.

In Mazedonien, liebe Brüder, hatte ich ein besonders schönes Erlebnis. Was die Freundlichkeit Gottes in den dortigen Gemeinden aus den Menschen gemacht hat, das muß ich euch erzählen!

Sie haben unendlich viel Leid durchgestanden. Was man aber an ihnen erlebte, war nichts als strahlende Freude. Sie sind arm. So arm, daß es sich nicht schildern läßt. Aber Gott machte sie reich an ganz einfacher, schlichter Güte.

Niemand hat von ihnen verlangt, der notleidenden Gemeinde in Jerusalem etwas zukommen zu lassen. Und doch haben sie mich gebeten und gedrängt, von ihnen eine Hilfe anzunehmen, eine Gabe, wie sie ihrer Meinung nach den Heiligen Gottes zukommen müsse. Sie haben bis an die Grenze ihrer Möglichkeiten gegeben, ja – ich bin überzeugt – über ihre Möglichkeiten hinaus.

Nun schicke ich Titus zu euch, ehe er nach Jerusalem reist, und bitte euch:

Ihr seid reich an allem, was nötig ist. Reich an Glauben, reich an Einsicht, reich an gutem Willen, reich an Liebe, die ihr von mir erfahren habt und die auch in euch selbst brennt.

Sorgt nun, daß ihr auch in dieser Beziehung reich seid: daß nämlich Gottes Freundlichkeit euch treibt, anderen wohlzutun.

Ich gebe euch keinen Befehl. Aber ich sehe, was die anderen tun, und prüfe, wie echt eure Liebe ist.

Denn ihr selbst lebt von der Freundlichkeit des Herrn Christus: Er ist reich. Er gab all seinen Reichtum hin, um euch aus seiner Armut reich zu machen, reich durch seine Liebe.

Es ist in geistlichen Dingen wie immer im Leben: Wer zu sparsam sät, wird eine ärmliche Ernte haben. Wer aber im Vertrauen auf Gottes Reichtum auswirft, was er hat, wird eine reiche Ernte einbringen.

Jeder gebe so, wie er es sich selbst vorgenommen hat. Nicht gegen seinen Willen oder deshalb, weil andere geben und er sich ihnen anschließen muß.

Gott liebt den, der mit leichtem Herzen gibt, in der Heiterkeit, der man den Glauben und die Liebe anmerkt.

Gott kann euch wieder reich machen, äußerlich und innerlich, an allem, was ihr braucht. So sehr, daß ihr euren Überfluß wieder weitergeben könnt.

In den Psalmen heißt es:
„Gott hat sein Saatgut ausgeworfen und die Armen leben davon. Seine Güte ist zuverlässig für alle Zeiten.
Gott gibt dem Bauern das Saatgut und läßt ihm Brot wachsen, daß er zu essen hat."

Er hat auch in euch seinen Samen geworfen und wird euch immer mehr Saatgut in die Hand geben, damit immer mehr Frucht in euch wachsen möge, nämlich die zuverlässige Güte, das Herzstück der Gerechtigkeit.

Denn ihr sollt reich sein und in all eurem Reichtum immer einfacher und immer selbstverständlicher weitergeben, was ihr habt.

Was wird aber da wachsen, wo unsere Saat hinfällt? Dankbarkeit. Die Dankbarkeit gegen Gott in den Herzen vieler Menschen.

Wenn ich in allen Sprachen der Menschen redete
und sänge in den Worten der Engel,
und keine Liebe wäre in mir,
so wäre ich ein tönendes Erz
oder eine klingende Schelle.
Wenn ich Gottes Gedanken kennte
und alle Geheimnisse wüßte,
wenn ich alle Weisheit der Welt besäße,
wenn mein Glaube die Macht hätte,
Berge zu versetzen,
und keine Liebe wäre in mir,
so wäre ich nichts.
Wenn ich mein Gut verteilte
und alle Hungrigen der Welt sättigte,
wenn ich für Christus ins Feuer ginge
und ließe meinen Leib brennen,
und es wäre keine Liebe in mir,
es nützte mir nichts.

Die Liebe ist langmütig und freundlich,
sie kennt keine Eifersucht,
sie prahlt nicht
und bläht sich nicht auf,
sie achtet auf das,
was sich schickt, und verletzt es nicht.
Sie sucht keinen Vorteil
und wird nicht bitter durch dunkle Erfahrung.
Sie rechnet niemandem Böses an.
Sie trauert über das Unrecht
und freut sich über die Wahrheit.
Sie trägt alles,
sie glaubt und hofft alles.
Sie beugt sich den Lasten
und bleibt geduldig gebeugt.

Unvergänglich ist die Liebe.
Alle menschliche Kenntnis von Gott wird verwehen.
Was Menschen geredet, wird verhallen,
was sie forschten und dachten, zu Ende sein.
Stückwerk ist, was wir wissen,
Stückwerk, was wir über Gott reden.
Wenn aber seine Welt sich auftun wird über uns,
wird das Stückwerk aufhören.

Einmal war ich ein Kind,
ich redete wie ein Kind,
ich war klug wie ein Kind
und machte kindliche Pläne.
Als ich ein Mann war,
legte ich das kindliche Wesen ab.
(So wird es wieder geschehen
an der Schwelle zu Gottes Reich:)
Jetzt sehen wir Gott
wie unser eigenes Gesicht
in kupfernem Spiegel,
fremd und rätselvoll,
dann aber klar und nahe,
von Angesicht zu Angesicht.
Jetzt erkenne ich eins oder das andere,
dann aber werde ich erkennen,
so klar, wie ich selbst von ihm erkannt bin.
Ein Dreifaches bleibt:
Glaube, Hoffnung, Liebe,
die Liebe aber ist die größte unter ihnen.

Wir glauben, daß Gott unsern Herrn Jesus Christus aus dem Reich der Toten herausgerufen hat.

Wodurch kam Christus zu den Toten? Durch unsere Schuld. Durch unsere Gottlosigkeit.

Warum hat Gott ihn ins Leben zurückgeholt? Weil wir einen Bruder haben sollen, der unser Leben mit ihm, Gott, ordnet und reinigt, einen Herrn, der Liebe stiftet, wo bisher ein Abgrund der Trennung klaffte.

Wenn es nun so ist, daß Christus uns zu Gott gebracht hat und von uns der Glaube verlangt ist, dann ist Frieden zwischen Gott und uns. Dann ist die Tür offen, und die Freundlichkeit Gottes umgibt uns wie ein Lichtschein. Dann haben wir eine Zukunft vor uns, und wir freuen uns, daß wir Gottes Liebe auch in alle Ewigkeit nicht verlieren werden.

Wenn das gilt, dann gilt aber auch das andere: Dann stören uns die Widerwärtigkeiten unseres Lebens nicht mehr. Denn wir wissen, daß die Last der Leiden die Kraft stärkt, unter ihr auszuhalten. Wer unter der Last bleibt, wird zum Leidensgenossen Christi und erfährt, was er für uns getan hat.

Wer aber das erfahren hat, verzweifelt nicht mehr unter seiner Last. Der blickt weit voraus und sieht, daß er von allem, was ihn drückt, befreit wird. Keiner aber wird enttäuscht, der sich auf Christus verläßt.

Denn Gott liebt uns. Wir wissen das, weil sein heiliger Geist es uns bestätigt: Gott liebt dich!

Das ist gewiß. Denn auch der Geist, der in uns ist, kommt von Gott.

Glücklich der Mensch,
der nicht lebt nach dem Rat und Vorbild der Bösen.
Der die Wege nicht betritt,
die ihn in Schuld führen.
Der sich nicht mit denen gemein macht,
die verächtlich reden über Gott
und spöttisch über Menschen,
die an ihn glauben.

Glücklich,
wer Gottes Weisungen in sein Herz nimmt
und über sie nachsinnt Tag und Nacht.

Der ist wie ein Baum,
der an einem Wasserlauf steht, der Kraft hat,
Frucht zu tragen, wenn es Zeit ist,
und dessen Blätter nicht verwelken.
Glück und Gelingen liegen über seiner Arbeit.

Wie aber sind die Gottlosen?
Wie Spreu sind sie, die der Wind verweht.

Wenn Gott Gericht hält, treibt es sie davon,
und sie haben nicht Stand noch Halt
unter den Freunden Gottes.

Denn Gott begleitet die Seinen,
die ihn suchen.
Er führt sie ans Ziel.
Der Schritt des Gottlosen aber verhallt
und verliert sich in der Nacht.

Herr, unser Herrscher,
wie herrlich, daß du da bist!
Dein Glanz strahlt aus dem Himmel über die Welt hin.

Wenn Kinder dich anrufen,
ja wenn eben Geborene schreien,
rühmen wir dein Werk und freuen uns deiner Macht.

Da sind uns leeres Gerede
die Reden der Mächtigen,
die nichts wissen als das Gesetz ihres Hasses
und das Gesetz ihrer Rache.

Wenn ich den Himmel sehe,
das Werk deiner Finger,
den Mond und die Sterne,
die du geformt hast –
was ist der Mensch,
daß du an ihn denkst,
was ist das Kind eines Menschen,
daß du es lieb hast?

Du hast ihm fast die Würde
eines himmlischen Wesens gegeben.
Mit Schönheit und Adel hast du ihn gekrönt.

Du gabst ihm den Auftrag,
Herrscher zu sein über alles, was du geschaffen hast.
Alles legtest du ihm zu Füßen,

Schafe und Rinder und die wilden Tiere überall.
Die Vögel unter dem Himmel
und die Fische im Meer
und was immer im Meer sich bewegt.

Herr, unser Herrscher,
wie herrlich, daß wir dich kennen.
Wie gut, daß du da bist!

Der Herr ist mein Schutz,
bei ihm bin ich geborgen.
Sie sagen zu mir:
Lauf, mach dich davon wie ein Vogel,
der in die Berge flieht!

Denn die Gottlosen spannen den Bogen
und legen den Pfeil auf die Sehne,
heimlich, im Dunkeln, um die zu treffen,
die redlichen Herzens sind.

Wenn sie die Grundmauern einreißen,
wenn sie Wahrheit und Recht zerbrechen,
was soll der noch ausrichten,
der Gerechtigkeit sucht?

Eins gilt: Gott ist da.
Wo man ihm dient,
wo man seinen Willen hört, ist er da,
und unsichtbar herrscht er auf seinem Thron.

Er sieht, was die Menschen tun, und kennt ihre Absicht.
Er sieht den Gerechten wie den Spötter,
und überläßt den, der das Unrecht liebt,
seinem eigenen Herzen.

Feuer und Schwefel wird der Spötter empfangen
statt segnendem Regen,
und glühenden Wind in dem Becher,
der ihn erfrischen sollte.

Denn Gott ist gerecht
und fordert unter Menschen Gerechtigkeit.
Und wer das Recht liebt, wird ihn schauen.

Herr, wer hat Wohnrecht in deinem Hause?
Wer darf bleiben in deinem heiligen Reich?

Wer so lebt, wie du es befohlen hast,
und es wahrhaftig meint in seinem Herzen.

Wer über andere Menschen nicht redet
und nichts unternimmt, das Schaden stiftet.
Wer seinen Nachbarn nicht ins Unrecht setzt.

Wer die Zuneigung der Gewissenlosen nicht sucht,
sondern sie verachtet.
Wer Gott ehrt in jedem redlichen Menschen.
Wer sein Versprechen hält,
auch wenn es ihm schadet.
Wer sein Geld ausleiht,
ohne daran zu verdienen,
und Geschenke nicht annimmt,
die ihn hindern,
den Unschuldigen zu schützen.

Gottes Ordnungen stehen fest.
Und fest steht,
wer nach ihnen handelt.

Die Himmel erzählen von der Herrlichkeit Gottes.
Was er getan hat,
ist sichtbar überall in der Welt.
Ein Tag sagt es dem anderen weiter.
Und was eine Nacht von Gott weiß,
sagt sie der nächsten ins Ohr.
Sie reden von Gottes Weisheit.
Sie reden ohne Worte und ohne vernehmbare Stimme.
Was sie erzählen, reicht über alles Land
und an das Ende der Welt ihr Raunen.

Gott hat der Sonne ein Zelt gemacht
hinter den Enden der Welt.
Sie kommt heraus, stark und fröhlich,
wie ein Bräutigam aus seiner Kammer tritt,
seiner Braut zu begegnen, und freut sich,
wie ein Held über den Himmel zu laufen.
Sie geht auf am einen Ende des Himmels
und läuft wieder bis zum anderen.
Nichts bleibt verborgen, wohin sie leuchtet.

Auch mir hast du, Gott, eine Bahn gewiesen.
Deine Gebote und Ordnungen sind mein Weg.
Die Weisung Gottes ist ohne Fehler,
sie ist eine Wohltat für die Seele.
Das Gesetz Gottes ist klar und rein
und macht die Augen hell.
Seine Ordnungen sind kostbarer als Gold,
kostbarer als das reinste Gold.
Sie sind süßer als Honig, als viel süßer Honig.
Sie sind mir eine Warnung,
wenn ich zur Rechten oder Linken irre.
Wer sie ernst nimmt, findet das Ziel.

Laß dir gefallen, was ich dir singe,
und höre, was mein Herz mit dir spricht,
Herr, mein Fels!
Du Gott, der mich von Angst frei macht,
bist mein Erlöser!

Der Herr ist mein Licht und mein Heil.
Vor wem sollte ich mich fürchten?
Der Herr ist meines Lebens Kraft.
Vor wem sollte mir grauen?

Wenn die Gewalttäter versuchen,
mein Leben auszulöschen,
straucheln und fallen sie.

Wenn ganze Heere gegen mich antreten,
fürchtet sich doch mein Herz nicht.
Bricht um mich her eine Verfolgung los,
so verlasse ich mich auf ihn.

Eins bitte ich von Gott:
Ich hätte gerne,
daß ich im Haus des Herrn bleibe
mein Leben lang.

Denn ich möchte dort sein,
wo man von seiner Freundlichkeit erzählt
und ihn ehrt in der Schönheit seines Tempels.

Denn in seinem Haus finde ich Schutz,
wenn mich Unheil umgibt.
Er birgt mich wie in einem Zelt,
auf einen festen Felsen stellt er mich.

Er gibt mir Gelassenheit,
erhobenen Hauptes hinzusehen
über die, die mir drohen.

Darum will ich ihm danken in seinem Haus
und ihn preisen.
Ich will singen und spielen ihm,
meinem Herrn.

Ich will Gott preisen Tag für Tag.
Ich will singen, was er für mich getan hat.

Ich freue mich,
daß Gott sich um mich armen Menschen kümmert.
Ich will, daß die Verlassenen es hören
und sich mit mir freuen.

Ich suchte nach Gott,
ich redete zu ihm und suchte Antwort,
da hörte er mich
und befreite mich von meiner Angst.

Wer sich an Gott wendet,
der wird Gottes Glanz spiegeln.
Sein Gesicht wird hell sein von Freude.

Wer es hören will: Hier bin ich!
Ich bin ein armer Mensch, der zu Gott schrie.
Gott hörte mich und half mir aus meiner Not.
Mit Händen könnt ihr greifen, wie gütig der Herr ist.
Glücklich, wer den Weg zu seinem Herzen findet.
Glücklich, wer sich zu ihm flüchtet!

Der Herr ist nahe bei denen,
die an sich selbst verzweifeln.
Er hilft denen,
die unter ihrer Schuld zerbrechen,
wie ein Lasttier stürzt, dem die Lasten zu schwer sind –
und nimmt ihre Schuld von ihrem Herzen.

Es mag vielerlei Leiden geben für die,
die sich um Gottes Willen mühen,
aber keine Not, in der sie allein sind.

Der Herr gibt der Seele seiner Knechte Freiheit.
Wer sich ihm anvertraut,
dem gibt er aus aller Schuld einen befreiten Anfang.

Ich streckte mich aus zu Gott
und er hörte mein Rufen.
Er neigte sich zu mir und faßte meine Hand.
Er zog mich heraus aus der grausigen Grube,
aus Schmutz und Schlamm.
Er stellte meine Füße auf einen festen Grund,
auf einen Fels, und gab mir sicheren Stand.

Dann sang ich ein Lied,
ein Loblied meinem Gott,
und auch das Singen war ein Geschenk von ihm.
Das sollen viele sehen
und lernen, mit Gott zu rechnen
und seine Hilfe zu suchen.

Glücklich ist, wer seine Rettung von Gott erwartet
und sich nicht an die wendet,
die ihm Hilfe versprechen
und selbst keinen Ausweg finden aus ihren Lügen.

Vieles hast du getan, Herr!
Wunder erlebten wir
und lernten, die Tiefe deiner Gedanken zu ehren.
Nichts ist mit dir zu vergleichen!
Wollte ich deine Taten schildern,
ich fände weder Anfang noch Ende.

Du willst nicht,
daß man mit Opfern oder mit Spenden dir dankt.
Aber Ohren hast du uns allen gegeben,
damit wir dich hören.
Ja, ich bin bereit und will hören.
Was ich tun soll, steht da
in geschriebenen Worten.
Ich sage ja und stimme deinem Willen zu
und bewahre, was du mir aufträgst.

Wie ein Hirsch schreit nach frischem Wasser,
so lechzt meine Seele, Gott, nach dir.
Meine Seele dürstet nach Gott,
nach dem lebendigen Gott.
Wann werde ich am Ziel sein und ihn sehen?

Verzweifelt bin ich und weine Tag und Nacht,
während die Menschen mich täglich höhnen:
Wo ist nun dein Gott?

Am Tage schaue ich aus nach Gott
und bei Nacht sehne ich mich nach seiner Barmherzigkeit.
Noch im Traum bete ich zu ihm,
zu dem Gott, dem mein Herz und mein Leben gehören.

Ich sage zu ihm:
Ich habe niemanden, der verläßlicher wäre als du.
Warum hast du mich vergessen?
Warum läßt du mich allein mit meiner Verzweiflung,
allein und umringt von Spott?

Ich bin so zerschlagen,
so ohne Kraft.
Und die mich hassen,
reden den ganzen Tag auf mich ein:
Wo ist nun dein Gott?

Warum bist du betrübt, meine Seele,
und bist so unruhig in mir?
Strecke dich aus nach Gott!

Es kommt eine Zeit,
da werde ich danken.
Da wird mein Gesicht hell sein von Freude
über die Hilfe, die er mir gab,
mein Gott!

Der Psalm 45 ist ein Lied, das zur Hochzeit eines jungen Königs gedichtet wurde, es redet von seinem Auftrag ebenso wie vom Glück seiner beginnenden Ehe.

Mein Herz quillt über von glücklicher Kunde;
singen will ich,
ein Lied singen dem König.

Der Schönste bist du unter den Menschen,
Güte liegt über dem Lächeln deines Mundes.
Gesegnet bist du von Gott, gesegnet für immer.

Gürte dein Schwert an deine Seite, du Held!
Schmücke dich prächtig!
Zieh aus, der Wahrheit zu dienen,
die Armut zu schützen und das Recht.
Dein Thron, Erhabener, steht fest für alle Zeiten.
Ein Zeichen des Friedens sei das Szepter,
das deine Herrschaft anzeigt.
Du liebst das Recht und hassest die Gewalttat.
Darum hob dein Gott dich heraus aus deinen Gefährten,
daß du herrschest in seinem Auftrag.

Eine Königstochter tritt dir entgegen.
Als deine Gemahlin tritt sie an deine Seite,
gekleidet in Goldschmuck.

Höre, Mädchen, höre gut zu:
Vergiß dein Volk und dein Vaterhaus!
Gib deine Schönheit ihm, der dein Herr ist.
Gäste aus Tyrus verehren dich
und legen Geschenke zu deinen Füßen,
die Mächtigen des Volks suchen deine Freundlichkeit.

Wie dein Vater herrschte, Königstochter,
so sollen deine Söhne herrschen.
Fürsten sollen sie sein in den Ländern der Welt.
Ich will dich besingen,
daß auch künftige Zeiten dich kennen
und dich preisen immer und ewig.

Ein Gebet Davids,
nachdem er mit Bathseba die Ehe gebrochen hatte.

Gott, sieh mich wieder an und sprich wieder mit mir!
Wenn du barmherzig sein willst,
dann nimm mir mein Unrecht ab.
Wasche meinen Schmutz ab von mir,
reinige mich von meiner Verfehlung.
Denn ich sehe, was ich getan habe,
und meine Untat steht mir immer vor Augen.
Ich habe ja nicht an Menschen Unrecht getan, sondern an dir.
Nicht Menschen messen das Maß der Schuld.
Was böse ist, bestimmst allein du.
Dein Maß gilt und dein Urteil ist recht.
Nicht dich trifft die Schuld,
daß dies alles zwischen dir und mir steht.
Die Schuld trifft mich allein.
Aber sieh, ich bin ein schwacher Mensch.
Meine Mutter war schon schuldig, ehe sie mich empfing.
Sieh mein Unrecht nicht an.
Schaffe es weg zwischen dir und mir.
Gib mir statt des alten ein neues Herz.
Einen klaren festen Geist gib mir.
Wirf mich nicht weg
und nimm mir nicht deinen heiligen Geist.
Hilf mir, daß ich mich wieder freuen kann
an dem, was du mir gibst,
daß ich nicht nehmen muß, was nicht von dir kommt.
Steh mir bei und gib mir deinen Geist,
den Geist des Gehorsams.
Denn du freust dich nicht,
wenn einer mit Geld ausgleichen will,
was er Böses getan hat.
Du verkaufst deine Güte nicht gegen Spenden.
Mein Opfer, Herr, ist,
daß ich zerbrochen bin an mir selber.
Zerschlagen bin ich
und zerrissen in meinem Herzen.
Nimm das! Das bringe ich dir.
Ich weiß, du wirst, was ich bringe, nicht verachten.

Gott, man lobt dich in der Stille in Zion.

Glücklich, den du erwählst,
der sich dir nahen darf,
in deinen Höfen am Tempel zu wohnen,
und sich laben von den Gütern deines Tempels,
deines heiligen Hauses.

Mit großen Taten beweisest du deine Gerechtigkeit,
Gott, unser Heil.
Du Zuversicht aller Enden der Erde
und der fernen Inseln.

Du hast die Berge gegründet in deiner Kraft,
du bist gerüstet mit Stärke.
Du dämpfst das Brausen der Meere,
das Brausen ihrer Wellen
und das Toben der Völker.
Die Bewohner der Weltenden erschrecken
vor deinen Zeichen.
Du machst fröhlich alles,
was gegen Morgen und gegen Abend lebt.

Du suchst das Land heim und überschüttest es mit Wasser.
Du machst es überreich.
Mit Wasser gefüllt ist der Bach Gottes.
Du bereitest das Korn, ja, so bereitest du es:
Du wässerst die Furchen, du ebnest die Schollen,
du weichst sie mit Regen und segnest das Gewächs.

Du krönst das Jahr mit deinem Gut.
Wo du gingst, da ist Reichtum.
Die Auen in der Wüste freuen sich.
Die Hügel in der Runde jubeln.
Die Weiden kleiden sich mit Herden wie mit einem Gewand,
die Täler hüllen sich in Korn wie ein Kleid.
Sie jubeln sich zu,
ja, sie singen dir, Herr.

Eines wünschen wir uns:
daß Gott freundlich ist
und uns segnet.

Daß er uns Licht gibt,
das Licht seiner Liebe,
damit wir auf unserer Erde wissen,
welche Wege wir gehen sollen,
und alle Völker das Ziel sehen,
zu dem er führen will.

Die Völker sollen dir danken, Gott,
danken sollen dir alle Völker.
Sie sollen sich freuen,
daß du Recht und Ordnung gabst
und deinen Willen behauptest
unter den Menschen.

Die Völker sollen dich preisen, Gott.
Preisen sollen dich alle Völker,
daß du ihr Leben erhältst
mit Frucht aus der Erde.

Gott segne uns,
daß auch aus unserem Herzen Frucht wächst:
Glaube und Dank.
Es segne uns Gott
und alle Welt ehre ihn.

Bei dir, Herr, bin ich geborgen.
Laß mich nicht zugrunde gehen!
Bei dir finde ich Hilfe.
Laß mich noch einmal davonkommen!
Höre, was ich rufe, und rette mich!

Von meiner Kindheit an habe ich mich auf dich verlassen.
Seit ich lebe, bist du mein Schutz.
Dich habe ich besungen, seit ich dich kenne.
Es war vielen ein Wunder, daß ich nicht umkam.
Aber du hast mich erhalten,
bei dir fand ich Zuflucht.
Dann habe ich gesungen,
Lieder habe ich gesungen dir zu Ehren,
und mein Tag war voll Glanz,
voll von deinem Licht.

Laß mich nun nicht fallen in meinem Alter.
Wenn meine Kraft schwindet,
verlaß mich nicht.
Von Jugend an kannte ich deinen Willen,
und bis heute erzähle ich,
was du Wunderbares für mich getan hast.
Wenn ich nun alt werde und grau,
mein Gott, verlaß mich nicht.

Wir haben viel Jammer erlebt,
viel großes Unheil,
du aber gabst uns das Leben wieder.
Wie aus dem Grab
hast du uns wieder ins Leben gerufen.

So will ich dich rühmen mit Liedern,
die ich zur Harfe singe.
Ich will von deiner Treue reden, mein Gott.
Meine Lippen sollen dir singen
und mein Herz dich preisen,
mein Herz, das fröhlich wurde durch dich.

Ein Lied für Festgäste, die durch die Wüste Juda nach Jerusalem
wandern, um dort das Fest der Laubhütten zu feiern, auf dem man
den Frühregen (im Herbst) erwartete.

Wie lieblich sind deine Wohnungen,
Herr, mein Gott!
Ich sehne mich nach deinem Haus,
dem Tempel und seinem Vorhof.
Mein Herz und mein Leib freuen sich
dem lebendigen Gott entgegen.
Nun hat auch der Sperling ein Haus gefunden.
Nun hat die Schwalbe ein Nest
für sich und ihre Jungen:
Deinen Altar, Herr, mein König, mein Gott.

Glücklich, die in deinem Haus wohnen,
die dich preisen Tag für Tag.
Glücklich, denen du Kraft gibst,
wenn sie auf dem Weg sind zu dir.
Wenn sie durch das trockene Tal ziehen,
das Tal der Angst in der Wüste,
läßt Gott für sie Quellen rinnen und Regen fallen,
daß es blüht wie ein Garten.
Sie wandern mit wachsender Kraft,
bis sie Gott finden auf dem heiligen Berg.

Herr, ein Tag im Hof vor deinem Tempel ist besser
als tausend daheim.
Besser ist's, an der Schwelle stehen im Haus Gottes
als gemächlich wohnen in Häusern,
die durch Unrecht verdient sind.
Denn Gott, der Herr, ist unsere Sonne und unser Schild.
Mit Freundlichkeit umgibt er uns.
Glück gibt er reichlich denen,
die auf dem Weg sind zu ihm.
O Herr, mein Gott,
glücklich der Mensch,
der keinen Schutz braucht als dich allein.

Herr, du bist unsere Zuflucht Jahr um Jahr.
Ehe die Berge entstanden
und die Erde und die Welt geschaffen wurden,
bist du gewesen und bist Gott
von einer Ewigkeit zur anderen.
Du läßt die Menschen sterben
und rufst sie zurück in den Staub:
Kommt wieder, Menschenkinder!
Denn tausend Jahre sind für dich
wie der Tag, der gestern vergangen ist,
wie ein paar Stunden in der Nacht.

Du säst Menschen aus in die Welt Jahr um Jahr.
Wie das Gras, das nachwächst,
kommen sie aus deiner Hand.
Wie Gras, das in der Morgenfrühe aufwächst und blüht
und am Abend welk wird und verdorrt,
welken wir hin unter deiner Glut,
verdorren plötzlich unter deinem Zorn.
Denn du siehst all unser Unrecht.
In deinem Licht ist es sichtbar,
so verborgen es ist unserem eigenen Herzen.
Ja, unsere Tage treiben dahin,
getrieben von deinem Zorn.
Unsere Jahre verhallen wie ein Seufzer.
Unser Leben dauert siebzig,
wenn es hochkommt, achtzig Jahre,
und was sein Stolz ist, ist Mühsal und Elend gewesen.
Denn in eilender Fahrt saust es vorüber,
wie im Fluge treiben wir dahin.

Wer glaubt aber, daß du uns treibst
mit der Wucht deines Grimms?
Lehre uns, unsere Tage zählen,
daß wir ein weises Herz einbringen.
Laß uns verstehen, was du mit uns vorhast,
und zeige unseren Kindern deine heilige Macht.
Laß deine Freundlichkeit über uns scheinen,
wie die Sonne, daß unser Werk gedeiht!
Ja, laß gedeihen und reifen, was unsere Hände tun.

Wer unter dem Schutz des Höchsten wohnt,
wer im Schatten des Allmächtigen ruht,
darf zu ihm sagen:

Meine Zuflucht! Meine Burg!
Mein Gott, auf den ich traue!
Denn er ist's,
der dich rettet aus der Falle des Jägers,
aus Gefahr und Verderben.
Mit seinen Schwingen bedeckt er dich.
Unter seinen Flügeln findest du Zuflucht.
Du brauchst dich nicht zu ängsten
vor dem Grauen, das in der Nacht umgeht,
vor dem Pfeil, der am Tag fliegt,
vor der Pest, die im Finstern schleicht,
der Seuche, die in der Mittagshitze wütet.
Denn du hast Gott zu deiner Schutzwehr
und fliehst zu ihm wie in eine Burg.
Kein Unheil wird dir begegnen,
und kein Elend umstellt dein Haus.

Denn er hat seine Engel ausgesandt,
die dich behüten sollen
auf allen deinen Wegen,
dich auf den Händen tragen,
damit dein Fuß nicht an einen Stein stoße.
Über Löwen und Ottern wirst du schreiten,
Löwen und Drachen wirst du zertreten.

So spricht Gott über dich:
Er hat sich auf mich verlassen,
so will ich ihm helfen.
Er hat sich an mich gewandt,
so will ich ihn schützen.
Er ruft zu mir, so will ich ihn hören.
Ich bin bei ihm in der Not,
ich reiße ihn heraus und hülle ihn in Licht.
Ich sättige ihn mit langem Leben
und lasse ihn mein Heil schauen.

Ein Lied zum Einzug in den Tempel.

Seid fröhlich, ihr Menschen,
über euren Gott!

Dient eurem Gott mit singendem Herzen!
Kommt in sein Heiligtum
und jubelt ihm zu!

Laßt euch sagen:
Gott allein ist euer Herr!
Er hat uns gemacht,
sein Eigentum sind wir,
sein Volk, seine Schafe,
deren Leben ihm kostbar.

Ziehet durch seine Tore mit Dankbarkeit,
in seinen Vorhof mit Liedern,
die ihn ehren.

Dankt ihm, redet von ihm,
erzählt, was er getan hat,
und preiset ihn, euren Gott.

Denn der Herr ist gütig.
Ewig währt seine Freundlichkeit
und von Geschlecht zu Geschlecht
seine Treue.

Ich will mich über den Herrn freuen.
Alles, was in mir ist,
mein Herz und mein Geist,
soll ihn rühmen!

Ich will mich über den Herrn freuen
und will all das Gute nicht vergessen,
das ich von ihm empfangen habe.

Er hat mir alle meine Schuld vergeben
und hat heil gemacht,
was in mir zerbrochen war.

Er hat mir das Leben noch einmal geschenkt,
als es schon verloren schien.

Er hat mich mit Freundlichkeit geschmückt
wie mit einer Krone.

Er hat mich reich und überreich gemacht
an allen Gütern, die ich mir wünschte.

Er hat meine Kraft erneuert,
wie das Gefieder des Adlers neu wird.

Barmherzig und freundlich ist Gott,
geduldig und reich an Güte.

Er geht nicht mit uns um,
wie wir es verdient hätten,
und lohnt uns nicht,
wie es unserer Schuld entspräche.

Denn so hoch der Himmel über der Erde ist,
so hoch leuchtet seine Freundlichkeit herab
über die, die zu ihm gehören.

So weit der Osten vom Westen entfernt ist,
so weit rückt er unsere Untaten von uns weg.

Wie ein Vater sich liebevoll
um seine Kinder kümmert,
so kümmert sich der Herr
um alle die, die mit ihm Ernst machen.
Denn er weiß, was für Geschöpfe wir sind.
Er denkt daran, daß wir Staub sind.

Des Menschen Lebenskraft ist wie das Gras,
er blüht wie eine Blume auf dem Feld.
Wenn der Wind darüber streift,
steht sie nicht mehr,
und sie ist unbekannt
an der Stelle, an der sie blühte.

Gottes Freundlichkeit aber bleibt
von einer Ewigkeit zur anderen.
Seine Treue besteht über alle Generationen hin,
bei Kindern und Enkeln,
bei allen denen, die Ernst machen mit ihm,
die sich an ihn binden,
wie er sich an sie gebunden hat,
und die sich bemühen,
nach seinen Geboten zu leben.

Der Herr hat im Himmel seinen Thron
und seine Macht regiert die Welt.

Rühmet den Herrn, ihr, alle seine Heere,
ihr, alle seine Diener,
die seinen Willen tun.

Rühmet den Herrn,
die ihr von ihm gemacht seid,
Engel und Menschen,
Sterne und alle anderen Werke des Herrn,
an allen Orten seiner Welt.

Und du, meine Seele,
rühme den Herrn.

Ich will dich rühmen, Herr und Gott!
Wie bist du so groß!

Pracht und Glanz sind dein Kleid.
Licht hüllt dich ein wie ein Mantel.
Du spannst den Himmel aus wie ein Zelt
und thronst hoch über allen Himmeln.
Wolken sind deine Wagen.
Auf den Flügeln des Windes fährst du dahin.
Winde laufen vor dir her wie Herolde,
Blitz und Feuer umgeben dich und dienen dir.

Zuverlässig ist die Erde, auf der wir stehen.
Du hast sie fest gemacht.
Du läßt die Quellen rinnen durch die Täler,
zwischen den Bergen laufen sie dahin.
Sie tränken die Tiere auf dem Feld,
und die Wildesel löschen ihren Durst.
An ihren Ufern wohnen die Vögel,
die unter dem Himmel fliegen,
und singen unter den Zweigen.

Du tränkst die Berge mit deinen Wassern,
aus deinen Wolken wird die Erde satt.
Du lässest Gras sprießen für die Tiere
und Saatgrün unter der Arbeit des Menschen,
daß er sich Brot aus der Erde hole
und Wein, der sein Herz froh macht.
Daß sein Gesicht fröhlich sei vom Öl,
das er erntet,
und das Brot sein Herz stärke.

Wie bist du so groß!
Ich will dich rühmen,
mein Herr und mein Gott.

Ich will dich rühmen, Herr und Gott!
Wie bist du so groß!

Deine Bäume trinken sich satt,
die Zedern des Libanon,
die du gepflanzt hast,
wo die Vögel nisten
und der Storch, dessen Haus die Zypressen sind.
Die hohen Berge gehören dem Steinbock,
Felsen geben dem Klippdachs Wohnung.
Du hast den Mond gemacht,
nach dem wir das Jahr teilen,
und die Sonne, die ihren Lauf kennt
bis zu ihrem Niedergang.
Du, Herr, schaffst Finsternis.
Es wird Nacht
und das Getier des Waldes beginnt sich zu regen.
Die jungen Löwen brüllen nach Raub
und fordern ihre Speise von dir.
Wenn die Sonne aufstrahlt,
ziehen sie heim
und lagern sich in ihren Höhlen.

Da tritt dann der Mensch heraus
und geht an sein Werk
und tut seine Arbeit bis zum Abend.

O Herr, unendlich reich sind deine Werke.
In Weisheit hast du sie alle erschaffen,
und die Erde ist deiner Schöpfungen voll.

Ich will dich rühmen,
mein Herr und mein Gott!

Ich will dich rühmen, Herr und Gott!
Wie bist du so groß!

Da ist das Meer,
so groß, so weit und so breit!
Ein Gewimmel von kleinen Tieren und großen,
es ist nicht zu zählen.

Dort kriechen Ungeheuer in der Tiefe
und Schreckensgestalten, die du gebildet hast,
um damit zu spielen.

Sie alle warten auf dich,
daß du ihnen Nahrung gibst zur rechten Zeit.
Wenn du sie ihnen gibst, dann essen sie.
Wenn du deine Hand öffnest,
werden sie satt an guter Speise.
Wenn dein Angesicht dunkel wird,
erschrecken sie.
Nimmst du weg ihren Atem,
so sterben sie und werden wieder zu Staub.

Gibst du ihnen deinen Atem,
so entstehen sie
und neu wird das Leben auf der Erde.

Ich will dem Herrn singen mein Leben lang.
Ich will meinem Gott spielen,
solange ich bin,
und wünschte,
er hätte Freude an meinem Singen.
Ich freue mich über den Herrn.

Danket dem Herrn, denn er ist freundlich
und seine Güte besteht immer und ewig.

So sollen die sprechen, die Gott erlöst hat,
die er in allen Ländern an ihr Ziel geführt hat,
von Osten und von Westen,
von Norden und Süden her.

Verirrt waren sie in der Wüste, der Einöde.
Sie fanden den Weg nicht zur wohnlichen Stadt,
hungrig und durstig waren sie,
und ihre Kehle vertrocknete.
Da schrien sie nach Gott in ihrer Not
und er rettete sie aus ihrer Angst,
führte sie auf den rechten Weg
und leitete sie zu der Stadt, die sie suchten.
Nun sollen sie danken.
Sie sollen Gott danken für seine Güte
und für die Wunder, die er an den Menschen tut:
daß er die lechzende Kehle erfrischt
und den Hunger mit Nahrung gestillt hat.

Danket dem Herrn –
so sollen die sprechen,
die gefangen waren in der Finsternis,
gefesselt in Eisen und in Elend,
weil sie Gottes Willen getrotzt
und die Mahnung des Höchsten verachtet.
Er aber beugte in Qualen ihr Herz.
Sie stürzten und niemand half ihnen auf.
Da schrien sie nach Gott in ihrem Elend
und er half ihnen aus ihrer Angst.
Er führte sie aus Dunkel und Finsternis
und zerriß ihre Fesseln.
Sie sollen nun danken.
Sie sollen Gott danken für seine Güte
und für die Wunder,
die er an den Menschenkindern tut.

Danket dem Herrn, denn er ist freundlich
und seine Güte besteht immer und ewig!

So sollen die sprechen, die Gott erlöst hat,
die krank waren, weil sich ihre Sünde rächte,
die Qualen erlitten ihrer eigenen Bosheit wegen,
daß sie keine Nahrung mehr aufnahmen
und schon an der Pforte des Todes standen.
Da schrien sie zu Gott in ihrer Not
und er rettete sie aus ihrer Angst.
Er sprach ein Wort, und sie wurden gesund
und entrannen dem Tode unversehrt.
Nun sollen sie danken.
Sie sollen dem Herrn danken für seine Güte
und für die Wunder, die er an den Menschen tut.
Sie sollen ein Opfer bringen, ihre Dankbarkeit zeigen
und mit Freude erzählen, was Gott getan hat.

Danket dem Herrn,
so sollen die sprechen, die der Herr erlöst hat,
die auf Schiffen über das Meer fuhren
und ihren Handel trieben auf dem großen Wasser.
Sie haben gesehen, was Gott tun kann.
Sie haben seine Wunder geschaut über dem Abgrund.
Er ließ einen Sturm aufstehen und peitschte die Wellen hoch,
sie fuhren hinauf zum Himmel
und wieder hinab in den Abgrund
und verzagten vor Angst.
Sie tanzten und schwankten wie Betrunkene.
Mit all ihrer Kunst war es zu Ende.
Da schrien sie zu Gott in ihrer Not
und er rettete sie aus ihrer Angst.
Er verwandelte den Sturm in ein Säuseln
und die Wellen des Meeres beruhigten sich.
Sie freuten sich, daß es so still war
und Gott sie an das ersehnte Ufer führte.
Sie sollen nun danken.
Sie sollen Gott danken für seine Güte
und für die Wunder,
die er an den Menschenkindern tut.

Ich liebe den Herrn.
Denn er hat mich gehört,
als ich zu ihm schrie.
Er neigte sein Ohr
und hörte mir zu, als ich ihn anrief.

Die Stricke des Todes hatten mich gebunden,
Ängste der Todeswelt mich ergriffen,
Verzweiflung und Kummer.
Da rief ich zum Herrn:
Ach Herr, rette mein Leben!

Freundlich ist Gott und hilfreich.
Ja, Gott ist barmherzig.
Der Herr behütet, die aufrichtig glauben.
Ich war am Ende mit meiner Kraft,
da half er mir.

So sei nun still, meine Seele,
denn du hast Gutes von Gott empfangen.
Ja du, Herr, hast mein Leben vom Tode gerettet,
die Tränen an meinen Augen getrocknet,
meinen Fuß vor dem Sturz bewahrt.

Nun werde ich unter den Lebenden sein
und an Gottes Hand meinen Weg gehen.

Ach, Herr, ich bin ja dein Knecht.
Ich bin dein Knecht
und der Sohn deiner Magd.
Du hast meine Fesseln gelöst.
Nun danke ich dir und opfere dir
ein Zeichen der Dankbarkeit.

Das sollen alle sehen, die an dich glauben,
dein ganzes Volk,
das sich in deinem Haus versammelt,
in der Mitte deiner heiligen Stadt,
Jerusalem.
Rühmet alle den Herrn!

Die Gemeinde, in der man dieses Lied sang, war einige Jahre zuvor aus der Gefangenschaft in Babylon entlassen worden und nach Israel zurückgekehrt. Aber die gesteigerten Erwartungen erfüllten sich nicht. Der Hunger kam, das Elend und die mühsamen politischen Auseinandersetzungen mit den Nachbarn, die sich bereits auf Kosten der Juden an dem verlassenen Land bereichert hatten. Nun hofft das jüdische Volk, daß Gott ihm nicht nur Rückkehr und Land, sondern auch Schutz und Fruchtbarkeit des Bodens geben möchte.

Als der Herr unser Schicksal wandte
und uns freiließ,
da waren wir wie die Träumenden.
Da war unser Mund voll Lachen
und unsere Stimmen voll Jubel.

Da sagte man unter den Völkern:
Der Herr hat Großes an ihnen getan.

Ja, Gott hat Großes an uns getan
und wir waren fröhlich
über seine Freundlichkeit.

Wende nun, Herr, unser Schicksal aufs neue.
Du gibst den Bächen im Südland Wasser,
wenn sie trocken sind.
Gib nun auch uns Leben aus deiner Kraft.

Die mit Tränen säen,
werden mit Jubel ernten.
Man schreitet den Acker hin und wieder zurück
und weint und wirft den Samen aus.

Und mit Jubel wird man heimkehren
und seine Garben hoch auf der Schulter tragen.

Im Tempel in Jerusalem fanden nicht nur Gottesdienste statt, sondern häufig auch die Gerichtsverhandlungen, wenn besonders schwere Fälle vorlagen. Der Angeklagte brachte die Nacht vor der Verhandlung im Tempel zu, damit sein Gewissen wach werden und das Urteil Gottes an ihm geschehen solle, wahrscheinlich gefesselt in einer Zelle. Am anderen Tag warf man, wenn die Sache nicht zu klären war, unter Anrufen Gottes das Los, und das Ergebnis galt als ein Urteil Gottes. Der Mann, der das Lied sang, das im Psalter die Nummer 130 trägt, scheint sich eben dieses Urteil Gottes als Befreiung aus seiner Not zu erbitten, als Beweis seiner Unschuld. Während er betet, ist es Nacht, und er hofft, daß es Tag wird und seine Unschuld sich erweist.

Aus der Tiefe rufe ich, Herr, zu dir!
Herr, höre meine Stimme!
Höre! Höre mein lautes Flehen!

Wenn du unsere Sünden anrechnest,
Herr, wer kann bestehen?
Aber du läßt uns gelten trotz unserer Sünden
und nimmst unsere Schuld ab,
damit wir sehen, wie ernst es steht
zwischen dir und uns.

Ich hoffe, daß du kommst, Herr.
Meine Seele hofft auf dein Urteil.

Meine Seele ist dem Herrn zugewandt
wie ein Wächter dem Morgen,
ja, mehr als ein Wächter
auf den Morgen wartet.

Ja, unser ganzes Volk warte auf den Herrn,
denn von Gott kommen Freundlichkeit und Licht.
Er macht uns frei.
Ja, er wird unser Volk lösen von seinen Fesseln:
Von all seiner Schuld.

Dieser Psalm ist eines der stillen Lieder, in denen Anklage, Vorwurf und auch alles leidenschaftliche Reden zu Gott zurückgenommen sind. Das Lied wird – überraschenderweise – dem Tatmenschen, dem leidenschaftlichen Kämpfer David zugeschrieben.

Herr, mein Herz will nicht Geltung, nicht Macht.
Meine Augen schauen nicht nach Ruhm
und nicht nach Reichtum aus.

Ich gehe nicht mit großen Plänen um
und nicht mit Träumen über Dinge,
die über mein Vermögen gehen.
Ich sinne nicht über Geheimnissen
und nicht über Rätseln,
die mir zu wunderbar sind.

Ich habe mein Herz still gemacht
und Frieden ist in meiner Seele.

Wie ein gestilltes Kind,
das bei seiner Mutter schläft,
wie ein gesättigtes Kind,
so ist meine Seele still in mir.

Es ist gut für alle,
die dem Herrn gehören,
ihm zugewandt zu sein,
heute und morgen und in alle Ewigkeit.

Gut ist es, dem Herrn Lob singen.
Schön ist es, ihm singen und spielen.

Der Herr baut seine heilige Stadt
und sammelt in ihr die Zerstreuten,
sein Volk.

Er heilt die zerrissenen Herzen
und verbindet ihre Wunden.

Er hat die Zahl der Sterne bestimmt
und ruft sie alle mit Namen.
Groß ist Gott und reich an Kraft.
Seine Weisheit ist unergründlich.
Der Herr hilft dem Gebeugten auf,
den Stolzen erniedrigt er in den Staub.
Fangt an und singt dem Herrn ein Danklied!
Spielt unserem Gott auf Instrumenten!

Er bedeckt den Himmel mit Wolken
und schenkt der Erde den Regen.
Er läßt Gras wachsen auf den Bergen,
Saatgrün als Lohn für die Arbeit des Menschen.
Er gibt den Tieren ihre Nahrung,
den jungen Raben, die zu ihm schreien.

Er freut sich nicht an Menschen,
die stolz einherschreiten
und wie Kriegsrosse sich gebärden,
und nicht an den Kräften eines Mannes.
Der Herr hat Freude an denen,
die Ernst machen, ihm zu gehören,
die ihr Herz öffnen,
um seine Freundlichkeit zu empfangen.

Alles, was ist, soll einstimmen
in ein Lied der Freude über Gott.

Stimmt ein, singt mit,
alle, die oben sind, in der Höhe!
Singt mit, ihr Engel
und das ganze Heer seiner himmlischen Diener.
Singt mit, Sonne und Mond!
Singt mit, ihr leuchtenden Sterne.
Singt mit, ihr Welten, die Gottes Wohnung sind.
Singt mit, ihr unendlichen Räume im All.
Sie sollen den Herrn rühmen,
denn sie sind sein Werk.

Stimmt ein, singt mit,
alle, die ihr unten auf der Erde seid,
bis hinab zu den Ungeheuern in der Tiefe des Meeres!
Singt mit, Gewitter und Hagel!
Singt mit, Schnee und Nebel!
Sing mit, du Sturmwind,
der seinen Willen ausrichtet!
Singt mit, ihr Berge und Hügel,
ihr Fruchtbäume und ihr Zedern,
ihr wilden Tiere und ihr Tiere im Haus!
Singt mit, Würmer und gefiederte Vögel!

Stimmt ein, singt mit,
ihr Könige der Erde und ihr Völker alle!
Ihr Fürsten und ihr Richter,
die die Erde ordnen.
Ihr jungen Männer, ihr jungen Frauen,
ihr Greise mitsamt den Kindern!
Sie sollen den Herrn rühmen,
denn er allein hat die Macht.
Seine Hoheit glänzt über der Erde
und über dem Himmel.
Er wird seinem Volk Kraft geben
und sein Glanz wird ein Licht sein
für alle, die ihm zugewandt sind.
Rühmet den Herrn!

Menschliche Weisheit ist nach den Worten der Bibel die Fähigkeit, mit geschärftem Blick in die Welt zu sehen und zu entscheiden, was eben jetzt zu tun sei. Sie ist die Fähigkeit, die Konflikte zu durchschauen, von denen das menschliche Leben zerrissen ist, und Entscheidungen zu treffen, durch die das Leben richtig wird. Weisheit ist eine praktische Kunst: die Kunst, den Willen Gottes und die Erfordernisse des Tages zusammenzubringen und das Richtige zu tun.

Alle Weisheit ist von Gott, dem Herrn.
Wer sie sucht,
der suche sie jetzt und in alle Ewigkeit bei ihm.

Wer hat je gezählt, wie viel Sand im Meer ist,
wie viele Tropfen im Regen sind,
wie viele Tage die Welt steht?
Wer hat gemessen, wie groß der Weltraum,
wie reich die Erde,
wie abgründig das Geheimnis des Lebens ist?

Die Weisheit Gottes ist älter
als alle Dinge dieser Welt.
Sein Wissen kommt von der Ewigkeit her.
Wer kann etwas sagen
über den Ursprung der göttlichen Weisheit?
Wer hat ihre Hintergründe erfaßt?

Einer ist weise.
Zum Erschrecken gewaltig ist er.
Er herrscht in seiner Macht über alle Welt.
Gott selbst ist der Ursprung der Weisheit,
von ihm hat sie ihr Maß.

Er hat sie ausgegossen in alle seine Werke,
in alles, was lebt
und sein Wesen von ihm hat.
Er gibt sie denen,
die ihn lieben.

Ein Gebet Salomos, des Königs, um Weisheit:

O Gott meiner Väter und Herr voller Güte,
der du alle Dinge gemacht hast,
einzig dadurch, daß du ihren Namen aussprachst –

Du hast auch uns Menschen gebildet mit großer Weisheit.
Du hast uns geboten, zu herrschen über deine Geschöpfe,
die Welt zu regieren,
indem wir deinen Willen achten
und die Gesetze ehren, die du gestiftet hast.

Du hast uns aufgetragen,
diese deine Welt mit wissendem Herzen zu ordnen.

Gib mir die Weisheit,
die nirgends zu finden ist als bei dir selbst.
Denn ich bin dein Knecht und der Sohn deiner Magd,
ein schwacher Mensch, dessen Leben rasch vorbeigeht.
Ich weiß nicht genug über den rechten Weg
und über die richtige Ordnung für mein Leben.

Denn welcher Mensch weiß, was Gott plant?
Wer kann in seinen Gedanken fassen, was Gott will?
Die Gedanken sterblicher Menschen sind ungewiß
und unsere Pläne sind gefährlich.

Der schwache Leib ermüdet die Seele
und die irdische Hütte belastet den zerstreuten Sinn.
Wir verstehen kaum, was auf Erden ist,
und erkennen nur schwer, was unter den Händen ist.
Wer will denn erforschen,
was Gott in seinem Reich verborgen hält?

Wie soll einer deine Weisung erfahren,
wenn nicht so, daß du Weisheit gibst?
Sende deinen Heiligen Geist aus der Höhe,
daß das Leben auf Erden in richtigen Bahnen verläuft,
daß die Menschen lernen, was dir gefällt,
und durch die Weisheit errettet werden.

Das Silber hat seine Gänge
und das Gold, das man ausschmelzt, seinen Ort.
Das Eisen holt man aus der Erde
und das Erz schmelzt man aus dem Gestein.
Man leuchtet hinab in die Dunkelheit.
Bis auf den tiefsten Grund durchforscht man das Gestein,
das in der Finsternis ruht.
Schächte gräbt man, fern von den Häusern der Menschen,
fern von denen, die droben gehen.
Vergessen von den Menschen auf der Erde
hangen sie drunten, schweben sie.

Oben wächst das Brot aus der Erde
und unter der Erde wühlt man wie das Feuer.
Ein Pfad ist dort unten, den der Geier nicht kennt
und den des Falken Auge nicht erspäht.
Von Grund aus wühlt der Mensch die Berge um,
durch die Felsen schlägt er Stollen.
Die Tränen der Wasseradern staut er
und verborgene Schätze bringt er ans Licht.

Aber wo ist Weisheit zu finden?
Wo ist der Fundort für die Erkenntnis Gottes?
Der Mensch kennt den Weg nicht.
Er findet Erkenntnis nicht unter seinesgleichen.

Die Tiefe spricht: In mir ist sie nicht!
Und das Meer spricht: Sie ist nicht bei mir!
Abgrund und Tod sprechen:
Nur ein Gerede hörten wir über sie.

Gott allein weiß den Weg zu ihr.
Er allein kennt ihre Stätte.
Denn er hat die Enden der Welt vor Augen.
Was unter dem Himmel ist, sieht er alles.
Und er spricht zum Menschen:
Den Herrn fürchten, das ist Weisheit,
und Böses meiden, das ist Erkenntnis.

Wer alles glaubt, ist leichtsinnig
und bringt sich selbst in Gefahr.
Wer unbekümmert daherredet,
zieht sich selber die Verachtung der anderen zu.
Wer das Reden vermeidet, verhütet Unheil.

Was du hörst, das rede nicht weiter,
denn Schweigen schadet dir nicht.
Du sollst es weder Freund noch Feind sagen.
Offenbare es nicht,
wenn du es guten Gewissens verschweigen kannst.

Hast du etwas gehört,
dann laß es mit dir sterben.
Sei sicher: Du wirst nicht davon bersten.
Aus dem Narren aber bricht das Wort heraus
wie das Kind aus dem Leib seiner Mutter.

Sprich deinen Freund darum an.
Vielleicht hat er gar nicht getan,
was man über ihn sagt.
Oder vielleicht – wenn er es wirklich getan hat –
wird er es nicht mehr tun.

Sprich den Menschen neben dir an,
dessen Wort man dir berichtet.
Vielleicht hat er es gar nicht gesagt.
Oder vielleicht – wenn er es wirklich gesagt hat –
wird er es nicht wiederholen.

Sprich deinen Freund an,
denn es wird viel Verwirrung gestiftet,
und glaube nicht alles, was du hörst.

Man sagt so leicht irgend etwas hin
und meint es nicht so ernst.
Wem entgleitet nicht dann und wann ein Wort?
Sprich mit dem Menschen, den es angeht,
und denke an Gottes Gebot.

Wer mit Gott Ernst macht,
der ehrt auch seinen Vater.
Er dient seinen Eltern
und sieht in ihnen Gottes Autorität.
Ehre also deinen Vater und deine Mutter
mit der Tat, mit Worten und mit Geduld.
Es ist wichtig für dich
und es liegt ein Segen darin.
Denn des Vaters Segen baut den Kindern Häuser.
Aber der Fluch der Mutter
reißt das Fundament aus der Erde.

Rühme dich nicht, daß dein Vater nichts für dich bedeute.
Die Unehre des Vaters ist keine Ehre für dich.
Den Vater ehren
ist die Grundlage für das eigene Glück
und die Mutter verachten
ist der Anfang der eigenen Schande.
Du Sohn, pflege deinen Vater, wenn er alt ist.
Betrübe ihn nicht, solange er lebt.
Und wenn er kindisch wird, halte es ihm zugute.
Verachte ihn nicht, weil du stärker bist.

Ehre deinen Vater von ganzem Herzen,
vergiß nicht,
wieviel Mühe du deiner Mutter gemacht hast,
und denke daran: Du bist durch sie in die Welt gekommen –
was kannst du ihnen denn dafür geben?

Sei gerne bei den Alten.
Wo ein erfahrener Mann ist, geh hin.
Das ist die Krone der Alten,
daß sie viel erfahren haben,
und ihre Ehre ist es,
wenn sie Gott fürchten.

Über die Einfachheit

Bleibe gern bei deiner bescheidenen Arbeit, mein Kind.
Du wirst geliebt sein von den lauteren Menschen.
Je höher du aber stehst, um so mehr beuge dich,
daß Gott, der Herr, dir Glück gebe.
Denn Gott, der Herr, ist der Allerhöchste,
und doch tut er große Dinge durch die Geringen.

Strebe nicht nach Aufgaben, die für dich zu schwer sind,
und nach einem Werk, zu dem deine Kraft nicht reicht.
Was Gott dir aufgetragen hat, das überdenke sorgsam.
Es hilft nichts, daß du nach immer Neuem ausschaust.
Mehr als du ohnedies tun mußt,
sollst du nicht erstreben,
denn dir ist schon mehr aufgetragen
als du bewältigen kannst.
Die Vermessenheit hat schon viele zu Fall gebracht.
Der Dünkel hat ihre Gedanken verdunkelt.
Das unbelehrbare Herz zerschellt an seinen Grenzen.
Wer das riskante Spiel liebt,
der geht dabei zugrunde.

Laß dich nicht von jedem Wind dahintreiben
und geh nicht jeden Weg, an den du kommst,
wie die planlosen Menschen.
Sei fest und zuverlässig in deinen Gedanken
und rede nur so, wie du denkst.
Sei bereit, zuzuhören,
und antworte mit Bedacht.
Wenn du etwas verstehst, dann gib dein Wissen weiter.
Wenn nicht, dann halte mit der Hand deinen Mund zu.
Denn das Reden bringt Schande
ebenso wie es Ehre bringt,
und durch sein eigenes Geschwätz kommt der Mensch um.
Achte nichts gering,
es sei groß oder klein.

Über die Gerechtigkeit

Achte auf die entscheidenden Augenblicke
und hüte dich, am Unrecht dich zu beteiligen.
Schäme dich nicht,
zu sagen, was dein Herz für recht hält.
Denn man kann auf eine Art ängstlich sein,
daß man ein Unrecht dabei tut.
Man kann auch auf eine Art sich zurückhalten,
daß man Gottes Liebe und Gnade dabei empfängt.

Richte dich nicht nach Menschen gegen deine Überzeugung.
Laß dich nicht drängen, in ein Unrecht zu fallen.
Wenn es nötig ist, dann sprich dein Wort klar und frei.
Denn durch das Bekenntnis wird die Wahrheit deutlich
und das Recht.

Rede nicht gegen die Wahrheit,
und wenn du einen Fehler begangen hast,
dann gib zu, daß die Wahrheit gegen dich steht.
Schäme dich nicht, zu bekennen, was du getan hast,
und stemme dich nicht gegen den Strom.
Laß dich von einem Dummkopf nicht bestimmen,
so wenig wie von einem Mächtigen.
Verteidige die Wahrheit bis in den Tod,
und du wirst Gott auf deiner Seite haben.

Wie ein Haus, das fest vermauert ist,
nicht zerbricht im Sturmwind,
so ist das Herz, das seiner Sache gewiß ist:
Es fürchtet sich vor keinem Schrecken.
Sei mit Menschen verbunden,
die Gottes Gebote halten,
die denken wie du und dir helfen, wenn du fällst.
Achte ihren Rat, denn besseren findest du nicht.
Ein Mensch, der auf Gott acht hat,
sieht mehr als sieben Wächter, die auf dem Turm sitzen.
Doch in allem rede mit Gott, dem Allerhöchsten.
Bitte ihn, daß er dein Tun gelingen lasse
und dir sein Segen nicht fehle.

Über den Streit

Der Weise vermag mehr als der Starke und der Einsichtige mehr als der Kraftvolle.	Spr. 24, 5
Es ist besser, geduldig zu sein, als ein Kriegsheld, besser, sich selbst zu beherrschen, als Städte zu bezwingen.	Spr. 16, 32
Denn wer Streit anfängt, öffnet die Schleusen, die das Wasser bändigen sollen. Darum, ehe der Streit ausbricht, laß ab!	Spr. 17, 14

Ein gelassenes Herz ist lebendige Kraft. Leidenschaft ist wie Wurmfraß in den Knochen.	Spr. 14, 30
Wer eine Grube gräbt, der kann hineinfallen. Wer eine Mauer einreißt, den kann eine Schlange stechen.	Pred. 10, 8
Wer Steine ausbricht, kann sich die Finger verwunden. Wer Holz spaltet, der kann sich selbst treffen, und wer einen Felsen bewegt, auf den rollt er zurück.	9
	Spr. 26, 27

Wer sich in einen Streit mischt, der ihn nichts angeht, ist wie einer, der einen streifenden Hund bei den Ohren packt.	Spr. 26, 17
Mache nicht Freundschaft mit den Zornigen. Mit den Unbeherrschten tu dich nicht zusammen.	Spr. 22, 24
Du gewöhnst dich an ihre Art und bringst dich selbst zu Fall.	25

Wer seinen Ärger zeigt, ist ein Dummkopf, Beschimpfungen still einstecken, ist Klugheit.	Spr. 12, 16
Denn wie eine Stadt mit aufgerissener Mauer ist der Mann, der sich nicht selbst beherrscht.	Spr. 25, 28

Glücklich der Mensch,
dem es gelungen ist, Weisheit zu finden.
Glücklich der, dem Einsicht zuteil wurde.
Denn sie zu finden ist besser, als Silber zu gewinnen,
und besser, als Gold zu häufen.
Besser ist sie als Korallen.
Kein kostbares Schmuckstück wiegt ihren Wert auf.
In ihrer rechten Hand
hat die Weisheit langes Leben für dich bereit,
Reichtum und Ehre in ihrer linken.
Wenn sie dich führt,
gehst du auf Wegen der Freude,
und ihre Pfade sind ohne Gefahr.
Weisheit ist wie ein Baum,
ein Lebensbaum, fest und sicher für den,
der sich an ihr festhält.

Denn Weisheit kommt einzig von Gott.
Er hat die Erde gegründet in Weisheit
und die Himmelsräume durch seine Einsicht gespannt.
Verliere sie nicht aus den Augen,
daß du deinen Weg findest.
Bewahre die Klugheit, die von Gott ist.
Sie wird dir das Leben bewahren
und wird ein Schmuck für dich sein,
ein Schmuck wie die Kette an deinem Hals.

Dann wirst du deinen Weg sicher gehen
und nicht fürchten müssen,
daß du zu Fall kommst.
Wenn du dich setzen wirst,
brauchst du nicht aufzuschrecken,
und deinen Schlaf wird niemand stören.
Vor plötzlichem Schrecken
brauchst du dich nicht zu fürchten
und nicht vor dem Unheil,
das den Gottlosen trifft.
Denn auf Gott wirst du dich verlassen.
Er wird deinen Fuß
vor allen Gefahren behüten.

Über den Fleiß und die Faulheit

Geh hin zur Ameise, du Faulpelz.   Spr. 6, 6–11
Sieh zu, was sie tut, dann wirst du klug werden.
Sie hat keinen Chef und keinen Antreiber,
und niemand kontrolliert sie.
Und doch sorgt sie für ihre Speise im Sommer
und trägt in der Ernte ihre Nahrung zusammen.

Wie lange willst du liegen, du Schlafmütze?
Wann willst du die Augen auftun?
„Noch ein bißchen schlafen! Noch ein bißchen schlummern!
Ein bißchen die Hände ineinander legen im Bett!"
Wie ein Räuber wird die Armut dich überfallen,
wie ein bewaffneter Feind der Mangel.

Der Faule spricht: Ein Löwe ist draußen!   Spr. 22, 13
Wenn ich hinausgehe, frißt er mich.
Wie die Tür in der Angel   Spr. 26, 14
sich immer hin und her dreht,
so der Faulenzer auf seinem Lager.
Der Faule steckt seine Hand in die Schüssel   15
und ist zu faul, sie zum Munde zu führen.
Dabei dünkt er sich weiser zu sein als sieben andere,   16
die Antworten wissen auf die Probleme des Lebens.

Süß schmeckt dem Faulen das Brot,   Spr. 20, 17
das er nicht verdient hat.
Zuletzt aber hat er den Mund voll Steine.
Ich ging am Acker des Faulen vorüber   Spr. 24, 30 ff.
und am Weinberg des unverständigen Menschen.
Der war überwuchert von Disteln.
Sein Boden war mit Nesseln bedeckt
und die steinerne Mauer war eingerissen.
Ich sah es und nahm mir's zu Herzen.
Ich sah es und überdachte mein eigenes Leben.

Über die Frauen

Haus und Habe kann man von den Vätern erben, Spr. 19, 14
eine verständige Frau aber kommt von Gott
und ist sein Geschenk.
Drei schöne Dinge gibt es, Sirach 25, 1–2
die Gott und den Menschen gefallen:
Wenn Brüder eins sind, die Nachbarn sich liebhaben
und Mann und Frau sorgsam miteinander umgehen.

Eine schöne Frau ohne Zucht Spr. 11, 22
ist wie ein Schwein mit einem goldenen Haarband.
Besser auf dem Schornstein schlafen Spr. 21, 9
als im gemeinsamen Haus mit einer zänkischen Frau.
So macht es die Ehebrecherin: Spr. 30, 20
Sie ißt, wischt sich den Mund und sagt:
Ich habe nichts Böses getan!

An einer tüchtigen Frau Spr. 31, 10–30
hat man weit höhere Kostbarkeit als an Korallen.
Mit Vertrauen steht des Mannes Herz bei ihr
und an Glück fehlt es ihm nicht.
Denn Güte verbindet sie und nicht Streit
die ganze Zeit ihres Lebens.
Frühe, noch in der Nacht, steht sie auf
und gibt ihrem Hause die Speise.
Sie packt ihre Arbeit mit festen Händen an
und rasch regt sie die Arme.
Liebreich bietet sie ihre Hand dem Armen
und greift zu, wo ein Elender sie braucht.
Kraft zugleich und Würde ist ihre Erscheinung.
Sie lacht über den kommenden Tag.
Sie hat guten Rat bereit und liebevolle Weisung.
Ihre Söhne erheben sich vor ihr und preisen sie glücklich.
Ihr Mann rühmt sie und ist voll ihres Lobs.

Wandelbar ist die Anmut,
ein flüchtiger Hauch die Schönheit.
Aber eine Frau, die Gott fürchtet,
ist wert, daß wir sie rühmen.

Über die Gerechtigkeit

Beraube nicht den Schwachen, weil er schwach ist. 22, 22
Zertritt nicht den Wehrlosen vor Gericht.
Denn der Herr wird ihre Sache führen. 23
Wer anderen das Leben nimmt,
der wird selbst das Leben dabei verlieren.

Verrücke nicht die Grenze am Feld der Witwe 23, 10
und greife nicht auf die Äcker der Waisen über.
Denn ihr Helfer ist stark 11
und wird ihr Recht gegen dich schützen.

Die Waage auf dem Markt 16, 11
und alle Waagschalen gehören Gott.
Alle Gewichtsteine sind sein Werk.

Zweierlei Gewicht und zweierlei Maß, 20, 10
das ist beides dem Herrn verhaßt.

Wenn einer, der für andere verantwortlich ist, 29, 12
auf Lügen hört,
dann werden alle seine Mitarbeiter zu Schurken.

Die Gerechtigkeit gibt einem Volk seinen Wert. 14, 34
Die Mißachtung des Rechts ist seine Schmach.

Dem Menschen scheinen alle seine Wege recht und gut. 16, 2
Aber Gott prüft sein Herz und seinen Willen.

Die Unterwelt und die dunkle Welt der Geister 15, 11
liegen offen vor Gott da.
Wieviel mehr die Herzen der Menschenkinder!

Helfen, wo Not ist

Reich und arm begegnen einander.   22, 2
Sie sind beide das Werk des Herrn.

Der Arme und der Rechtlose begegnen einander.   29, 13
Den Augen beider gibt der Herr das Licht.

Weigere dich nicht, dem Gutes zu geben,   3, 27. 28
der es braucht, wenn es in deiner Macht steht.
Sage nicht zu ihm: „Geh und komm ein andermal wieder.
Morgen will ich dir geben" –
wenn du es schon jetzt tun kannst.

Der Gütige tut im Grunde sich selbst Gutes.   11, 17
Der Hartherzige schneidet ins eigene Fleisch.

Mancher gibt viel und wird doch reicher dabei.   11, 24
Mancher spart an den anderen und wird dabei nur ärmer.

Die Seele, die wohltut, wird selbst satt dabei.   25
Wer andere erquickt, findet selbst Erquickung.

Zu jeder Zeit hat der Freund seine Liebe bereit.   17, 17
In der Not aber wird er als Bruder geboren.

Wenn deinen Feind hungert, so gib ihm zu essen. 25, 21–22
Dürstet ihn, so gib ihm zu trinken.
Wenn du das tust, sammelst du brennende Kohlen
auf sein Haupt, und Gott wird es dir lohnen.

(Es gab eine alte Sitte, daß ein Mensch, der eine böse Tat sühnen
wollte, mit einer Schale brennender Kohlen auf dem Kopf vor
den Altar trat. Du wirst brennende Kohlen auf sein Haupt sammeln, das heißt: Du wirst ihm dadurch, daß du ihm mit Güte be-
gegnest, helfen, Reue über sein böses Verhalten zu empfinden.)

Wer den Geringen ausbeutet,   14, 31
der verhöhnt seinen Schöpfer.
Wer sich um den Armseligen kümmert,
ehrt Gott damit.

Einfaches Leben

Des Menschen Herz denkt sich seinen Weg aus,   16, 9
aber der Herr lenkt seinen Schritt.
Die Schritte des Mannes lenkt der Herr.   20, 24
Wie könnte der Mensch seinen Weg verstehen?

Hochmut kommt vor dem Verderben,   16, 18. 19
und ein arroganter Sinn vor dem Fall.
Besser gebeugt sein mit den Gebeugten,
als Beute verteilen mit den Gewalttätigen.
Manch einer überhebt sich vor seinem Sturz.   18, 12
Der Ehre aber geht Bescheidenheit voraus.
Rühme dich nicht, was du morgen alles tun wirst.   27, 1. 2
Du weißt nicht, was der Tag bringen wird.
Ein anderer rühme dich und nicht dein eigener Mund,
ein Fremder und nicht deine eigenen Lippen.

Besser ist's, wenig genießen mit Gottesfurcht   15, 16. 17
als große Schätze besitzen mit einem unruhigen Herzen.
Besser eine Schüssel Gemüse mit Liebe
als ein gemästeter Ochse mit Haß.
Mühe dich nicht ab um Reichtum.   23, 4. 5
Wende deine Gedanken nicht an diese Art von Klugheit.
Wenn du nach Reichtum siehst, ist er verschwunden.
Denn er verschafft sich Flügel wie der Adler,
der sich zum Himmel schwingt.
Ein fröhliches Herz ist die beste Arznei.   17, 22
Ein betrübter Sinn aber dörrt den Leib aus.

Zweierlei erbitte ich von dir, Herr.   30, 7–9
Versage mir's nicht, bevor ich sterbe:
Falschheit und Lüge halte ferne von meinem Herzen.
Gib mir weder Armut noch Reichtum.
Speise mich mit dem bescheidenen Brot,
das du mir bestimmt hast.
Ich könnte sonst satt werden und sagen:
Was geht mich der Herr an?
Oder ich könnte aus Armut stehlen und tun,
was Gott verboten hat.

Über Reden und Schweigen

Der Mensch kann wohl sorgsam überlegen,   16, 1
aber das rechte Wort gibt ihm der Herr ein.

Wie goldene Äpfel auf silbernen Schalen,   25, 11
so ist ein Wort, gesprochen zur rechten Zeit.

Antworte dem Toren nicht nach seiner Torheit,   26, 4
daß du dich ihm nicht gleichstellst.
Antworte dem Toren nach seiner Torheit,   5
daß er sich nicht weise vorkommt.

Der kluge Mann hält mit seinen Einsichten zurück.   12, 23
Das Herz des Albernen schreit Torheit aus.
Auch der Dummkopf kann als klug gelten,   17, 28
solange er schweigt,
als verständig, solange er die Lippen verschließt.

Wer umhergeht und ständig redet,   20, 13
der plaudert Geheimnisse aus.
Darum laß dich nicht ein mit dem, der viel redet.

Besser ist Tadel, der offen sich ausspricht,   27, 5
als Liebe, die schweigt.

Eine gute Antwort ist ein Kuß auf die Lippen.   24, 26

Manches Mannes Geschwätz verwundet wie   12, 18
Schwertstich. Das Wort der Weisen bringt Heilung.
Freundliche Reden sind Honigwaben,   16, 24
süß für die Seele und eine Arznei dem Leib.
Ein goldener Ring, ein kostbares Kleinod   25, 12
ist ein weiser Warner dem hörenden Ohr.
Tiefe Wasser sind die Worte aus manchem Munde,   18, 4
die Quelle der Weisheit ist wie ein erfrischender Bach.

Die Quelle des Lebens sprudelt dort,   14, 27
wo ein Mensch Gott fürchtet.
Wer sie kennt, entgeht den Schlingen des Todes.

Über Freunde und Ratgeber

Ein treuer Freund ist ein starker Schutz.   6, 14
Wer den hat, der hat einen kostbaren Schatz.
Ein treuer Freund ist ein Trost fürs ganze Leben.   16
Wer mit Gott Ernst macht, der findet einen solchen Freund.

Denn wer Gott fürchtet,   17
der kann auch zu einem Freund halten,
und wie er ist, so wird sein Freund auch sein.

Vergiß deinen Freund nicht, wenn es dir gut geht.   37, 6. 7
Denke an ihn, wenn du reich wirst.
Gib deinen Freund nicht her,   7, 20
und wenn du allen Reichtum dafür gewinnen könntest,
so wenig wie deinen Bruder,
wenn du statt seiner alles Gold hättest.
Gib einen alten Freund nicht auf,   9, 14
denn der neue ist nicht bewährt wie er.
Ein neuer Freund ist wie neuer Wein.   15
Laß ihn alt werden und trinke ihn mit Besonnenheit.

Prüfe die Menschen um dich her mit aller Sorgfalt   21
und laß dich nur von weisen Leuten beraten.
Suche mit jedermann freundlich auszukommen,   6, 6
aber zum Ratgeber nimm unter tausend nur einen.

Wein und Saitenspiel erfreuen das Herz,   40, 20
aber die Weisheit ist lieblicher als beides.
Pfeife und Harfe klingen schön,   ·   21
aber ein hilfreiches Wort ist besser als beides.
Gold und Silber halten einen Mann am Leben,   25
aber viel mehr tut es ein guter Rat.
Geld und leibliche Kraft richten das Herz auf,   26
aber viel mehr Halt gibt die Furcht des Herrn.
Die Furcht des Herrn ist ein gesegneter Garten   27
und nichts ist so herrlich wie seine verborgene Schönheit.

Mein Kind, laß den Armen nicht Not leiden.
Verschließe die Augen nicht vor dem, der dich bittet.
Einen Menschen, der Hunger hat,
laß nicht in seinem Kummer.
Verbittere keinen Menschen in seiner Not.
Ein Herz, das schon betrübt ist,
das betrübe nicht noch mehr.
Laß den, der deine Gabe braucht,
nicht unnötig warten.
Wende dich nicht von dem ab, der im Elend ist.
Gib ihm keinen Anlaß, über dich zu klagen.
Denn Gott, der auch sein Vater ist, hört ihn rufen,
wenn er mit traurigem Herzen von dir spricht.

Hör dem zu, der dich braucht
und antworte ihm freundlich und liebevoll.
Rette den, dem Gewalt geschieht, vor seinem Bedränger.
Urteile unerschrocken und sage, was wahr ist.
Wenn Waisen dich brauchen,
dann sei ihnen ein Vater,
und ihrer Mutter steh zur Seite,
wie ihr Mann es getan hätte.

Laß die Weinenden nicht ohne Trost,
sondern traure mit den Traurigen.
Sei dir nicht zu gut, Kranke aufzusuchen.
Denn alle Liebe, die du ausgibst,
kommt zu dir zurück in der Liebe Gottes.
Verliere gerne dein Geld,
wenn dein Bruder oder dein Mitmensch es braucht.
Spare es nicht.
Vergrabe es nicht unter einem Stein,
wo es doch verlorengeht.

Tu, was Gott dir gebietet.
Du sammelst dir einen Schatz,
der mehr ist und kostbarer als alles Gold.

Über das Reden und das Schweigen

Du machst um deine Güter einen Zaun aus Hecken.
Warum machst du nicht für deinen Mund
Tür und Riegel?   28, 28–29
Du wägst dein Gold und Silber sorgsam ein.
Warum wägst du nicht auch deine Worte auf der Goldwaage?

O daß ich ein Schloß an meinen Mund legen könnte
und ein festes Siegel auf meine Lippen drücken!   22, 33
Daß ich nicht durch mein Geschwätz zu Fall käme
und mein Gerede mich nicht ins Verderben brächte!

O wenn ich doch meine Gedanken im Zaum halten könnte
und mein Herz zwingen, daß es Gott gehorchte!   23, 2–3
Daß ich nicht andere in die Irre führte
und Irrtum ausstreute unter den Menschen!

Denn die Narren haben ihr Herz im Maul,
aber die Weisen haben ihren Mund im Herzen.   21, 28

Des Narren Herz ist wie ein Rad am Wagen.
Seine Gedanken laufen immer im Kreis wie die Nabe. 33, 5

Wer weise ist, der läßt sich Gottes Wort nicht verleiden.
Denn wer es nur hört und nicht danach lebt,
der schwankt wie ein Schiff auf stürmischem Meer. 33, 2–3

Ein verständiger Mensch hält fest an Gottes Wort.
Wie eine klare Rede zuverlässig ist,
so verläßlich ist ihm Gottes Wort.

Mein Kind, wenn du Gott dienen willst,   2, 1–5
dann mache dein Herz bereit auf die Stunde,
in der du meinst, du habest Gott verloren.

Mach dein Herz fest und habe einen langen Atem.
Verzweifle nicht zu schnell,
wenn du Feindschaft erfährst.

Halte dich fest an Gott
und laß ihn nicht los,
damit du am Ende immer fester stehst.

Alles, was dir geschieht, nimm willig an
und halte geduldig durch,
wenn du den mühsamen Weg gehst.

Denn im Feuer wird das Gold rein,
und die Menschen, an denen Gott Freude hat,
bewähren sich in der Glut des Leidens.

Mein Kind,   10, 31–32
hab einen stillen und bescheidenen Sinn.
Achte dich selbst,
indem du deine Seele hochhältst.

Achte deine Seele und halte dich in Ehren,
wie Gott dich in Ehren hält.
Wer kann den zurechtbringen,
der seine eigene Seele verdirbt?
Wer kann den rühmen, der sich selbst mißachtet?

Halte dich an Gott fest und er wird dich festhalten.   2, 6
Sieh zu, daß deine Wege gerade sind,
und habe kein Ziel vor dir, als Ihn allein.

Der Herr, der ewig lebt,   18, 1–6
hat alles gemacht, alles, was ist.
Ihm allein wird man zuletzt recht geben.

Niemandem hat er die Gabe verliehen,
alle seine Werke zu beschreiben.
Wer will seinen Wundern nachspüren?

Wer kann seine große Macht messen?
Wer will seine große Barmherzigkeit
zu Ende beschreiben?

Man kann sie nicht mindern und nicht mehren
und kann seine wunderbaren Taten nicht ergründen.

Aber ein Mensch –!
Wenn er alles getan,
dann hat er noch kaum angefangen.
Und wenn er am Ziel ist, fehlt es an allen Enden.

Wenn er lange lebt, so lebt er hundert Jahre.   8–11
Wie ein Tropfen Wasser gegen das Meer,
wie ein Sandkorn gegen den Sand am Meer,
so gering sind seine Jahre gegen die Ewigkeit.

Darum hat Gott mit den Menschen Geduld
und schüttet seine Barmherzigkeit über sie aus.
Er sieht und weiß,
daß sie ein schreckliches Ende nehmen,
und nimmt sich ihrer um so freundlicher an.

Denke an dein Ende   28, 6
und laß alle Feindschaft fahren.
Rühme niemanden vor seinem Tode.   11, 29
Wer er war, das sieht man erst in der Zeit seiner Kinder.

Was du auch immer tust,   7, 40
bedenke das Ende.
So wirst du nie und nimmer Böses tun.

Dies sind Worte Salomos,
des Sohnes Davids,
der in Jerusalem König war:

Es ist alles nichtig.
Ganz nichtig.
Es ist alles umsonst.

Was hat der Mensch für einen Gewinn von all seiner Mühe,
in der er sich verzehrt unter der Sonne?

Eine Generation stirbt.
Eine andere Generation kommt
und die Erde bleibt dieselbe.
Die Sonne geht auf. Die Sonne geht unter.
Und immer weiter treibt es sie im Kreis,
bis sie wieder aufgeht.
Der Wind weht nach Süden. Er weht nach Norden.
Immerfort weht er anderswohin
und kehrt wieder zurück, woher er kam.

Alle Flüsse gehen zum Meer,
aber das Meer wird nicht voll.
Immerfort an dasselbe Ziel gehen die Flüsse,
immer wieder.

Alle Dinge mühen sich
und kein Mensch kann sagen, was das Ziel ist.
Das Auge wird nicht satt, zu sehen, immer zu sehen.
Das Ohr wird nicht voll vom Hören,
vom immerwährenden Hören.

Was gewesen ist, wird wieder geschehen.
Was man getan hat, wird man wieder tun.
Es gibt nichts Neues unter der Sonne.
Wenn einer sagt: Schau her, das ist neu!
So ist es im Grunde immer etwas Uraltes
und war schon in Zeiten,
die längst vor uns gewesen sind.

Ich, Salomo, der dies alles niederschrieb,
bin König gewesen in Jerusalem.

Ich hatte mir vorgenommen, alles zu erforschen,
was unter der Sonne geschieht,
und weise zu sein, wirklich weise.
Aber es ist eine böse, leidige Mühe,
dieses Forschen und Suchen.
Gott hat sie verhängt über die Menschen,
damit sie sich unnütz quälen.
Ich betrachtete alles, was unter der Sonne geschieht –
und fand: Es ist alles sinnlos
und ein Haschen nach Wind.
Ich konnte nur sagen:
Keiner, der vor mir König war,
hatte das Wissen, die Weisheit und das Können,
das ich mir erworben habe,
und vieles, vieles habe ich gesehen und verstanden.
Doch als ich anfing,
Weisheit und Torheit zu vergleichen,
da merkte ich: Auch Weisheit ist nichtig
und ein Haschen nach Wind.
Denn wo viel Weisheit ist,
da tut sich auch der Abgrund auf.
Wer Erkenntnis aufhäuft,
mehrt auch die Schwermut.

Da sagte ich mir: Nimm das Leben leichter!
Und ich suchte die Freude und alles, was schön ist.
Aber auch das war umsonst.
Vom Lachen mußte ich sagen: Ein seltsamer Unsinn!
Und von der Freude: Was bringt sie ein?
Ich dachte mir: Labe dich am Wein,
so, daß du dich noch in der Hand hast –
und ich wagte die gefährliche Torheit,
um zu ergründen, ob hier ein Gewinn verborgen sei
für die kurzen Tage meines Lebens.
Aber es ist alles eitel
und ein Haschen nach Wind.

Ich nahm mir große Werke vor.
Ich baute mir Häuser und pflanzte mir Weinberge,
legte mir Gärten an und Lustwälder.
Ich machte mir Teiche, die Bäume zu bewässern.

Ich hatte Knechte und Mägde und Sklaven,
die mein eigen waren.
Auch Herden von Rindern und Schafen besaß ich,
mehr als irgendeiner,
der vor mir in Jerusalem war.

Ich sammelte mir Silber und Gold.
Ich holte mir den Besitz von Königen zusammen
und den Reichtum ganzer Länder.
Ich beschaffte mir Sänger und Sängerinnen
und, was die Wonne der Männer ist,
Frauen in Menge.

So wurde ich groß und reich und mächtig,
mehr als alle, die vor mir in Jerusalem waren –
und mein Wissen, meine Weisheit, blieb mir überdies.

Was irgend meine Augen schön fanden,
das wehrte ich ihnen nicht.
Keine Freude versagte ich meinem Herzen.
So war mein Herz fröhlich
und hatte etwas von seiner Mühe.
Das war es, was mir blieb.

Doch als ich alle die Werke ansah, die ich geschaffen,
und die Mühe, in der ich mich verzehrt hatte,
da sah ich: Auch das ist sinnlos
und ein Haschen nach Wind.

Es gibt keinen Gewinn unter der Sonne.
Denn was wird der tun, der nach mir König sein wird?
Nichts anderes als das,
was ich auch getan habe!

Da verglich ich Weisheit und Torheit.
Ich sah, daß die Weisheit
die Dummheit so weit übertrifft
wie das Licht die Finsternis.
Der Weise hat Augen im Kopf,
der Dumme aber geht im Finstern.

Und doch sah ich, daß beiden dasselbe Schicksal begegnet.
Was dem Toren begegnet, das begegnet auch mir. –
Wozu bin ich dann so weise gewesen?
Ach, der Weise stirbt wie der Dummkopf.

Da begann ich das Leben zu hassen,
denn übel lastete auf mir,
was unter der Sonne geschieht.
Ach! Es ist doch alles sinnlos
und ein Haschen nach Wind.

Verhaßt wurde mein großes Werk mir,
mit dem ich mich abmühte unter der Sonne.
Muß ich es doch einem anderen lassen,
der nach mir kommt.
Wer weiß,
ob er ein Weiser oder ein Dummkopf sein wird?
Und doch wird er schalten und walten mit allem,
für das ich Mühe und Klugheit aufwandte unter der Sonne.
Auch das ist sinnlos.

So kam es, daß ich verzweifelte an allem,
worum ich mich bemüht hatte unter der Sonne.
Denn da müht sich nun einer ab
mit viel Weisheit und Einsicht
– und der Erfolg gibt ihm recht –
und dann muß er es einem anderen als Eigentum überlassen,
der sich nicht darum gemüht hat.
Auch das ist sinnlos
und ein schweres Übel.

Was hat nun der Mensch von all dem Mühen und Streben,
mit dem er sich dahinquält unter der Sonne?

Durch all seine Tage hin
sind Leiden und Verdruß sein Geschäft.
Selbst bei Nacht findet sein Herz keine Ruhe.
Auch das ist nichtig.
Da ist es noch immer das Beste für den Menschen,
daß er ißt und trinkt und sich ein wenig freut
in seiner Mühsal.
Denn auch das, so wurde mir klar,
kommt aus der Hand Gottes.
Denn wer kann essen und genießen ohne Ihn?

Ich merkte, daß es nichts Besseres gibt,
als daß der Mensch fröhlich ist in seiner Arbeit.
Daß er aber essen und trinken kann
und sich ein wenig freuen bei seiner Mühsal,
das ist auch eine Gabe von Gott.

Ich erkannte, daß alles, was Gott tut, ewigen Bestand hat.
Man kann nichts dazu tun und nichts davon wegnehmen.
Denn Gott hat es so gemacht,
daß man sich vor ihm fürchten soll.

Der Menschenkinder wegen hat Gott es gefügt,
damit sie sehen, daß sie nicht mehr sind als das Tier.

Denn das Geschick des Menschen
ist nichts anderes als das Geschick des Tieres.
Beide haben dasselbe Ende.
Wie das Tier stirbt, so der Mensch.
Der Atem des Menschen ist nicht anders
als der des Tieres.

Und so sah ich: Es gibt nichts Besseres,
als daß der Mensch fröhlich ist bei seiner Mühe.

Es hat alles seine Zeit
und alles Tun unter dem Himmel hat seine Stunde.

Geboren werden hat seine Zeit.
Sterben hat seine Zeit.

Pflanzen hat seine Zeit
und Ausreißen hat seine Zeit.
Töten und Heilen,
Einreißen und Bauen.

Weinen hat seine Zeit
und Lachen hat seine Zeit.
Klagen und Tanzen,
Steine wegwerfen und Steine sammeln.
Umarmen und Getrenntsein,
Suchen und Verlieren,
Behalten und Wegwerfen,
Zerreißen und Nähen.

Schweigen hat seine Zeit
und Reden hat seine Zeit.
Lieben und Hassen,
Krieg und Frieden.

Ich sah,
wie die Menschen sich mühen, und sah,
daß Gott die Mühe über sie verhängt hat.

Er aber tut alles zu seiner Zeit
und läßt ihr Herz sich ängsten,
wie es weitergehen solle in der Welt.

Denn der Mensch kann das Werk, das Gott tut,
doch nicht fassen.
Weder Anfang noch Ende.

Noch etwas anderes sah ich unter der Sonne:
An der Stätte, an der man Recht spricht,
war Unrecht,
und auf dem Thron des Rechts blähte sich der Frevel.
Da dachte ich mir: Gott wird scheiden
zwischen dem Gerechten und dem Frevler.
Denn jedes Ding und jede Tat haben ihre Zeit.

Noch mehr sah ich:
Ich sah alle die Gewalttaten,
die unter der Sonne geschehen.
Ich sah die Tränen der Unterdrückten
und sah, daß niemand sie tröstete.
Von der Hand ihrer Bedrücker erlitten sie Gewalt,
und niemand tröstete sie.
Da pries ich die Toten, die längst gestorben sind.
Sie schienen mir glücklicher als die Lebenden.
Und glücklicher als beide die,
die nie geboren sind,
die das böse Tun unter der Sonne nicht sehen.
Ich sah, daß alles Mühen und alles Gelingen nichts ist
als Eifersucht des einen gegen den anderen.
Es ist alles nichtig und Haschen nach Wind.

Und wiederum sah ich vergebliches Mühen unter der Sonne:
Da ist ein einzelner, der allein ist.
Er hat weder Sohn noch Bruder
und macht sich doch Mühe ohne Ende
und sein Auge wird nicht satt am Reichtum.
Zwei sind besser daran als einer.
Sie haben doch einen guten Lohn für ihre Mühe.
Denn fällt einer,
so hilft ihm der andere auf.
Weh dem, der allein ist!
Wenn er fällt, ist kein anderer da,
ihm aufzuhelfen.
Und liegen zwei beieinander, so haben sie warm.
Wie aber soll ein einzelner warm werden?
Auch Alleinsein ist nichts als Mühe
und Haschen nach Wind.

Nimm deinen Schritt in acht,
wenn du zum Hause Gottes gehst.
Denn hintreten und nichts wollen als hören,
das ist besser als was die Bösewichte tun:
Sie bringen Opfer
und wissen doch nichts als Böses zu tun.
Sei nicht vorschnell mit deinem Munde
und laß dein Herz nicht eilen, etwas vor Gott zu reden.
Denn Gott ist im Himmel und du auf Erden.
Darum mache wenig Worte, wenn du vor ihm stehst.
Denn wo viel Sorgen sind, da kommen Träume,
und wo einer viel redet, da wird das Gerede töricht.

Es ist besser, ins Haus der Trauer zu gehen
als in das Haus, in dem Freude ist.
Denn dort sieht man das Ende aller Menschen
und nimmt es sich zu Herzen.
Wer die Welt kennt, weiß, daß es richtiger ist,
unmutig zu sein als zu lachen
und daß das Herz die Wirklichkeit versteht,
wenn das Gesicht düster ist.
Das Herz des Weisen ist im Hause der Trauer,
das Herz des Toren im Hause der Freude.
Besser ist es, das Schelten des Weisen zu hören
als den fröhlichen Lärm der Toren.
Denn wie das Knistern der Dornen im Feuer unter dem Topf
– so ist das Lachen der Toren.

Es ist besser,
auf das Ende einer Sache zu achten als auf ihren Anfang.
Besser ist ein ausdauernder Sinn als ein begeisterter.
Frage nicht: Wie kommt es, daß die früheren Zeiten
besser waren als die jetzigen?
Denn das wäre keine kluge Frage.
Betrachte das Walten Gottes:
Wer kann gerade machen, was er gekrümmt hat?
Am guten Tage sei fröhlich –
und am bösen Tage bedenke:
Auch diesen hat Gott gemacht wie jenen,
damit der Mensch nicht sehe, was ihm bevorsteht.

Schicke dein Brot aufs Wasser
und denke nicht zuerst an die Sicherheit.
Was du unbekümmert weggibst,
findest du wieder nach vielen Tagen.

Das Wort spricht vom Handel auf dem Seeweg, es meint aber:
Gib weg, was du hast, und kümmere dich nicht darum, ob du eine
Wohltat wieder zurückempfängst. Es wird dich nicht reuen.

Wer auf den Wind achtet, kommt nicht zum Säen.
Wer nach den Wolken schaut, kommt nicht zum Ernten.

Daß das Leben des Menschen gefährdet ist, bedeutet nicht, daß
mit einer ängstlichen Sorge viel zu gewinnen oder viel Gefahr abzuwenden wäre.

Wie du nicht weißt, wohin der Wind zieht
und wie das Kind in seiner Mutter entsteht,
so kennst du auch Gottes Tun nicht
noch sein Wirken, das durch alle Dinge geht.
Früh am Morgen wirf deinen Samen aus
und bis zum Abend laß deine Hand nicht ruhen.
Denn du weißt nicht, was glückt, das eine oder das andere,
oder ob beides zugleich gelingt.

Geh, iß mit Freuden dein Brot
und trinke deinen Wein mit fröhlichem Herzen.
Denn längst hat Gott deinen Weg bestimmt.
Trage festliche Kleider und mache dich schön.
Genieße das Leben mit der Frau, die du liebhast,
all die Tage deines flüchtigen Lebens,
das dir unter der Sonne gegeben ist.
Freue dich, junger Mann, in deiner schönsten Zeit
und sei fröhlich in der Blüte deines Lebens.
Schreite die Welt aus, wie es dein Herz ersehnt,
und genieße, was deine Augen schauen.
Doch wisse:
Gott wird dich über all dies vor sein Gericht führen.

Denke an den Gott, der dich gemacht hat.
Denke an ihn in der Blüte deines Lebens,
ehe die bösen Tage kommen
und die Jahre, von denen du sagen wirst:
Sie gefallen mir nicht.

Ehe die Sonne sich verfinstert
und das Licht und der Mond und die Sterne,
ehe nach dem Regen immer wieder die Wolken kommen.
Wenn die Wächter des Hauses zittern   (die Arme)
und die starken Männer sich krümmen,   (die Beine)
wenn die Müllerinnen feiern,
weil sie nur noch so wenige sind.   (die Zähne)
Wenn dunkel werden die,
die durch die Fenster sehen,   (die Augen)
wenn die Tore geschlossen werden,
die auf die Gasse führen.   (die Ohren)
Wenn der Ton der Mühle leise wird,   (der Mund)
wenn das Zwitschern des Vögleins erstirbt   (die Stimme)
und die Töchter des Gesanges verstummen.   (die Lieder)
Wenn man sich auch vor einer Anhöhe fürchtet,
und der Weg voller Gefahr ist.
Wenn der Mandelbaum blüht –   (das weiße Haar)
ehe die silberne Schnur zerreißt
und die goldene Lampe zerspringt,
ehe das Rad bricht, das sich über dem Brunnen dreht,
und der Eimer an der Quelle zerschellt.

Denn der Mensch geht in das Haus,
das ihn für immer beherbergt,
und die um ihn klagen, ziehen auf der Gasse umher.

Das Wichtigste an allem aber ist: (Höre gut zu!)
Fürchte Gott und achte sorgsam auf seinen Willen.
Denn Gott wird jede Tat vor sein Gericht bringen –
und wird alles Verborgene klären,
ob es gut sei oder böse.

Kommt, laßt uns dem Herrn zurufen,
daß wir ihn lieben,
ihn, auf den wir uns verlassen.

Laßt uns mit Dankbarkeit zu ihm kommen
und mit Liedern ihm sagen,
daß wir ihn lieben.

Denn der Herr ist ein großer Gott,
ein König hoch über allen Mächten.
In seiner Hand
sind die verborgenen Tiefen der Erde,
die Gipfel der Berge sind sein Besitz,
sein Eigentum ist das Meer, –
er hat es gemacht – und das Festland,
denn er hat es gebildet.

Kommt, wir ziehen in sein Heiligtum ein.
Wir wollen uns beugen
und niederfallen vor Gott,
der uns gemacht hat.

Denn er ist unser Gott
und wir sind sein Volk,
die Schafe, die ihm gehören
und die er weidet.

Heute, wenn ihr seine Stimme hört,
verhärtet euer Herz nicht!

Im 1. Korintherbrief greift Paulus das Thema „Weisheit" auf. Es ist ganz gewiß gut – das setzt er voraus –, wenn ein Mensch im Respekt vor Gott sein Herz prüft, wenn er das Leben um sich her sieht, versteht und auf praktische Art bewältigt.

Aber eins, sagt Paulus, fällt auf: Auch die jüdischen Väter, die uns so viel Erfahrung mitgaben, haben uns nicht geholfen, Christus zu verstehen. Die Weisheitslehren der umgebenden Völker, der Griechen und der Römer, konnten es ohnedies nicht. Daß Gott sich selbst opfert – das läßt sich mit den Mitteln eines noch so sorgfältigen Nachdenkens nicht fassen. Aber auch die Juden haben Weisheit gesucht. Unter den Pharisäern und Schriftgelehrten stand die Weisheit der Väter, wie sie in den Sprüchen Salomos oder im Buch Sirach stehen, in hohem Ansehen. Aber trotz alles Wissens und aller geistigen Klarheit gingen sie an Christus wie blind vorbei.

Das ist für uns Menschen bezeichnend, sagt Paulus. Wer Gott ist, das versteht nur, wer Christus ansieht. Wie der Mensch mit Gott ins reine kommt, das wird ihm nicht durch sein Nachdenken klar, dazu muß ihm das Bild Christi, das Kreuz vor Augen stehen. Wie er sein Leben nach dem Willen Gottes gestalten soll, das kann er nicht durch Erfahrung wissen, dazu muß er hinter Christus hergehen, ihn sehen, tun, was er tut, sagt und will. Unsere „Weisheit" ist Christus allein. Unsere Weisheit, aus der alle andere Einsicht folgt, ist das Kreuz.

Wenn wir sagen: „Wir verstehen Gott nur, wenn wir das Kreuz ansehen", oder „Das Kreuz ist unsere einzige Rettung", – dann empfindet das jeder normale Mensch als Unsinn. Es ist Gerede für jeden, der nicht weiß, wie rettungslos verloren er ist. Für jeden, der meint, ohne Christus auszukommen.

Für uns aber, die die Hand Christi gefaßt und an ihr Halt gefunden haben, liegt in diesem Wort vom Kreuz eine Kraft unmittelbar von Gott.

Sagt nicht schon Jesaja: Ich will die Weisheit der Weisen in eine Sackgasse führen, und die Klugheit der Klugen soll ausweglos vor einer Wand stehen?

Wo sind denn nun, da es auf sie ankäme, die Weisen? Wo sind sie, die die ganze heilige Schrift auswendig wissen? Wo sind die Gebildeten, die die geistigen Güter der ganzen Welt kennen?

Stehen sie nicht alle miteinander vor einer Wand, wenn wir ihnen das Kreuz zeigen?

Ist vor Gott nicht die Klugheit aller Menschen am Ende?

Ist es nicht so? Gott hat den Menschen viel Klugheit gegeben. Aber die Menschen haben trotz all ihrer Klugheit
Gott nicht verstanden, als er das Entscheidende tat: Als er
Christus sandte und als dieser am Kreuz starb. So hat Gott
an aller menschlichen Klugheit vorbei eine Botschaft ausrichten lassen, die unsinnig klingt. Eine Botschaft an die,
die sich auf ihn verlassen und mit ihm Ernst machen wollen. Denn durch die Botschaft vom Kreuz will er sie retten.

Die Juden wollen Wunder sehen. Sie glauben nicht an Gottes Wirksamkeit, wenn sich ein Wunder nicht nachweisen
läßt. Die Griechen wollen tiefe Gedanken hören und sie
mit ihren eigenen Erkenntnissen vergleichen. Nun sagen
wir: „Der Beauftragte Gottes ist am Kreuz gestorben – das
hat Gott für uns getan." Ein Jude hält das nicht aus. Was
er über Gott zu wissen meint, paßt nicht damit zusammen.
Ein Grieche hält es ebenso wenig aus. Es erscheint ihm
dumm und primitiv.

Wir aber wenden uns an die, denen Gott das Herz auftut –
ob sie nun Juden sind oder irgendeinem anderen Volk angehören. Wir zeigen ihnen in Christus die Kraft und die
tiefe Weisheit Gottes.

Denn wenn Gott etwas „Törichtes" tut, dann ist darin unendlich mehr Weisheit, als bestenfalls in einem Menschen
zu finden ist. Und wenn Gott als schwach erscheint, wehrlos und der Willkür der Menschen ausgeliefert, – dann liegt
darin eine Kraft, die die Menschen nie erreichen.

Macht euch ganz klar, liebe Brüder, was für Leute eigentlich zu euch gehören:

Es sind nicht viele dabei, die auf Grund ihrer Bildung oder ihrer geistigen Bedeutung etwas gelten. Es sind nicht viele dabei, die Einfluß, Macht oder eine starke öffentliche Wirkung haben. Es sind nicht viele dabei, die den alten Familien angehören, den Fürsten und Königsgeschlechtern.

Wen hat denn Gott ausgesucht? Wem hat er das Geheimnis des Kreuzes anvertraut? Lauter Leuten, die, menschlich gesehen, einen unbedeutenden Verstand haben. Denn es ist Gottes Absicht, den Weisen und Gebildeten zu zeigen, wie wenig ihr Verstand hilft, wenn Er einmal wirklich am Werk ist.

Wen hat Gott ausgesucht? Lauter Menschen, die ohne Macht sind, ohne Einfluß. Denn er wollte zeigen, daß mit menschlicher Macht keine Gemeinschaft mit ihm zu erzwingen ist. Menschen, die als wenig edel gelten, hat Gott ausgesucht, Menschen, die keine Achtung genießen.

Gott hat die ausgesucht, die nichts sind, und hat damit all die ausgeschlossen, die meinen, etwas zu sein. Denn es wäre alles verkehrt, wenn ein Mensch zu Gott kommen wollte und sagen: „Ich bin etwas, mich kannst du gebrauchen!"

Ihr seid von ihm ausgesucht. Er hat euch mit Jesus Christus zusammengebracht. Was wissen wir denn? Nichts als das, was Christus für uns getan hat. Wenn wir mit Gott ins reine gekommen sind, dann durch ihn. Wenn wir Zugang haben zu Gottes Reich, dann, weil er uns einläßt. Wenn wir die Fesseln ablegten, die uns an die tausend Sünden unseres bisherigen Lebens gefesselt hatten, dann, weil er sie uns abgenommen hat.
Denn dies gilt und soll auch weiter gelten: Wer etwas Gutes und Brauchbares an sich entdeckt, soll sagen: Ich habe es nicht von mir. Gott hat es mir gegeben.

Erinnert euch, wie es war, als ich zu euch kam:

Ich hatte keine klingenden Worte und keine glitzernden Reden zu bieten, als ich euch weitergab, was ich von Gott wußte.
Ich war nicht der Meinung, ich könne euch irgend etwas geben, – außer dem, was ich über Jesus Christus zu sagen hatte. Über Jesus Christus aber hatte ich auch nur eins zu sagen: Nämlich, daß er gekreuzigt worden ist.
Ich kam nicht wie ein Sieger zu euch, sondern wie ein schwacher Mensch, schüchtern und sehr ängstlich. Mein Wort und meine Predigt bestanden nicht in überzeugenden logischen Ausführungen, wie menschliche Klugheit sie auszubreiten pflegt.
Sondern – das wißt ihr! – ich bewies in jedem Wort, daß ich es gerade nicht von mir selbst habe, sondern von Gott, daß Gottes Geist aus mir spricht und Gottes Kraft in mir wirkt.

Was habt ihr davon, wenn ihr euch eine Überzeugung gebildet habt auf Grund von menschlichen Vermutungen und religiösen Gefühlen? Es liegt doch alles an der einen Frage, ob euer Glaube durch Gottes Kraft entstanden ist und Gottes Kraft hinter ihm steht.
Freilich alles, was wir durch Gottes Geist und Kraft über Christus wissen, ist für Menschen bestimmt, die sich von ihren menschlichen Gedanken getrennt haben und nur noch dem göttlichen Wort zuhören. Auch dies ist eine Art Weisheit. Allerdings hat das mit der Bildung, der Wissenschaft und Klugheit, die man unter Menschen schätzt, nichts zu tun. Es hat auch nichts zu tun mit den Ideen, die den Ideologien, den Religionen, den Weltanschauungen zugrunde liegen, die ganze Jahrhunderte und ganze Völker dieser Welt geprägt haben, und die doch, wenn sie ihre Zeit gehabt haben, alle wieder untergehen.

Was wir sagen, ist Weisheit. Eine Weisheit, die von Gott kommt und die etwas von seinem Geheimnis in sich hat. Eine Weisheit, die so verborgen ist, so versteckt ist, wie Gott selbst in Jesus Christus verborgen war.

Wir reden von der Weisheit, die wir bei Jesus Christus finden. Sie hat das Geheimnis Gottes in sich. Niemand sieht sie als der, dem Gott die Augen und das Herz auftut.

Keiner von den Mächtigen dieser Welt hat sie erfaßt. Wenn sie etwas davon gemerkt hätten, hätten sie den nicht gekreuzigt, der ein Herr ist über alle Herrlichkeit der göttlichen Welt.

Schon Jesaja deutete es an:
Was kein Auge gesehen
und kein Ohr gehört hat,
was in keines Menschen Herz gekommen ist,
das hält Gott für die bereit,
die ihn lieben.

Uns aber hat Gott das Geheimnis geöffnet. Er hat uns seinen heiligen Geist gegeben, so daß unser Herz und unser Geist imstande waren, es zu fassen.

Denn Gottes Geist erforscht alles, auch das, was tief in Gott verborgen ist.

Es ist ja schon unter uns Menschen so: Was in einem Menschen verborgen ist, das weiß kein anderer Mensch. Das weiß nur der eigene Geist dieses Menschen.
So weiß auch niemand, was in Gott verborgen ist. Das weiß nur der Geist Gottes selbst.
So danken wir Gott, daß wir nicht auf unseren menschlichen Verstand angewiesen sind, daß Gott uns vielmehr seinen Geist verliehen hat und wir das Geheimnis fassen können: Das Geheimnis, das in Jesus Christus verborgen ist, den er uns geschenkt hat.

Wenn Christus bei uns ist, dann ist der Geist Gottes bei uns.
Wo aber der Geist Gottes wirkt, da ist Freiheit.
So ist es uns Menschen in all unserer Armut gegeben, mit
frei erhobenem Gesicht das Licht Gottes, den Glanz der
Wahrheit Gottes, zu spiegeln.
Was menschlich an uns ist, wird dabei immer unwichtiger.
Wichtig ist nur, daß wir Christus selbst immer ähnlicher
werden. Mit jedem Wort, das wir in seinem Auftrag sagen,
werden wir seinem Bild ähnlicher, spiegeln wir immer mehr
von seinem Glanz und Licht.

Wie sollte es auch anders sein, wo doch in Christus Gottes
Geist bei uns ist?
Wenn wir nun dieses Amt haben, wenn Gott uns schon mit
so viel Erbarmen begegnet ist, dann brauchen wir den Mut
nicht mehr zu verlieren.
Dann brauchen wir auch keine Kniffe mehr und keine
Schliche.
Wir müssen nur noch sorgsam darauf achten, Gottes Wort
nicht zu fälschen und nichts als die Wahrheit zu sagen.

Das Gewissen der Menschen wird uns dabei recht geben
und uns bestätigen, daß in unserem Munde wirklich die
Wahrheit Gottes ist.
Denn wir machen keine Werbung für uns selbst, sondern
weisen auf Jesus Christus hin und sagen: Er ist der Herr.
Wir sind seine Knechte und dienen ihm.

Denn Gott hat – am Anfang der Welt – einmal gesagt:
Licht soll in der Finsternis leuchten! Nun sagt er es noch
einmal und meint unser Herz: Licht soll in der Finsternis
sein. Ein heller Schein soll aufgehen, daß man merkt und
sieht und versteht: Hier ist Gottes Herrlichkeit, Gottes Licht
und Kraft am Werk.
Aber mit diesem Licht sollen wir nicht uns selbst beleuch-
ten. Wir sollen vielmehr dafür sorgen, daß man Gottes
Lichtschein im Angesicht Jesu Christi leuchten sieht.

Diesen kostbaren Schatz haben wir nun freilich in tönernen Krügen.

Das ist auch gut so. Denn man soll nicht meinen, die ungeheure Wirkung, die von uns ausgeht, gehe auf uns zurück. Man soll an unserer Schwachheit sehen, daß sie nur von Gott sein kann.
Darum ist unser ganzes Leben so sehr ähnlich dem Sterben Jesu und nicht seiner Macht und Herrschaft.

Von allen Seiten bedrängt man uns, aber wir lassen uns nicht von der Angst verschlingen.
Immer wieder wissen wir nicht weiter, aber wir verzweifeln nicht.
Man verfolgt uns, aber wir sind nicht verlassen.
Wir werden immer wieder überwältigt, aber wir sind nie verloren.
Immer und überall sieht man an uns den Tod Christi. Wie lebende Abbilder seines Leidens laufen wir umher.

Aber Gott will, daß auf diese Weise auch die lebendige Kraft Christi an uns sichtbar wird.
Denn wir werden unser ganzes Leben lang immerfort dem Tode ausgeliefert, weil wir Christus dienen, damit sich auch die Lebendigkeit Jesu an unserem gequälten und vom Tode bedrohten Leibe sichtbar auswirkt.

In den Psalmen heißt es einmal: Ich glaube, darum rede ich. Diesen Glauben hat uns Gott gegeben. So glauben wir und reden und sind ganz gewiß, daß Gott nicht nur Jesus, unsern Herrn, lebendig gemacht hat, daß er vielmehr mit Jesus auch uns lebendig machen und uns und euch gemeinsam zu sich holen wird.

Darum werden wir nicht müde.

Wenn wir auch äußerlich zugrunde gehen, erneuert uns doch Gott innerlich von einem Tag zum anderen.

Denn bei allem, was uns bedrückt, handelt es sich um Leiden, die nicht länger dauern als einen Augenblick und die also leicht zu nehmen sind. Und was dabei am Ende herauskommt, ist Herrlichkeit, eine alle Vorstellungen übersteigende Herrlichkeit. Gott wird sie uns geben, uns, die wir nicht auf das Sichtbare sehen, sondern die Augen bereithalten für das Unsichtbare, das wir sehen werden.

Wir wissen, daß wir im Himmel ein neues Haus haben werden, wenn dieser Leib, diese irdische Hütte, abgerissen wird: Ein Haus von Gott, das nicht mit menschlichen Händen gebaut wurde.

Wir sehnen uns danach und möchten gern in das neue Haus einziehen. In den himmlischen Leib, mit dem Gott uns bekleiden wird. Woher wissen wir, daß Gott das tun wird? Von ihm selbst! Er hat uns selbst den Glauben gegeben. Er hat uns selbst seinen heiligen Geist verliehen: gleichsam eine Anzahlung auf den Reichtum, den er uns schenken will.

So sind wir unerschrocken, was auch geschehen mag, und wissen: Solange wir in diesem menschlichen Leib leben, scheint es so, als ob der Herr weit von uns entfernt wäre. Denn wir können nichts beweisen. Wir haben nichts als unseren Glauben.

Um so mehr freuen wir uns und möchten gern diesen Leib ablegen und zum Herrn nach Hause kommen. Um so mehr setzen wir unsere Ehre darein, ihm zu gefallen, ob wir nun bei ihm zu Hause sind oder unterwegs in der Fremde dieser Welt.

Wenn Paulus in dieser Weise das Amt beschreibt, das Gott ihm
gegeben hat, dann tut er das mit seinen eigenen Worten und Gedanken.
Er tut aber, genau besehen, nichts anderes als zu wiederholen, was
Christus über das Amt derer gesagt hat, die seine Boten sind. In
der sogenannten „Aussendungsrede" schildert Christus die große
Aufgabe seiner Mitarbeiter und zugleich die Mühe, die Schwierigkeiten und Gefahren, denen sie entgegengehen.

In jener Zeit wanderte Jesus
durch alle Städte und Dörfer.
Er lehrte in den Gemeindehäusern,
verkündete die Botschaft,
daß das Reich da sei,
und heilte Leiden und Krankheiten,
wo er sie antraf.

Als er aber die Menschen sah,
faßte ihn das Erbarmen.
Denn sie waren abgehetzt und heruntergekommen.
Sie waren verwahrlost wie Schafe,
die keinen Hirten haben.

Da zeigte er den Jüngern das Feld ihrer Arbeit:
Die Ernte ist groß
und wenige mühen sich, sie zu bergen.
Bittet darum den Herrn,
dem Acker und Frucht gehören,
daß er Helfer in seine Ernte sende.

Und Jesus rief die zwölf Jünger zusammen,
die seine Schüler und Freunde waren,
und gab ihnen Macht
über die unsichtbaren Gewalten,
die die Menschen ergreifen und sie verwirren,
die sie verderben an Leib und Seele
und Gottes Werk zerstören.
Er gab ihnen Macht,
Menschen von ihrem Bann zu befreien
und Krankheiten und Leiden zu heilen.

Diese zwölf sandte Jesus
in die Dörfer und Städte Israels
und gab ihnen Weisungen für ihre Arbeit:

Geht nicht auf die Straßen,
die zu fremden Völkern führen.
Betretet keine Stadt im Lande der Samariter.
Geht vielmehr zu den verlaufenen,
zerstreuten Schafen,
zu den Armen im Volk Israel.

Auf dem Wege sollt ihr ausrufen,
das himmlische Reich sei nahe.
Die Kranken macht gesund,
die Toten weckt auf,
die Aussatzkranken macht heil,
die Dämonen vertreibt.
Umsonst habt ihr's empfangen,
umsonst gebt es auch weiter.

Sammelt kein Gold,
keine Silber- oder Kupfermünzen
in eure Gürteltasche.
Beschafft euch keinen Reisesack
und verzichtet auf ein zweites Gewand,
auf ein zweites Paar Schuhe
und einen Stock.

Denn wer arbeitet,
darf erwarten, daß er versorgt wird.

Wenn ihr aber eine Stadt oder ein Dorf betretet,
dann erkundigt euch
und sucht ein Haus,
das wert ist, euch zu beherbergen.
Dort bleibt, bis ihr weiterzieht.

Wenn ihr das Haus betretet,
so grüßt es mit den Worten des Friedens.
Ist es ihn wert,
so wird euer Friede über das Haus kommen.
Ist es ihn nicht wert,
so wird der Friede wieder mit euch gehen.

Wenn ihr jemand antrefft,
der euch nicht aufnimmt
und euren Worten nicht zuhört,
so verlaßt das Haus oder die Stadt
und nehmt auch den Staub nicht mit,
der an euren Füßen blieb.
Schüttelt ihn ab.

Was ich sage, bleibt gültig:
Dem Lande der Sodomer und Gomorrher,
den verfluchten Städten des Frevels,
wird es im großen, letzten Gericht
erträglicher gehen als einer solchen Stadt.

Achtet wohl darauf:
Ich sende euch wie Schafe wehrlos
mitten unter die Wölfe.
Darum seid klug wie die Schlangen,
die die Welt kennen,
und ohne Falsch wie die Tauben,
die im Licht Gottes leben.

Nehmt euch in acht vor den Menschen,
denn sie werden euch vor die Richter führen,
die in den Synagogen Gericht halten.
Sie werden euch dort mit Peitschen schlagen
und euch vor Fürsten und Könige bringen,
weil ihr die meinen seid
und meine Worte verkündigt.

Dabei wird offenbar werden,
wer sie sind
und die Völker insgesamt.

Wenn sie euch nun dort vorführen,
dann macht euch keine angstvollen Gedanken,
wie ihr auftreten und was ihr sagen sollt,
denn es wird euch in der entscheidenden Stunde
gegeben werden.
Nicht ihr selbst braucht eure Sache zu führen,
denn der Geist des Vaters redet durch euren Mund
und tritt für euch ein.

Es wird aber einer den anderen verraten.
Ein Bruder wird den Bruder ans Messer liefern
und der Vater sein Kind.
Die Kinder werden sich gegen ihre Eltern empören
und sie zur Hinrichtung treiben.

Von allen Seiten wird der Haß
gegen euch hochschlagen,
weil ihr zu mir gehört.
Wer aber durchhält bis ans Ende,
der wird gerettet werden.

Wenn sie euch in der einen Stadt verfolgen,
so flieht in die nächste.
Was ich sage, das haltet fest:
Ihr werdet mit den Städten Israels
noch nicht zu Ende sein,
dann kommt der Menschensohn in seiner Macht.

Der Schüler steht nicht höher als sein Lehrer
und der Knecht nicht höher als sein Herr.
Der Schüler erreicht genug,
wenn er wird wie sein Lehrer,
und dem Knecht genügt,
wie sein Herr zu sein.
Haben sie den Hausherrn einen Teufel genannt,
wieviel weniger wird es sie kosten,
seine Hausgenossen Teufel zu nennen?

So fürchtet sie nicht!
Es geschieht nichts im Verborgenen gegen euch,
das nicht ans Licht käme.
Und nichts geschieht heimlich,
das man nicht erführe.

Was ich euch in der Dunkelheit sage,
davon redet im Licht,
und was euch leise ins Ohr gesagt wird,
das ruft von den Dächern öffentlich aus.

Fürchtet euch nicht vor den Mördern des Leibes,
die doch die Seele nicht töten können.
Fürchtet aber mehr als alles den,
der Macht hat,
Seele und Leib ins ewige Verderben zu stürzen.

Kauft man nicht zwei Sperlinge
um einen Pfennig?
Dennoch fällt keiner von ihnen auf die Erde,
wenn euer Vater nicht will.

Bei euch aber sind selbst die einzelnen Haare
auf eurem Haupt alle gezählt.
So fürchtet euch nicht.
Ihr seid Gott kostbar,
mehr als viele Sperlinge.

Wer sich aber vor den Menschen zu mir bekennt,
darf wissen, daß auch ich zu ihm stehen werde
vor meinem Vater im Himmel.

Wer sich aber von mir lossagt vor den Menschen,
muß wissen, daß auch ich nicht sagen kann,
er gehöre zu mir,
wenn mein Vater im Himmel mich fragt.

Ich bin gekommen,
ein Feuer auf die Erde zu werfen,
ja, die Erde in Brand zu setzen!
Ich wünschte nichts sehnlicher,
als daß es brennte!
Aber ehe das Feuer herabfällt,
muß ich mich taufen lassen
und untergehen in Qual und Tod.
Mir ist angst, bis es zu Ende gebracht ist.

Glaubt nur nicht, ich sei gekommen,
Frieden auf die Erde zu bringen.
Daß ich da bin,
bedeutet nicht, daß nun Friede sei.
Es bedeutet,
daß das Schwert aus der Scheide fährt.

Denn an mir werden die Menschen sich entzweien.
Der Sohn mit dem Vater,
die Tochter mit ihrer Mutter,
die junge Frau mit ihrer Schwiegermutter.
Die Hausgenossen des Menschen
werden seine Feinde sein.
Wer Vater oder Mutter darüber entscheiden läßt,
ob er mich lieben soll,
ist die Gemeinschaft mit mir nicht wert.
Wer Sohn oder Tochter fragt,
ob er zu mir gehören dürfe,
ist, zu mir zu gehören, nicht wert.

Wer nicht das Kreuz, an dem er sterben soll,
auf die Schulter nimmt und hinter mir hergeht,
der ist mein nicht wert.
Wer meint, sein Leben gesichert zu haben,
wird es verlieren.
Wer sein Leben dran gibt,
weil er mich liebt,
wird es neu finden.

Wenn euch jemand aufnimmt,
nimmt er in Wahrheit mich selbst auf,
und wer mich aufnimmt,
der nimmt den auf,
der mich gesandt hat.

Wer sich Zeit nimmt, euch zu hören,
der nimmt sich Zeit für mich selbst.
Wer euch verachtet, der verachtet mich.
Wer mich verachtet, der verachtet Gott,
der mich gesandt hat.

Wer einen Propheten aufnimmt
und sich dabei der Gefahr aussetzt,
die einem Propheten droht,
wird den Lohn eines Propheten empfangen.

Wer einen Gerechten aufnimmt
und sich dabei der Gefahr aussetzt,
die einem Gerechten droht,
wird den Lohn eines Gerechten empfangen.

Wer aber einen von euch, von den Geringsten,
mit einem Becher kalten Wassers tränkt
und sich dabei der Gefahr aussetzt,
die meinen Freunden droht,
– haltet es fest, denn dieses Wort gilt:
Ihm wird es an seinem Lohn nicht fehlen.

Mit diesen Worten schloß Jesus die Weisungen ab,
die er den Zwölfen mitgab.
Er zog von dort weiter,
um in den Städten jener Gegend
zu lehren und zu predigen.

Im sogenannten 1. Petrusbrief gibt der Verfasser den Auftrag, den
Jesus seinen Mitarbeitern gegeben hat, an die Christen in den
Ländern Kleinasiens weiter.

Petrus, ein Mitarbeiter Jesu Christi,
grüßt die von Gott erwählten Christen,
die in den Provinzen Kleinasiens verstreut leben
und dort fremd und ohne Heimat sind.

Gott, der Vater, hat euch ausgesucht,
lange vor eurer Zeit.
Sein heiliger Geist hat euch in Zucht genommen.
Jesus Christus hat euch rein gemacht von eurer Sünde
dadurch, daß er sein Blut für euch vergoß.
So wünsche ich euch,
daß Gottes Freundlichkeit und Frieden
euch von allen Seiten umgeben,
reich und überreich.

Gerühmt sei Gott,
der Vater unseres Herrn Jesus Christus!
Denn er hat sich unser angenommen
und hat uns zu neuen Menschen gemacht.
Er hat uns wieder eine Zukunft gegeben,
der wir entgegengehen können,
seit Jesus Christus aus dem Reich der Toten
wieder lebendig wurde.
Auf uns wartet ein Besitz, der nicht verdirbt,
der seinen Glanz und seine Schönheit nicht verliert.
Im Himmel, in Gottes unsichtbarer Welt,
liegt er bereit.
Euch selbst aber bewacht Gott:
Wie etwas sehr Kostbares
seid ihr in seinem mächtigen Schutz behütet,
damit ihr glauben könnt und das ewige Leben gewinnt.
Denn Leben wartet auf euch.
Es wird sichtbar werden in der letzten Zeit der Welt,
wenn der Vorhang sich öffnet.

An jenem Tage wird euch die Freude überwältigen.
Was schadet es,
daß ihr jetzt noch ein wenig bedrängt seid
von allerlei Fragen und Zweifeln.
Das muß wohl so sein.
Denn euer Glaube soll sich echter, beständiger,
wertvoller erweisen als das vergängliche Gold,
das man ja auch, weil es so wertvoll ist,
ins Feuer bringt, damit es ganz rein wird.
Denn am Ende sollt ihr Lob und Ruhm und Ehre
gewinnen, wenn Christus euch prüft.
Ihr habt ihn nicht gesehen und liebt ihn doch.
Ihr habt ihn nicht sichtbar vor Augen
und glaubt doch an ihn.
Ihr werdet eine Freude erleben,
die kein Wort beschreibt, und eine Seligkeit,
in der Gottes Glanz sich spiegelt,
wenn ihr das Ziel des Glaubens erreicht:
das Leben der Seele.

Nach dieser Erfüllung sehnten sich die Propheten.
Sie hatten nichts anderes im Auge,
wenn sie ihre Weissagungen niederschrieben,
als das, was ihr nun empfangen habt:
Die Freundlichkeit und Nähe Gottes.
Sie hätten gern erfahren, welche Zeit gemeint war,
als der Geist Gottes ihnen die Leiden Christi voraussagte
und die Macht und Herrlichkeit,
die ihm gehören sollten.
Aber ihnen wurde befohlen,
mit ihrem vorausschauenden Wissen nicht sich selber,
sondern euch einen Dienst zu erweisen.

Vor euch ist es nun alles ausgebreitet.
Zu euch kamen Menschen und brachten euch eine Nachricht,
die ihnen Gottes Geist in den Mund legte:
die Nachricht vom Leiden Christi
und von seiner Herrlichkeit,
in die auch die Engel sich brennend wünschten
ein wenig hineinzusehen.

Bleibt nun nicht gemächlich sitzen,
sondern macht euch reisefertig.
Geht mit nüchternem Kopf
geradewegs auf das große Ziel zu.
Hofft auf nichts anderes als darauf,
daß Christus, wenn er sichtbar erscheinen wird,
euch freundlich ist.

Ihr sollt ja nicht irgendwer,
sondern Gottes Kinder sein.
Kinder Gottes erkennt man an ihrem Gehorsam.
Ihr sollt euch nicht wieder aus der Hand verlieren
und sollt euch nicht wieder in das hemmungslose,
selbstsüchtige Treiben reißen lassen,
in dem ihr früher in eurer Ahnungslosigkeit
mitgetrieben seid.
Es hat euch einer gerufen, der heilig ist.
Ihr sollt durch ihn heilig werden in allem, was ihr tut.
In der Schrift steht das Wort: (lest es nach!)
„Ihr sollt heilig sein, denn ich bin heilig."

Ihr wißt, daß ihr einen Vater anruft,
der sein Urteil danach richtet, was einer getan hat,
ohne den einen oder anderen besonders vorzuziehen.
Achtet darum sorgfältig darauf, wie ihr euer Leben führt.
Ihr wißt, daß es euch wie den Sklaven
auf dem Sklavenmarkt erging:
Euch hat einer gekauft und freigelassen,
wenn auch nicht mit vergänglichem Geld,
mit Silber oder Gold.
Seid ihr nicht wie Sklaven in der besinnungslosen Jagd
nach allem, was das Leben bietet, mitgerannt,
wie schon eure Väter und Großväter?

Nun aber seid ihr freie Menschen.
Denn wie ein reines und unschuldiges Lamm
hat Christus sich hingegeben
und sein kostbares Blut vergossen,
damit ihr leben könnt und frei sein.

Ehe die Welt entstand.
hat Gott sich schon vorgenommen,
ihn, Christus, zu senden.
Wenn die letzte Stunde der Welt kommen wird,
werdet ihr ihn sehen.
Weil er hier war,
seid ihr zum Glauben an Gott gekommen.
Weil er ihn aus dem Tod lebendig gemacht
und ihm die himmlische Herrlichkeit gegeben hat,
habt ihr selbst eine Hoffnung und ein Ziel.

Ihr habt euch der Wahrheit verpflichtet.
Ihr habt Geist und Seele rein gemacht.
Ihr könnt nun auch in eurer Liebe ehrlich sein.
Liebt euch darum von Herzen
und haltet einander fest
mit Geduld und Beharrlichkeit.

Denn ihr seid wie neue Wesen.
Aufgewachsen aus einem Keim,
der unvergängliches Leben gibt,
nämlich aus dem Wort Gottes,
das lebendig ist und lebendig bleibt.

Denn es gilt, was Jesaja sagt:
Der Mensch ist wie Gras
und alle seine Schönheit wie eine Blume,
die im Grase blüht.
Das Gras ist vertrocknet
und die Blume abgefallen.
Aber in Ewigkeit bleibt,
was der Herr spricht.

Damit meint der Prophet das Wort,
das euch gesagt ist
und von dem ihr lebt.

Ihr habt durchaus einiges dazu beizutragen,
wenn euch daran liegt,
ewiges Leben zu finden:

Legt zum Beispiel alle Schlechtigkeit
und Unehrlichkeit ab,
die Heuchelei und den Neid
und alles ungute Geschwätz.

Dann tut, was die kleinen Kinder tun:
Sie geben keine Ruhe, ehe sie Milch bekommen haben.
So bemüht euch um die lautere Milch,
das Wort Gottes.
Und werdet dadurch stärker und nehmt zu,
bis ihr erwachsen genug seid für das Reich Gottes.
Daß der Herr euch gute, zuträgliche Nahrung gibt,
habt ihr bisher schon geschmeckt.

Oder – ein anderes Bild,
das euch zeigt, was zu tun ist:
Stellt euch einen Bau vor.
Da ist Christus,
ein Stein, den die Menschen weggeworfen haben
und den Gott aufhob,
weil er von erlesener Kostbarkeit ist.
Nun seid auch ihr wie lebendige Steine.
Laßt euch einbauen in das Haus,
das entstehen soll, das geistliche Haus.
Denn ein geistlicher Tempel soll entstehen
und geistliche Opfer sollen von ihm aufsteigen,
die Gott gefallen,
weil sie aus der Gemeinschaft von Menschen
mit Jesus Christus kommen.

Deshalb steht im Alten Testament, bei Jesaja:
Achte wohl darauf,
ich setze in meinem heiligen Tempel
einen erlesenen, kostbaren Grundstein.
Wer darauf steht,
soll nicht stürzen.

Euch, die ihr glaubt,
kommt der Wert jenes Grundsteins zugute.
Ihr wißt, wie kostbar er ist.
Auf die anderen, die nicht glauben,
trifft zu, was Jesaja sagt:

„Der Stein, den die Bauleute zum Abfall geworfen haben,
ist zum Grundstein geworden
und zugleich zu einem Stein,
über den die Menschen stolpern und stürzen."

Sie stoßen sich an dem Wort und glauben nicht.
Sie erfüllen damit ihre Bestimmung,
nämlich die, unbrauchbar zu sein.
Ihr aber seid die, mit denen Gott etwas vorhat.
Ihr seid ausgesucht, zusammen mit Christus,
dem Herrn und Priester, zu herrschen
und mit ihm zusammen Priester zu sein.
Ihr seid das heilige Volk,
das Gott zugehört.
Nun sollt ihr die großen Taten dessen weitersagen,
der euch aus der Finsternis geholt
und in sein wunderbares Licht geführt hat.

Denn ihr seid früher verlorene einzelne gewesen,
kein heiliges Volk.
Nun hat Gott euch zusammengeholt.
Niemand hat sich um euch gekümmert.
Nun seid ihr vom Erbarmen Gottes getragen.

Ihr Lieben, ihr seid in dieser Welt nicht mehr
als durchreisende Gäste.
Ich bitte euch: Verzichtet auf alles,
was nur dem leiblichen Genuß dient
und die Seele in Unordnung bringt.
Seht zu, daß euer Leben bei den anderen,
die nicht glauben, überzeugend wirkt.
Denn sie verleumden euch und reden euch übel nach –
und gerade ihnen soll auffallen, was ihr Gutes tut.
Sie sollen Gott ehren, wenn er ihnen die Augen öffnet.

Was den Staat betrifft
und die öffentliche Ordnung in eurem Land,
so fügt euch ihnen,
weil es der Herr so will.

Ob es nun die Regierung eures Landes ist
oder die Gerichtsbarkeit,
die den Auftrag hat, gegen Verbrecher durchzugreifen
und die zu schützen, die das Recht achten, gilt gleich.
Denn das will Gott,
daß ihr die Menschen eurer Umgebung,
die nichts von euch wissen,
durch eure Rechtlichkeit überzeugt.

Ihr seid frei.
Aber ihr braucht eure Freiheit ja nicht zu mißbrauchen
und zu sagen:
Die Ordnung unter den Menschen geht uns nichts an!
Ihr seid frei, aber ihr seid Knechte Gottes.

So tut, was Gott will.
Bringt jedem den Respekt entgegen,
den er erwarten kann.
Seid euren Brüdern in Liebe verbunden.
Fürchtet Gott,
ehret das Oberhaupt eures Staates.

Wenn ihr in untergeordneter Stellung arbeitet,
dann fügt euch euren Vorgesetzten
und respektiert sie.
Nicht nur die anständigen und erfreulichen,
sondern auch die verdrehten.
Denn wenn ihr Unrecht leidet,
weil ihr eurem Gewissen gehorcht,
wenn ihr Schikanen auf euch nehmt,
weil der Wille Gottes euch wichtig ist,
dann macht euch Gott damit ein Geschenk.
Dann erfüllt sich darin nichts anderes,
als was euer eigentliches Ziel ist:
Daß ihr Christus ähnlich werdet.

Wenn ihr unter dem Unrecht von Vorgesetzten
zu leiden habt,
dann denkt daran, daß auch Christus gelitten hat,
und zwar für euch.

Ein Beispiel hat er euch hinterlassen
und ihr sollt seiner Spur nachgehen.

Er hat keine Sünde begangen.
Niemand hat je Lüge oder Täuschung an ihm erlebt.
Als man ihn beschimpfte, gab er nicht zurück.
Er litt, aber er drohte nicht.
Er gab seine Sache ganz dem in die Hand,
der am Ende gerecht richten wird.

Alle unsere Sünden hat er mitgenommen,
als man seinen Leib an den Galgen hängte,
und hat sie alle durchlitten,
ohne sie von sich zu stoßen und zu sagen:
Mich gehen diese Sünden nichts an!
Ich bin unschuldig.

Nun sollen wir uns nicht mehr schuldig machen,
indem wir uns mit Unrecht gegen das Unrecht wehren,
sondern sollen gerecht sein,
das heißt: handeln wie er.

Er ist für euer Unrecht verwundet worden.
Nun seid ihr selbst heil
und sollt es bleiben.

Habt ihr nicht gelebt
wie verstreute und verirrte Schafe,
von denen jedes auf seinen eigenen Schutz
bedacht sein mußte?
Aber nun hat euch ein Hirte gesammelt,
der Hirte und Wächter eurer Seele.
Der tritt für euch ein.

Ähnliches gilt für Mann und Frau.
Die Frauen sollen sich ihren Männern freiwillig fügen.
Denn gerade die Männer, die dem Wort Gottes nicht glauben,
könnten dadurch gewonnen werden, daß sie erleben,
wie ihre Frauen sich verhalten,
ohne daß die Frauen viel zu reden brauchen.
Sie würden nämlich sehen,
wie wichtig eine gute Ordnung ist
und wie klar und lauter ihre Frauen
in ihren Herzen und Gedanken sind.
Die Frauen sollen sich nicht äußerlich hermachen,
mit kunstvollen Türmen aus Locken etwa,
oder mit goldenem Schmuck
oder mit der Pracht wertvoller Gewänder.
Viel wichtiger ist, daß im Verborgenen ein Mensch ist,
mit einem Geist,
dessen Behutsamkeit und Stille allem standhält.
Das ist nicht nur wichtig,
sondern in den Augen Gottes der eigentliche Wert.

Diesen Schmuck trugen in den frühen Zeiten
die heiligen Frauen, die nicht um ihr Recht stritten,
sondern sich auf Gott verließen:
Sie haben sich ihren Männern gefügt.
Etwa Sara, die Abraham gehorchte
und ihn mit „Herr" anredete. Deren Töchter seid ihr,
wenn ihr im Sinne der Ordnung das Richtige tut,
ohne dabei furchtsam oder unterwürfig zu werden.

Den Männern sage ich etwas Ähnliches:
Lebt bei euren Frauen mit Verstand und Feingefühl.
Bedenkt, daß sie das zerbrechlichere Werkzeug sind,
und bringt ihnen den Respekt entgegen, der ihnen zukommt.
Auch die Frauen werden ja wie ihr
das Geschenk des ewigen Lebens empfangen.
Ihr könntet leicht eure eigene Verbindung mit Gott
abschneiden, – euer Gebet würde es anzeigen! –
geschähe euer Zusammenleben mit den Frauen
ohne Ehrfurcht!   (Siehe auch: 18.–20. Juni)

Noch eins:
Nehmt alles, was ihr tut, gemeinsam aufs Herz.
Leidet, wenn eins zu leiden hat, gemeinsam.
Liebt euch, als ob ihr Geschwister wäret.
Kümmert euch um die,
die in irgendeiner Hinsicht in elendem Zustand sind.
Haltet möglichst wenig von euch selbst.

Vergeltet das Böse nicht mit Bösem,
oder Beleidigung mit Beleidigung,
sondern antwortet so,
daß ihr Gottes Liebe für den Gegner erbittet.
Denn ihr seid dazu bestimmt,
die Liebe Gottes und seinen Reichtum zu empfangen.

„Denn wer das Leben liebhat
und gute Tage sehen will,
der lasse seine Zunge ausruhen von bösen Reden
und seine Lippen von der Lüge.
Er wende sich vom Bösen ab und tue das Gute.
Er suche Frieden und laufe ihm nach.
Denn die Augen des Herrn sehen auf die Gerechten
und seine Ohren hören auf ihre Bitte.
Gegen die aber, die Böses tun,
wendet sich sein Widerstand." (Psalm 34)

Wer könnte euch zwingen, böse zu sein,
wenn ihr euch dem Guten verschrieben habt?
Wenn ihr auch,
weil euch die Gerechtigkeit am Herzen liegt,
zu leiden habt, so seid ihr doch glücklich.

Denn Christus ist unter der Last
menschlichen Unrechts gestorben,
der Gerechte für die Ungerechten,
um uns zu Gott zu führen.

Als Christus starb,
da starb er zwar dem Leibe nach,
aber durch Gottes Geist empfing er ein neues Leben.
Da ging er zu den Toten,
zu den Geistern im Gefängnis des Todes,
und brachte ihnen seine Botschaft.

Sie hatten in früheren Zeiten
den Glauben verweigert,
als etwa Gott in den Tagen Noahs
mit großer Geduld wartete,
daß sie sich ihm zuwenden würden.
Damals durfte Noah sein Schiff bauen,
damit wenigstens acht Menschen
aus dem Wasser gerettet würden.

Etwas Ähnliches ist mit euch geschehen.
Als ihr in der Taufe
aus dem Wasser gehoben wurdet,
da habt ihr das Gegenbild jener Rettung erlebt.
Denn es geht in der Taufe
nicht einfach um eine äußerliche Waschung,
sondern wir bitten dabei Gott
um ein reines, neues Gewissen.
Wir berufen uns darauf,
daß Christus aus dem Tode lebendig geworden ist
und Gott also noch Leben für uns hat.

Denn Christus ist ja bei Gott.
Er ging in Gottes heilige,
geheimnisvolle, himmlische Welt ein.
Ihm sind die Engel,
die Schicksalsmächte
und die Naturgewalten untertan.

Weil nun Christus an seinem Leib gelitten hat,
geht es nicht anders,
als daß ihr euch mit dem gleichen Willen bewaffnet.
Denn wer mit so willigem Herzen
leibliches Leiden auf sich nimmt,
dem liegt nicht mehr viel an der Sünde.
Ihm liegt daran, für die restliche Zeit seines Erdenlebens
nicht mehr auf irdische Genüsse hereinzufallen,
sondern dem Willen Gottes näherzukommen.

Es genügt,
daß wir die frühere Zeit unseres Lebens lebten
wie die Gottlosen, und überallhin mitliefen:
Auf die Festveranstaltungen mit ihrer Zügellosigkeit,
ihrer „Liebe", ihren Fressereien und Saufereien.
Überall hin, wo irgendein Abgott anzubeten war.
Es ärgert die Leute in eurer Umgebung,
daß ihr in der trüben Brühe ihrer Verkommenheit
nicht mehr mitschwimmt.
Sie machen euch das Leben schwer
mit ihrem zynischen Gerede.
Aber es ist Einer, dem sie Rechenschaft ablegen werden.
Der wird sie in Kürze vor ein Gericht stellen
wie alle Lebenden und Toten.

Denn dazu hat Christus den Toten verkündigt,
es gebe noch ein Leben für sie, weil er wollte,
daß sie an ihrem Geist tatsächlich noch einmal leben dürften,
wie Gott es ihnen zugedacht hatte,
auch wenn ihr Leib
und mit ihm ihr ganzes irdisches Leben
zugrunde gegangen sein wird.

Was euch angeht:
Haltet euch frei von allem Überfluß.
Lebt mäßig und nüchtern
und sammelt eure Gedanken auf das Gebet.
Denn das Ende aller Dinge ist vor der Tür.

Wichtiger als alles andere ist,
daß ihr nicht müde werdet, einander zu lieben.
Denn die Liebe wird mit einer Menge Sünden fertig.
Seid gastfrei, haltet eure Häuser offen füreinander
und gebt niemandem das Gefühl, er sei unwillkommen.
Jeder von euch hat von Gott eine besondere Gabe erhalten.
Und jeder soll dem anderen
mit dieser besonderen Gabe dienen.
Denn es sind Gaben Gottes
und ihr seid die Haushalter, die damit umgehen sollen.
Was für Gaben meine ich?
Der eine hat die Gabe der Rede.
Er soll nun nicht seine eigenen Worte reden,
sondern die Worte Gottes weitersagen.
Der andere hat die Gabe der praktischen Hilfe.
Er soll sie leisten, soweit irgend Gott ihm die Kraft gibt.
Denn in allem soll ja nicht der Mensch geehrt werden.
In allem sollen wir auf Gott hinweisen und sagen:
Weil Jesus Christus uns hilft, sind wir fähig,
dies oder jenes zu tun. Ihm steht die Ehre zu.
Er soll die Macht haben durch alle Zeiten dieser Welt.

Ein Wort habe ich noch für die,
die in der Gemeinde eine leitende Aufgabe haben.
Denn ich bin ja selbst ein Verantwortlicher,
mehr noch, einer, der die Leiden Christi kennt,
und einer, der in der kommenden Herrlichkeit
zu ihm gehören wird:
Setzt euch für die Herde Gottes ein.
Schützt sie, leitet sie, sorgt für ihr Gedeihen.
Nicht weil es eure saure Pflicht ist,
sondern mit freiem Willen und mit Liebe.
Nicht aus Gewinnsucht,
sondern weil ihr euch Gott zur Verfügung stellen wollt.
Ihr sollt die Gemeinde nicht beherrschen,
sondern ihre Vorbilder sein.
Wenn dann einmal der Oberhirte kommen wird,
werdet ihr einen Ehrenkranz empfangen,
der nicht verwelken wird.

Ähnliches gilt von den Jüngeren.
Unterstellt euch dem Willen der Älteren.
Ihr tut damit nur, was ohnedies alle tun sollen:
Laßt euch voneinander etwas sagen und seid euch nicht zu fein,
sehr gewöhnliche Dienste füreinander zu tun.
Denn Gott widersteht denen,
die ihr eigenes Licht von oben herableuchten lassen.
Er ist aber denen,
die von unten her zu ihm aufschauen, freundlich.
Darum beugt euch unter die mächtige Hand Gottes,
damit er euch aufrichte und emporhebe,
wenn er entscheidet, es sei Zeit.
Alle eure Sorgen werft auf ihn, denn er sorgt für euch.
Seid nüchtern und wachsam, euer Widersacher, der Teufel,
geht umher und sucht die, die sich verschlingen lassen.
Widersteht ihm. Steht fest im Glauben, und wißt:
die Verfolgungen, die ihr erleidet,
bedrängen eure Brüder überall in der Welt.
Der Gott aber, der so viel zu schenken hat,
wird euch nach einer kurzen Leidenszeit
in die ewige Herrlichkeit rufen,
die Christus für euch bereithält.
Er wird euch dafür vorbereiten, stärken und kräftigen
und wird euch einen festen Grund unter die Füße geben.
Ihm gehört die Macht von einer Ewigkeit zur anderen.
Diesen kurzen Brief habe ich Silvanus,
dem treuen Bruder, diktiert.
Ich habe, meine ich,
mit den wenigen Worten nichts weiter getan,
als euch zu ermuntern und euch zu versichern,
daß es wahr ist, was ihr glaubt.
Daß wirklich und wahrhaftig Gott
mit seiner Liebe und Freundlichkeit um euch her ist.
Die Gemeinde in Babylon (das ist ein Deckname für Rom)
und mein Sohn Markus grüßen euch.
Grüßt euch gegenseitig mit dem Kuß der Liebe.
Ich wünsche euch allen, mit denen Christus ist, Frieden.
Er bewahre euch. So ist es und so bleibe es!

                                        Petrus

Es ist eine Selbstverständlichkeit, die allen Schriftstellern der Bibel gemeinsam ist, daß die Familie der Kinder Gottes nicht nur durch „Herzensverbindungen", sondern auch sehr äußerlich zusammengehört, wie jede Familie, in der man sich füreinander verantwortlich weiß. Auch in der Kirche gibt es darum Aufgaben verschiedener Art, Aufgaben der Organisation, der gegenseitigen Hilfe, der geistigen Auseinandersetzung mit Kräften außerhalb der Kirche, Aufgaben der Leitung und der geistigen Führung.
Schon die Urgemeinde bestand aus Menschen. Auch sie war also nicht eine ideale Gemeinschaft ohne Schwierigkeiten. Wo Menschen zusammenleben, entstehen Probleme. Es fragt sich nur, in welchem Geist man sie miteinander zu lösen sucht.
Vom 1.–15. Oktober lesen wir Abschnitte aus den Briefen, in denen von diesem Geist die Rede ist.

Paulus schreibt:
Ich bitte euch, liebe Brüder, – nein, nicht ich, sondern Christus selbst bittet euch –, daß ihr nicht gegeneinander redet oder aneinander vorbei. Bemüht euch darum, daß keine Spaltungen bei euch einreißen. Haltet einander fest, sucht nach dem, was euch verbindet. Sucht nach gemeinsamen Gedanken. Nach gemeinsamen Entscheidungen.

Ich habe gehört, liebe Brüder, durch die Mitarbeiter aus dem Hause der Chloe, es gebe Auseinandersetzungen unter euch. Offenbar gibt es unter euch Leute, die sagen: „Ich bin paulisch", andere, die sagen: „Ich bin apollisch", wieder andere, die sagen: „Ich bin petrisch", und eine vierte Gruppe sagt gar: „Ich bin christisch".

Ich verstehe das nicht. Ist denn Christus nun in Teile zerlegt? Ist denn nun Paulus für euch gekreuzigt? Oder hat man euch denn auf den Namen des Paulus getauft?

Es kommt mir vor, als wäret ihr noch sehr in den Anfängen.

Liebe Brüder – fährt Paulus fort –, ich konnte mit euch nicht anders als sehr menschlich reden. Ich hatte den Eindruck, eure Gemeinschaft sei weniger durch den heiligen Geist Gottes bestimmt als viel mehr durch das allzu Menschliche. Ich hatte den Eindruck, Kinder vor mir zu haben, ahnungslose Anfänger in allen Dingen des Glaubens an Christus.

Ich habe euch sozusagen Milch gegeben. Ich habe euch die allerersten Anfänge gezeigt und euch nichts von den tieferen Geheimnissen des Glaubens öffnen können. Die Speise, die man Erwachsenen gibt, war offensichtlich für euch zu schwer.

Es wäre auch jetzt noch nicht möglich. Die einfachsten Probleme eures gemeinsamen Lebens sind noch allzu ungelöst. Denn solange Streit und Rechthaberei unter euch so herrschen wie jetzt, habt ihr mit eurer eigenen Unzulänglichkeit noch viel zu viel zu schaffen.

Wenn da der eine sagt: Ich bin paulisch, der andere hingegen: Ich bin apollisch – ist das nicht ein Zeichen für eine noch völlig ungebändigte Menschlichkeit?

Wer ist denn Paulus, wer ist Apollos? Diener sind sie, Handlanger, die euch die Botschaft von Christus gebracht und euch geholfen haben, an ihn zu glauben. Sie haben das sehr verschieden getan. Denn der Herr hat Apollos andere Gaben verliehen als mir. Aber warum sollen die Handlanger Gottes nicht auf verschiedene Weise für ihn arbeiten?

Ich habe gepflanzt, Apollos hat begossen. Gott aber hat das Gedeihen gegeben. An dem, der pflanzt, liegt gar nichts. An dem, der begießt, ebenso wenig. Glaube und Dankbarkeit richten sich, wenn es gut ist, immer auf Gott selbst, durch dessen Freundlichkeit unter uns und unter euch etwas wachsen konnte.

Wer den Anfang beim Aufbau einer Gemeinde macht, ist dadurch persönlich ebenso unwichtig wie der, der in der Gemeinde weiterbaut und weitersorgt. Beide werden den Lohn empfangen, der ihrer Arbeit entspricht.

Denn wir sind Gottes Mitarbeiter. Ihr aber seid Gottes Ackerland oder, anders gesprochen, Gottes Bau.

Gott hat mir, Paulus, in seiner Freundlichkeit den Auftrag gegeben, das Fundament zu legen. Ich habe das so weise getan, wie es ein sorgfältiger Baumeister tut. Ein anderer baut daran weiter.

Nun sehe jeder zu, wie er daran weiterbaue. Einen anderen Grund kann niemand legen als den, der schon gelegt ist: Jesus Christus selbst.

Ob nun jemand mit wertvollem oder wertlosem Material baut, das wird sich herausstellen. Ob jemand mit Gold oder Silber baut, mit soliden Werksteinen, mit Holz, mit Heu oder Stroh, das wird sich erweisen.

Der Tag, an dem Christus sein Urteil sprechen wird, wird es deutlich machen. Dann wird es sein, als ob alle unsere Arbeit dem Feuer ausgesetzt würde, und das Feuer wird zeigen, was unsere Arbeit wert war.

Wenn das Werk, das einer aufgebaut hat, dem Feuer standhält, wird ihm Christus seinen verdienten Lohn geben. Wenn der Bau eines anderen niederbrennt, wird er seine Strafe empfangen. Er wird zwar nicht mit seinem Werk zugrunde gehen, aber es wird sein, als sei er selber durchs Feuer gegangen.

Niemand berufe sich auf einen Menschen, etwa so: Mich hat Paulus getauft! Ich bin durch Petrus ein Christ geworden!

Sie gehören euch doch alle: Paulus, Apollos und Petrus. Mehr noch: Es gehört euch doch die ganze Welt. Das ganze Leben gehört euch und selbst der Tod hat keine Macht über euch. Was euch jetzt beschäftigt, was euch freut oder quält, gehört euch alles. Was auf euch und die Welt zukommen wird, Herrliches und Bedrohliches, gehört euch doch alles und hat keine Macht über euch.

Nur eins: Ihr selbst seid eine Ausnahme. Ihr selbst gehört euch nicht. Ihr gehört Christus. Christus selbst hat aber wiederum nie sich selbst gehören wollen. Er gehört Gott.

Wofür sollen uns die Menschen denn halten? Für nichts anderes als für Knechte Christi. Sie sollen wissen, daß wir nichts tun als Gottes Geheimnisse verwalten.
An einem Verwalter ist aber nur das eine wichtig, ob er mit dem ihm Anvertrauten sorgsam, zuverlässig und uneigennützig umgeht.

Ob nun ihr oder irgendwelche anderen Menschen meinen, ich erfüllte meine Aufgabe schlecht, das ist mir nicht wichtig. Ein menschliches Urteil hat hier keine Bedeutung. Und selbst mein eigenes Urteil über meine Arbeit ist uninteressant.

Ich kann mir zwar nichts denken, das man mir vorwerfen könnte. Aber mit dieser Meinung ist noch nichts erreicht. Das eigentliche, wichtige und endgültige Urteil wird der Herr fällen.

Es ist darum gut, wenn ihr auf jedes Urteil über einen Mitarbeiter der Kirche verzichtet, so lange, bis Christus kommt. Dann wird man nämlich auch das sehen, was man bisher nicht sehen konnte. Man wird sehen, was einer eigentlich wollte, seine wirklichen Gedanken, seine wirkliche Gesinnung.
Dann wird jeder das Lob und den Lohn empfangen, die ihm Gott gibt.

Ich habe bisher von Apollos und mir geredet. An uns beiden wollte ich zeigen, daß es keinen Sinn hat, mehr von irgendeinem Menschen zu halten, als was nun eben sein Auftrag ist und was Gott über seine Mitarbeiter gesagt hat. Denn es wäre nicht gut, wenn bei euch die einen sich den anderen gegenüber aufbliesen, weil sie den einen oder den anderen zum Lehrer gehabt haben.

Denn: Wer hat dich zu etwas Besonderem gemacht? Was hast du schon, das du nicht empfangen hättest? Wenn du aber lediglich ein Empfänger bist, warum tust du so, als sei irgend etwas Besonderes an dir, das du nicht empfangen hättest? Warum tust du so, als hättest du etwas zu geben? Ihr seid schon reich und satt geworden. Ihr seid schon große Herren geworden.

Ja, wenn wir nur alle miteinander wirklich groß wären! Ich glaube allerdings: Gott hat uns, den Aposteln, zunächst eine ganz andere Rolle zugedacht: die Rolle der Allerwertlosesten. Unsere Rolle scheint die zu sein, uns ständig am Rande des Todes entlangzuschleppen. Wenn wir schon Spieler sind in einem Schauspiel, dann sind wir Spottfiguren in einem Zirkus. Die Welt schaut zu und amüsiert sich. Die unsichtbaren Mächte schauen zu und natürlich die Menschen. Wir sind die Dummköpfe, die den Spott in Kauf nehmen, der den trifft, der von Christus redet. Ihr hingegen macht die Figur bedeutender und gescheiter Leute, die respektiert werden wollen, weil sie von Christus reden.

Wir sind am Rand unserer Kraft. Ihr seid gesund und ausgeruht. Ihr seid von allen Seiten respektiert. Auf uns spuckt man herab. Bis zu diesem Augenblick leiden wir Hunger und Durst. Wir frieren und werden geprügelt. Wir sind heimatlos auf den Straßen, und dabei arbeiten wir und schaffen mit unseren eigenen Händen.

Wir werden beschimpft und geben dafür Segen zurück. Man verfolgt uns, und wir ertragen es in aller Stille. Man verleumdet uns, und wir haben nichts als das Gebet.

Wir sind der Schmutz, den die Welt ausfegt, der Mülleimer aller Leute.

Ich sage das nicht, um euch zu beschämen. Aber gerade, weil ich euch liebe, ist es gut, wenn ich es einmal so klar sage.

Was Paulus über sein Amt schreibt, über die Gefahr und die Aus-
gesetztheit, unter der er leidet, das erzählen die Evangelisten Markus und Matthäus schon aus ihren Erlebnissen mit Christus. Die
Berichte über den Sturm auf dem Meer und über das Gehen des
Petrus auf dem Wasser sind schon in der ältesten Zeit auf die
Kirche bezogen worden. Die Kirche erscheint nicht ohne Grund
immer wieder im Bild eines Schiffs. Nicht, weil sie so sicher, sondern weil sie so gefährdet ist und weil sie ihre Fahrt nicht durch-
halten kann, wenn Christus sie nicht führt und bewahrt.

An einem Abend,
als die Dämmerung hereinbrach –
nachdem Jesus von einem Schiff aus
zu den Leuten geredet hatte,
am westlichen Ufer des Galiläischen Meeres –,
befahl er: Auf! Wir fahren hinüber!

Sie schickten das Volk nach Hause
und fuhren mit dem Schiff, in dem er gerade saß,
in Begleitung anderer Schiffe auf den See hinaus.
Da kam plötzlich ein Sturm auf.
Die Wellen schlugen ins Schiff,
so daß es anfing, vollzulaufen.
Er selbst aber lag am Heck
und schlief auf einem Kissen.
Da weckten sie ihn und riefen:
Meister, ist es dir gleichgültig,
daß wir untergehen?
Er aber stand auf,
beschwor den Wind
und schrie das Meer an:
Still! Kein Laut mehr!
Da legte sich der Wind
und eine tiefe Stille breitete sich über dem Meer aus.

An seine Begleiter aber gewandt, sprach er:
Warum seid ihr so feige?
Ist euer Glaube verlorengegangen?
Da fürchteten sie sich und fragten –
und es lag ein Grauen darin –:
Was für einer ist das,
daß ihm Wind und Meer gehorchen?

An einem anderen Tage geschah folgendes:
Jesus trieb seine Jünger ins Schiff
und befahl, sie sollten vor ihm her ans andere Ufer fahren,
während er das Volk entließ.
Danach ging er allein ins Gebirge, um zu beten,
und war dort bis tief in die Nacht.

Das Schiff war inzwischen weit vom Lande
und kämpfte mit den Wellen,
denn der Wind stand ihm entgegen.
Kurz vor Tag aber kam Jesus zu ihnen,
indem er über das Meer ging.

Die Jünger sahen, wie er auf dem Meer daherkam,
erschraken und meinten,
es sei ein Gespenst, und schrien vor Angst.

Habt keine Angst, redete Jesus sie an,
ich bin's, fürchtet euch nicht.
Petrus aber antwortete ihm:
Herr, wenn du es bist,
dann gib mir den Befehl,
über das Wasser zu dir zu kommen!
Und Jesus befahl: Komm!

Da stieg Petrus über die Bordwand,
trat auf das Wasser und schritt auf Jesus zu.
Er sah aber plötzlich auf den Sturm
und die Wellen und erschrak,
fing an zu sinken und schrie:
Herr, halt mich fest!
Jesus griff mit der Hand zu,
faßte ihn und sagte:
Warum läßt du dich irre machen?
Ist dein Glaube so schwach?
Als er mit Petrus ins Schiff trat,
legte sich der Wind.

Die im Schiff aber fielen vor ihm nieder und bekannten:
Du bist wirklich Gottes Sohn!

An Wagnissen dieser Art – nämlich „auf dem Wasser" zu gehen –
entscheidet sich auch, wer sich für eine Mitarbeit im Dienst Christi
eignet. Die Berichte über Gespräche Jesu mit interessierten Leuten
reden eine deutliche Sprache.

Eines Tages, als sie miteinander auf dem Weg waren
im Gebirge von Samaria,
ging einer auf Jesus zu und redete ihn an:

Ich will zu dir gehören.
Ich will mit dir gehen,
überall, wohin du gehst.

Jesus erwiderte:
Die Füchse haben ihren Bau.
Die Vögel haben ihr Nest.
Ich, der Bevollmächtigte Gottes,
habe noch nicht einmal einen Schlafplatz
oder ein Versteck vor den Mächtigen,
die mir nachstellen.

Einen anderen forderte er auf: Komm mit!
Der bat ihn:
Erlaube mir, daß ich vorher noch nach Hause gehe
und meinem toten Vater die letzte Ehre erweise.
Aber Jesus verbot es:
Laß die Toten ihren Toten Ehre erweisen.
Was dich angeht: Fang an!
Verkündige, daß das Reich Gottes da ist.

Ein Dritter kam von sich aus:
Ich will dir gehorchen und zu dir gehören,
nur erlaube mir noch eine Abschiedsfeier
mit meiner Familie.
Doch Jesus wehrte ab:
Wer mit den Händen den Pflug faßt
und dabei zurücksieht,
taugt nicht dazu,
dem Wort Gottes eine Furche aufzureißen.

Im 2. Korintherbrief greift Paulus das Thema „Mitarbeit in der Kirche" noch einmal auf:

Wenn jemand „in Christus" ist (das heißt zu ihm gehört, in ihm seinen Halt hat, an ihn glaubt, ihn liebt und von ihm geliebt wird), wenn einmal das Wesentliche an ihm nicht mehr er selbst ist, sondern Christus, durch den er lebt und ohne den er nicht mehr zu denken ist, dann ist er so etwas wie eine neue Schöpfung, dann geschieht eine Wiederholung dessen, was im Anfang der Welt geschah: daß Gott ein Wort spricht und etwas entsteht, das bisher nicht da war. Alles, was diesen Menschen früher ausmachte, ist vergangen und vergessen. Er ist etwas völlig Neues, etwas ganz anderes geworden.
Wie ging das zu? Nicht anders als am Anfang, als Gott die Welt schuf: Er sprach ein Wort. Er sandte Jesus Christus. Durch ihn redete er erneut mit den Menschen und zu den Menschen. Er schuf eine Verbindung, ein Gespräch zwischen ihm und den Menschen durch den Mund Jesu Christi, damit die Menschen umkehren und sich mit ihm, Gott, versöhnen sollten, ihren Haß, ihren Widerstand und ihre Sünde lassen, ihm antworten und seine Kinder werden. Dieses Wort geht weiter. Menschen sagen es weiter. Jesus Christus hat es so gewollt. Immer weiter sollen Menschen von Gott hören, zu Gott umkehren und neu werden. So, wie man neu und unverdorben ist, wenn man gerade von Gott geschaffen worden ist. Das ist unser Amt.
Denn Gott selbst war in Christus auf dieser Erde und hat den Menschen die Erlaubnis gegeben, zu ihm nach Hause zu kommen. Er rechnete ihnen nicht an, was sie alles schon gegen seinen Willen getan hatten. Er fing an, mit ihnen zu sprechen.
Und wir? Wir Apostel? Wir Christen? Wir sind die Botschafter, die das Wort weitergeben. Was wir sagen, ist Gottes Mahnung an euch: Macht euren Frieden mit Gott!
Denn alles, was uns von Gott trennte, all unsere Schuld, all unseren Eigensinn, all unseren Haß hat Jesus Christus ausgehalten und auf sich genommen und ist darunter gestorben. Und wir sind frei. Wir dürfen alles liegen lassen, was uns hindert, Gottes Kinder zu sein. Wichtig ist nur, *daß* wir kommen.

Als diese Mithelfer und Mitarbeiter Gottes möchten wir euch warnen: Sorgt dafür, daß Gott euch nicht umsonst gerufen hat. Euch gilt, was Jesaja im Auftrag Gottes seinem Volk gesagt hat: „Ich habe dich in einer besonders gesegneten Zeit erhört und habe dir an einem besonders glücklichen Tage geholfen." Ihr Brüder in Korinth: Jetzt ist die gesegnete Zeit, heute ist der glückliche Tag.

Was uns angeht, die Mitarbeiter Christi, so ist auf unserer Seite die Mühe und die Sorge. Je mehr ihr selbst solche Mitarbeiter werdet, desto mehr gilt das alles auch von euch.
Unsere Sorge ist, daß ja niemand an Christus irre wird, nur, weil wir ihm im Wege sind. Unsere Sorge ist, auch in den Augen der Menschen glaubwürdige Diener Gottes zu sein und trotz aller Widerstände die Geduld nicht zu verlieren, die Christus uns gibt:
In Bedrängnissen, in Notlagen, in Ängsten, im Gefängnis, inmitten von Aufständen, die man unsretwegen vom Zaun bricht, in aller Mühe, in Schlaflosigkeit, im Hunger.
Man soll an uns sehen, was man an Christi Dienern sehen muß: Reinheit, Einsicht, einen langen Atem, Freundlichkeit, Gehorsam gegen den heiligen Geist. Man soll uns nüchterne und ehrliche Liebe anspüren. Man soll von uns kein Wort hören als das Wort der Wahrheit, und wir sollen keine Kraft anwenden, es sei denn die Kraft Gottes selbst.
Unsere Waffen sollen nichts anderes sein als Gerechtigkeit, ganz gleich, nach welcher Seite hin wir uns zu wehren haben: Gegen menschliche Lobreden oder menschliche Verleumdungen, gegen böses Gerede oder gegen schwärmerische Verehrung.
So gehen wir unseren Weg, als Verführer angesehen, die doch nichts bei sich haben als die Wahrheit. Unverstanden und doch allen Leuten bekannt. Als Menschen, die man zu Tode hetzt und denen Gott doch das Leben erhält. Wir werden zerschlagen und kommen doch nicht um. Wir kennen nichts als Leid und sind doch allezeit fröhlich. Wir besitzen nichts und machen doch viele reich. Wir besitzen nichts und sind doch die Herren aller Dinge, durch Christus, der der Herr ist.

Es gibt anscheinend einige unter euch, die meinen, das alles
sei so dahingeredet. Es ist ja im Grunde Unsinn, die Leiden
aufzuzählen, die Gott uns zumutet, als ob es darauf ankäme, was andere Leute von uns halten. Aber es ist wichtig,
daß ihr versteht: Es handelt sich nicht um Phrasen, wenn wir
den Leidensweg Christi mitgehen.

Ich habe mehr Mühe gehabt als irgendein anderer Apostel.
Ich bin unzählige Male im Gefängnis gewesen. Ich bin unzählige Male gegeißelt worden und in Todesnot gekommen.

Von den Juden habe ich fünfmal die Höchststrafe erhalten,
nämlich 39 Geißelhiebe. Dreimal bin ich mit Stöcken geschlagen und einmal gesteinigt worden.

Dreimal habe ich Schiffbruch erlitten, Nacht und Tag habe
ich in den Wellen zugebracht. Viele mühselige Reisen habe
ich hinter mir. Auf Flüssen bin ich in Gefahr gewesen, in
Gefahr durch Räuber, in Gefahr durch mein eigenes Volk
und in Gefahr durch fremde Menschen. In Gefahr in den
Städten, auf einsamen Wegen und auf dem Meer, und immer wieder auch in Gefahr durch falsche Brüder. Mühe und
Arbeit habe ich gehabt, Schlaflosigkeit, Hunger, Durst und
Kälte.

Und dabei ist nicht eingerechnet, was täglich dazukommt,
nämlich, daß ich ständig angelaufen werde und mir die
Sorge für alle Gemeinden auf der Seele liegt.

Wer wird schwach und ich soll nicht schwach werden? Wer
ärgert sich und ich soll nicht zornig werden?

Freilich – wenn ich irgend etwas habe, das mich auszeich-
net, dann ist es meine Schwäche.

Gott, der Vater unseres Herrn Jesus Christus, weiß, daß das
alles wahr ist. Ihn will ich preisen in Ewigkeit.

Einmal spricht Paulus im Zusammenhang seines schweren Leidens-
wegs von zwei Ereignissen, die man als Visionen bezeichnen kann,
als Auditionen oder Entrückungen. Es ist dabei bezeichnend, daß
er diese Erweise einer besonderen Freundlichkeit Gottes nicht in
Anspruch nimmt, um damit seine besondere Bedeutung für die
Kirche zu beweisen.
Er redet indirekt davon, als ob es sich um sonst jemanden gehandelt habe, und fügt hinzu: Bemerkenswert an mir sind nicht
meine besonderen Erlebnisse und Erfahrungen. Bemerkenswert ist
meine Schwäche. Bemerkenswert ist, wie dicht Christus mich zu
sich geholt hat, wie dicht ich auf seinem Leidensweg hinter ihm
gehen darf. Wie ähnlich mein Leiden seinem Leiden ist.

Es hilft ja nichts, wenn ich von mir selber rede und mich
selbst herausstelle. Aber vielleicht ist es gut, wenn ihr wißt,
was Gott mir geschenkt hat.

Ich kenne einen Menschen – (ich kenne ihn, weil er zu
Christus gehört wie ich) –, der wurde eines Tages in Gottes
Welt hinaufgerissen, so, daß er sich plötzlich im Himmel
befand, in Seiner Nähe. Es sind jetzt vierzehn Jahre her. Ob
man sagen soll, er sei dabei in einem „normalen" Zustand
gewesen, oder er habe seinen Leib verlassen und sei „außer
sich" gewesen, weiß ich nicht. Gott weiß es.

Ich weiß von demselben Menschen, daß er ein anderes Mal
entrückt worden ist oder hinaufgerissen in das Paradies, das
Gott für uns bereit hat. Unaussprechliche Worte hörte er
dort, die kein Mensch nachsprechen kann. Ob man sagen
soll, er sei als ganzer, leiblicher Mensch dort gewesen, oder
er habe seinen Leib dabei zurückgelassen, weiß ich nicht.
Gott weiß es.

Wenn ihr an mir unbedingt etwas Besonderes sehen wollt,
dann seht auf diesen Menschen und auf das Einzigartige,
das Gott mit ihm getan hat. Ich selber möchte gern festhalten, daß das einzig Besondere an mir meine Schwäche
ist. Daß das Besondere an mir lediglich darin besteht, daß
Gott all das in ein so schwaches, zerbrechliches Gefäß wie
mich gelegt hat.

Luther übersetzt hier, Gott habe Paulus einen „Pfahl ins Fleisch" gegeben. Das ist nicht genau. Wörtlich steht da, es sei ihm „ein Pfahl für das Fleisch" gegeben. Das Wort, das er dabei gebraucht, wird auch für den Kreuz-Pfahl gebraucht, an dem Menschen hingerichtet wurden.

Ich rede nicht gern davon, daß Gott mir diese besonderen Zeichen seiner Liebe gegeben hat. Denn niemand soll mich überschätzen oder mich bewundern. Man soll weiter nichts von mir halten, als was man von mir sieht oder hört, und soll sich auch durch das Ungeheure in meinen Visionen nicht bestimmen lassen.
Denn Gott hat, neben allem, was er mir geschenkt hat, noch etwas anderes getan, damit ich mir ja nichts auf meine Bedeutung zugute tue:
Er hat meinen Leib an einen Pfahl gehängt, einen Pfahl wie den, an dem man Menschen kreuzigt. Da hänge ich, gebunden und wehrlos. Ein Dämon, ein Bote des Satans, steht vor mir und schlägt mir ins Gesicht, als ob er mir immer und immer wieder klarmachen wollte: Du gehörst nicht zu Christus! Du gehörst mir!

Dreimal habe ich den Herrn angefleht: Nimm ihn weg! Treibe ihn fort! Er aber hat zu mir gesagt: Was ich dir gegeben habe, muß dir genügen. Du hast genug Zeichen meiner Gnade empfangen. Die größte Kraft empfängst du in der äußersten Schwäche.

So ist mir eigentlich nur noch meine Schwäche wichtig. Mir ist nur noch wichtig, daß die Kraft Christi bei mir ist, daß sie gleichsam ihr Zelt über mich breitet, so wie Gott in einem Zelt mit seiner Herrlichkeit bei seinem Volk war, als es durch die Wüste zog.
Mir ist nur noch wichtig, daß mein Pfahl ganz nahe beim Kreuz Christi steht und seine Kraft bei mir bleibt.
Darum freue ich mich in den Stunden der Müdigkeit und der Mißhandlungen, in Notlagen, Verfolgungen und Bedrängnissen. Dann weiß ich: Hier bin ich am engsten mit Christus verbunden. Wo ich meine ganze Schwäche empfinde, ist Christus in mir am Werk mit der ganzen Fülle seiner Kraft.

Wenn Paulus der Gemeinde in Korinth klarmacht, daß das Abendmahl sie mit Christus verbindet, dann legt er auch hier entschei-
dendes Gewicht auf die Gemeinschaft mit dem *leidenden* Christus.

Ihr seid keine Anfänger. Ihr wißt, was ihr tut, wenn ihr das
Abendmahl feiert.

Der Kelch, aus dem wir den Segen empfangen und für den
wir danken, – gibt der uns nicht Gemeinschaft mit dem leidenden Christus? Hält der uns nicht sein Blut vor Augen?

Das Brot, das wir brechen, – gibt es uns nicht Gemeinschaft
mit dem leidenden Christus? Stellt es nicht seinen gebro-
chenen Leib dar?

Es ist ein gemeinsames Brot, das wir essen. So sind wir, die
vielen, ein Leib, weil wir alle an einem Brot teilhaben.

Ich habe, was ich über dieses Geheimnis weiß und was ich
euch weitergegeben habe, vom Herrn empfangen:

In der Nacht, da er verraten wurde, nahm er das Brot,
sprach die Worte des Lobgesangs, brach es und sprach:
„Das ist mein Leib, den ich für euch hingebe. Das tut zum
Gedächtnis an mich."

Nach dem Mahl nahm er den Kelch und sprach: „Dieser
Kelch ist ein Zeichen für die neue Liebe zwischen Gott und
euch, für die neue Gemeinschaft, die durch mein Sterben
gestiftet wird, durch mein Blut. So sollt ihr es halten: Trinkt
diesen Kelch zum Zeichen, daß ihr zu mir gehört."

So oft ihr nun dieses Brot eßt und aus diesem Kelch trinkt,
sollt ihr den Tod des Herrn weitersagen, bis er kommt.

Gerechtigkeit und Unrecht haben nichts miteinander zu tun. Licht und Finsternis sind einander fremd. Christus und der Teufel stimmen nicht zusammen. Wer an Christus glaubt, hat nichts Gemeinsames mehr mit dem, der nicht glaubt. In einen Tempel Gottes stellt man keine Götzenbilder.

Wir aber sind ein Tempel des lebendigen Gottes. In den heiligen Schriften haben wir das Wort:

„Ich will bei ihnen wohnen und will sie auf ihren Wegen begleiten. Ich will ihr Gott sein, der sie schützt und erhält, und sie sollen mein Volk sein, das zu mir gehört.
Deshalb haltet die Grenzen ein zwischen euch und den anderen und haltet fest, daß ihr einer anderen Welt zugehört. Rührt nichts an, was eure Seele beschmutzt oder euren Willen gefangen nimmt. Denn ich will euch zu mir nehmen. Ich will euer Vater sein und ihr sollt meine Söhne und Töchter sein."

Der das sagt, ist der allmächtige Herr über die ganze Welt.

Das gilt uns. Wenn es aber uns gilt, ihr Lieben, dann laßt uns damit Ernst machen. Dann laßt uns alles abstreifen, was nur noch menschlich, nur noch in dieser Welt interessant ist. Dann laßt uns unseren Leib, unser Herz und unseren Geist reinigen von allem, was uns anhängt, befleckt und belastet.

Laßt uns Ernst machen mit Gott und nichts wollen, nichts erstreben als nur das eine: Daß wir ihn finden, zu ihm kommen, zu ihm gehören.

Wer sich zur Kirche rechnet, muß wissen, daß sie weniger mit der Vergangenheit und der gegenwärtigen Zeit zu tun hat als mit der Zukunft. Wer von der Kirche redet, spricht von einer Zukunft, die weiter hinausreicht als die der Völker oder der Staaten, weiter hinaus als die der Welt überhaupt.

Wenn Paulus schreibt, um dieser Zukunft willen lohne es sich, sehr viel auf sich zu nehmen an Mühsal und Leiden, dann meint er, daß für den Christen das eigentliche Leben erst anfange, wenn das Leben der Menschen auf dieser Welt zu Ende gegangen sei. Er hat dabei das im Auge, was Christus selbst das „Reich Gottes" nennt.

Im Herbst eines jeden Jahres vergegenwärtigt man sich in der Christenheit dieses Ende des Lebens, den Herbst der Welt und die danach erst anbrechende Zukunft der Kirche. Vom 16.–31. Oktober sind Worte zusammengestellt, die davon reden.

Ich weiß, daß meine Zeit zu Ende geht. Ich weiß, daß ich dieses Zelt, meinen Leib, bald abbrechen muß.

Mir liegt aber daran, daß ihr auch nach meinem Weggang fest in dieser Überzeugung steht. Denn wir sind nicht irgendwelchen erfundenen Märchen oder Sagen nachgelaufen, wenn wir euch die künftige Macht unseres Herrn Christus vor Augen malten. Wir haben seine Majestät selber erlebt. Von Gott selbst hat er seine Ehre und seine Herrlichkeit empfangen, als jene Stimme zu ihm sprach, während Gottes überwältigendes Licht ihn umgab: „Das ist mein lieber Sohn, der ist meine Freude!"

Da wir das gehört haben, sind wir uns auch ganz klar über alle die Voraussagen der Propheten. Über die Zukunft Gottes, über die Zukunft seines Volks, der Kirche, über die Zukunft der Welt.

Ihr tut gut daran, auf jedes dieser Worte zu achten. Ihr tut gut daran, sie vor euch herzutragen wie ein starkes Licht, das man bei Nacht auf einen dunklen Weg mitnimmt. Laßt sie vor euch herleuchten, von einem Schritt zum nächsten, solange ihr diesen finsteren Weg geht, bis einst der Tag über der Welt anbricht und der Morgenstern in eurem Herzen aufgeht: die Sonne, die Christus heißt.

Über die Zeit und die Stunde, in der das geschehen wird, liebe Brüder, brauche ich euch nichts zu schreiben. Ihr wißt selbst, daß der Tag des Herrn ohne Voranmeldung kommen wird, so unversehens wie ein Dieb in der Nacht.

Denn wenn sie sagen: Es ist Friede! Es ist keine Gefahr! wird das Verderben plötzlich über sie hereinbrechen wie die Wehen über eine schwangere Frau. Dann werden sie keinen Ausweg mehr finden.

Ihr aber, liebe Brüder, steht nicht in dieser Finsternis und braucht euch vom Licht Gottes nicht überraschen zu lassen wie von einem Einbrecher. Ihr seid Lichter. Ihr gehört zum Tag wie der Funke zum Feuer. Ihr habt mit der Nacht und der Finsternis nichts zu tun.

Wenn das so ist, dann laßt uns auf den Schlaf verzichten, in dem die anderen dahinträumen. Laßt uns wachen und bei klaren Sinnen sein. Denn die Schläfrigen schlafen in der Nacht, die Betrunkenen sind in der Nacht betrunken. Wir aber gehören dem Tag und sollen einen klaren Kopf haben.

Wir sollen bereit sein, wenn es zu kämpfen gilt. Wir sollen den Panzer tragen, der „Glaube" heißt oder „Liebe", und den Helm, der „Siegesgewißheit" heißt. Denn Gott hat uns nicht dazu bestimmt, zugrunde zu gehen, sondern dazu, aus dieser Welt herausgerissen und gerettet zu werden. Der uns aber herausreißt, ist unser Herr Jesus Christus, der für uns gestorben ist, damit wir mit ihm leben, jetzt – und dann wenn dieses Leben, das aus Schlafen und Wachen besteht, vorüber ist.

Sagt das einander immer wieder. Macht es euch ganz klar, damit ihr immer fester steht. Ich bin froh, zu wissen, daß ihr es tut.

Was das praktisch bedeutet, wenn wir einander ermuntern, wach zu sein und auf den Tag zu warten? Was es bedeutet, wenn wir einander helfen, immer fester zu stehen?

Dies: Daß ihr euch um die kümmert, die innerlich haltlos sind, und sie zurechtbringt. Daß ihr die Mutlosen aufmuntert, daß ihr die Schwachen stützt, daß ihr allem, was es auch immer sei, mit Geduld begegnet.

Seht zu, daß keiner unter euch auf eine Bosheit mit einer Bosheit antwortet. Seht zu, daß ihr auf alle Fälle immer genug Güte füreinander habt.

Laßt euch eure Fröhlichkeit nicht nehmen. Laßt das Gebet nicht verstummen. Seid für alles dankbar. Denn das will Gott. Das soll das Zeichen sein, daß ihr zu Jesus Christus gehört.

Wenn Menschen eine besondere Gabe von Gott haben, wenn er ihnen in besonderer Weise seinen Geist gegeben hat, dann sollt ihr nicht versuchen, sie gleichsam aufs Normalmaß zu bringen oder sie in den üblichen Rahmen einzuordnen.

Hat einer ein besonderes Wort von Gott, dann nehmt es euch zu Herzen. Ihr braucht es nicht unkritisch anzuhören. Erweist es sich aber als richtig und hilfreich, dann nehmt es an.

Meidet auch den bloßen Schein, als ob ihr euch an irgend etwas Unrechtem beteiligen wolltet.

Er selbst aber, der Gott, der Frieden hat und Frieden gibt, möge euer Herz und euer Handeln bestimmen. Er möge euren Geist, eure Seele und euren Leib ohne Tadel bewahren, bis unser Herr Jesus Christus kommt.

Der euch gerufen hat, ist zuverlässig. Er wird zu euch stehen.

Paulus schreibt an seinen Mitarbeiter Timotheus:

Lieber Timotheus, ich habe dir seinerzeit die Hände aufge-
legt, als ich dir dein Amt übergab. Alle Fähigkeiten und
Gaben, die du brauchst, hat Gott dir in jener Stunde verliehen. Das Feuer ist da. Laß es brennen! Laß es flammen!

Denn Gott hat uns seinen Geist nicht gegeben, damit wir
ihn ängstlich verstecken, sondern damit wir Kraft haben für
unseren Dienst, Liebe für die Menschen und Zucht für uns
selbst.

Darum sei nicht schüchtern. Rede unbekümmert von unserem Herrn und laß dich's nicht verdrießen, wenn die Spötter fragen: „Was mag das für ein Herr sein, der seinen
Diener Paulus ins Gefängnis schickt!" Leide das ganze Elend
und den Spott mit für das Evangelium und verlasse dich auf
die Kraft Gottes. Denn Gott hat uns aus dieser Welt heraus-
geholt und uns einen besonderen Auftrag gegeben. Nicht,
weil wir besondere Leute wären, sondern einfach, weil er es
so bestimmt hat und weil er uns etwas Besonderes schenken
wollte.

Ehe es eine Welt gab, war dieser Auftrag für uns schon da.
Als Christus kam, hat er ihn uns gegeben, hat uns gerufen
und uns den Weg gezeigt in seine künftige Welt.

Er hat dem Tode die Macht genommen und unvergängliches
Leben ans Licht gebracht. Im Evangelium, im Wort von
Christus und von Gottes Reich, leuchtet es für jeden, der es
sehen will.

Für diese Botschaft arbeite ich. Für sie leide ich auch das
alles. Aber ich lasse mich nicht unsicher machen. Denn ich
weiß, auf wen ich mich verlasse, und weiß, daß er mir den
Ertrag meiner Arbeit – oder besser: das Geschenk, das er
für mich vorgesehen hat – bereitlegen und bewahren kann
bis zu dem Tag, an dem er kommt.

Lieber Timotheus, bemühe dich, gerecht zu sein. Bemühe dich um ein geordnetes geistliches Leben. Bemühe dich um Glauben, um Liebe, um Geduld. Bemühe dich um die Fähigkeit, mit ruhigem Herzen Unrecht zu leiden.

Laufe mit auf der Kampfbahn, auf der der Glaube sich bewähren muß, damit du das ewige Leben erlangst, das Gott für dich bereithält. Du hast ja schon damit angefangen und hast vor vielen Menschen klar gesagt, wofür du da sein willst.

Richte dich nach den Anweisungen des Herrn ohne Rücksichten und ohne Nebengedanken, mit einfachem Herzen und eindeutigem Sinn, bis er kommt.

Denn Gott wird den Tag anbrechen lassen, an dem Christus für alle Welt sichtbar ist. Darum preisen und rühmen wir ihn: den liebenden Gott, den einzigen wirklichen Herrscher. Den König über allen, die sich Könige nennen, den Herrn aller, die sich Herren nennen, den Einzigen, der ewig besteht. Ihn, der in einem Licht wohnt, in das niemand eindringt. Ihn, den niemand gesehen hat unter allen Menschen und niemand sehen kann.

Ihm steht Ehre und Anbetung zu. Er hat die Macht für alle Ewigkeiten. Das steht fest.

Wovon lebt die Kirche auf ihrem Weg? Davon, daß Gott mit ihr spricht. Sie lebt „vom Wort". Das Wort und das Brot treten darum häufig in Vergleichen nebeneinander: „Mein Wort ist Brot für euch", sagt Gott durch Jesaja. „Ich bin das lebendige Brot", sagt Christus, „Wer von diesem Brot essen wird, der wird ewig leben". Das Lied über das Wort, das Brot schafft, ist wie eine Voraussage auf die Geschichte von der Speisung der Tausende von Menschen durch Christus in der Wüste. Die Kirche hat es immer zusammen gesehen: Die Voraussage bei Jesaja, die Erfüllung durch Christus und die Erfahrung, daß man tatsächlich davon lebt, daß Gott spricht.

Auf, die ihr durstig seid, kommt! Hier ist Wasser! Die ihr kein Brot habt, kommt her! Nehmt euch Korn – ihr müßt nicht bezahlen!
Warum wollt ihr ewig Geld geben für Brot, das nicht nährt? Warum wollt ihr euch mühen um Nahrung, die nicht sättigt? Wer mein Wort hört, wird essen und satt werden, und sich an kostbarer Speise nähren.
Tut euer Ohr auf und kommt zu mir, spricht Gott! Hört zu! So wird eure Seele leben.

Suchet den Herrn, solange er zu finden ist. Ruft ihn an, solange er nahe ist. Der Gottlose kehre um von seinem Wege und der Böse von seinen Gedanken.
Er kehre um zum Herrn, so wird er ihn aufnehmen wie ein heimkehrendes Kind.

Denn meine Gedanken sind nicht eure Gedanken und eure Wege sind nicht meine Wege, spricht der Herr. Sondern so hoch der Himmel über der Erde ist, so viel höher sind meine Wege als eure Wege und meine Gedanken als eure Gedanken. Denn wie der Regen und der Schnee vom Himmel fällt und nicht wieder dahin zurückkehrt, ehe er die Erde gefeuchtet und sie fruchtbar gemacht hat, ehe er Wachstum gab, Samen zum Säen und Brot zum Essen, so soll das Wort, das aus meinem Munde geht, auch sein:
Es wird nicht leer zu mir zurückkommen, sondern wird tun, was mir gefällt. Es wird ihm gelingen, wozu ich es sende.

Eines Tages zog Jesus sich auf einem Schiff in die Wüste zurück, ganz allein. Aber man erfuhr es und die Leute gingen ihm auf dem Landweg aus ihren Dörfern nach, am Ufer entlang.

Jesus aber kam aus seiner Verborgenheit hervor ihnen entgegen und sah die ungezählten Menschen. Da faßte ihn das Erbarmen über sie und er heilte die Kranken, die sie mitbrachten.

Als es aber Abend war, gingen seine Jünger zu ihm und sagten: Wir sind in der Wüste, es ist zu spät für den Heimweg. Laß die Leute gehen, daß sie sich in den nächsten Dörfern etwas zu essen kaufen.

Sie brauchen nicht wegzugehen, antwortete Jesus. Gebt *ihr* ihnen zu essen! Sie antworteten: Wir haben nichts hier außer fünf Broten und zwei Fischen.

Bringt sie her! befahl er, und wies das Volk an, sich im Grase niederzulassen. Er nahm die fünf Brote und zwei Fische, sah zum Himmel auf und sprach den Lobgesang. Dann brach er die Brote und gab sie den Jüngern und die Jünger gaben sie dem Volk.

Da aßen sie alle und wurden satt. Man sammelte die Brokken ein, die übrig blieben: zwölf Körbe voll.

Es hatten aber etwa fünftausend Männer mitgegessen, die Frauen und Kinder nicht miteingerechnet. Als sie nun das wunderbare Zeichen sahen, das Jesus tat, sagten sie: Das ist in Wahrheit der Prophet, der von Gott in diese Welt kommen sollte!

Aber Jesus, der sah, daß sie ihn suchten, um ihn zu ergreifen und ihn zum König zu machen, zog sich wieder ins Gebirge zurück, ganz allein.

Immer hat es Menschen gegeben, die Gott als sein Werkzeug verwendet hat. „Knechte Gottes", sagt das Alte Testament. „Boten",
„Gesandte", das Neue Testament. Was für die Kirche gilt, daß
sie nämlich einen schweren Weg zu gehen hat, daß ihr Weg durch
die Nacht führt, bis es Tag wird – das gilt für den „Knecht Gottes" in ganz besonderer Weise.
Der Knecht Gottes, von dem Jesaja spricht, und der Jünger oder
Apostel, den Christus aussendet – beide sind bestimmt, mit der
Menschheit durch die Dunkelheit, die Angst und den Tod zu gehen, um das Volk Gottes, die Menschen, in den anbrechenden
Morgen zu führen.

Der Geist Gottes ist über mir, sagt der Knecht.
Denn Gott hat mir einen Auftrag gegeben,
eine Botschaft, nämlich Freude für die Elenden!
Er hat mich gesandt, die wunden Herzen zu verbinden,
den Gefangenen die Freiheit anzukündigen,
den Gefesselten zu sagen,
daß ihnen die Ketten abgenommen werden sollen,
und zu rufen:
Jetzt ist die Stunde, in der Gott hilft!

Die Trauernden soll ich trösten.
Die Menschen, die in Trauerkleidern umhergehen,
soll ich in Festgewänder hüllen.
Den Schwermütigen, die stumm sind in ihrem Leid,
soll ich ein Lied vorsingen:
Einen Lobgesang und einen Dank.

Wie gut ist es, wenn Boten über die Berge laufen,
die Freude ausbreiten, die Frieden verkündigen,
die Gutes melden, die Heil bringen.
Ja, ich will laufen und zu Gottes Volk sagen:
Dein Gott ist dein König!
Horch, die Wächter rufen mit lauter Stimme,
mit Fröhlichkeit rufen sie die Nachricht
von Gottes Freundlichkeit über die Dächer!
Denn aller Augen werden es sehen,
daß Gott bei den Menschen ist.
An allen Enden der Welt wird man sehen,
wie er hilft, wie er rettet.

Als Jesus einmal am Ufer des Galiläischen Meeres entlang ging, sah er zwei Fischer, die eben ausfahren wollten, um ihre Netze ins Meer zu werfen. Sie waren Brüder und hießen Petrus und Andreas.

Auf! rief er sie an, hinter mir her! Ihr sollt Menschen fischen! Da ließen sie ihre Netze liegen, wo sie lagen, und gingen hinter ihm her.

An einer anderen Stelle sah er zwei Brüder, Jakobus und Johannes, die mit ihrem Vater Zebedäus im Boot saßen und ihre Netze flickten, und rief auch sie an.

Die beiden standen augenblicklich auf, ließen das Boot und ihren Vater hinter sich und schlossen sich Jesus an.

Danach kam Jesus mit ihnen zusammen in die Stadt Kapernaum, als es Sabbat war, und redete im Gottesdienst. Ein Erschrecken lief durch die Menge, ein Entsetzen über seine Worte.

Denn er redete wie einer, der Macht hat von Gott, und nicht wie die Ausleger in den Gotteshäusern sonst redeten.

In der Menge war ein Kranker, der stand unter dem Zwang einer bösen Macht. Er schrie plötzlich: Halt! Was willst du von mir, Jesus von Nazareth? Du willst mich umbringen! Ich weiß, wer du bist! Du bist kein Mensch, du kommst von Gott!

Jesus aber fuhr ihn an, furchtbar und drohend: Kein Wort mehr! Laß ihn! Da brach der Kranke zusammen – der Dämon ließ ihn los und er war frei.

Über die Leute aber kam ein Erschrecken und man fragte: Was war das? Ist der stärker als die Geister? Gehorcht ihm denn die Hölle? Und man redete von ihm im ganzen Lande.

Es geht den Propheten zunächst nicht um die Erlösung des einzelnen Menschen, sondern um eine neue Welt, in der die Menschheit in einer neuen Gemeinschaft leben soll: Um ein „Reich" Gottes. Die „Stadt Gottes" ist ein Bild für dieselbe Sache. So erscheint
etwa die Stadt Jerusalem immer wieder als Bild für die künftige
Stadt Gottes, in der die Menschen behütet und dankbar leben
werden, wenn Gott die neue Welt geschaffen hat. Mit dem Bild
von der Stadt Gottes verbindet sich vielfach das Bild von Braut und
Bräutigam: Von dem neuen, anderen, liebevollen und vertrauens-
vollen Verhältnis zwischen der Menschheit und ihrem Gott.

Ich freue mich an Gott.
Meine Seele ist fröhlich über Gott.
Denn er hat mir ein Festkleid angelegt und mir gesagt:
„Es ist alles gut zwischen dir und mir."
Wie einem Bräutigam
hat er mir den Kopfschmuck umgebunden
und wie einer Braut den Brautschmuck.

Ich freue mich über die Stadt Gottes
und will nicht schweigen.
Ich freue mich über Jerusalem, die Stadt,
und rede und singe von ihr,
bis ihre himmlische Klarheit wie ein Glanz aufgeht
und ihr neues, himmlisches Leben
wie eine Fackel aufstrahlt.
Die Völker sollen sehen,
wie in ihr Gottes Wille geschieht.
Die Könige sollen sehen, wie Gottes Macht um sie ist.
Und du, heilige Stadt, wirst nicht Jerusalem heißen.
Du wirst einen neuen Namen tragen, den nur Gott weiß.
Du wirst eine schöne Krone sein in der Hand des Herrn,
ein königlicher Reif in der Hand deines Gottes.

Man wird nicht mehr sagen:
Wie ist Gottes Volk so verlassen!
Wie einsam stehen Gottes Diener in dieser Welt!
Man wird Gottes Volk seine „Geliebte" nennen
und seine Kirche „Gottes geliebtes Weib".
Denn wie ein Bräutigam sich freut über die Braut,
so wird sich Gott freuen,
– freuen über dich, sein Volk.

Der Herr hat dich zu sich gerufen
wie eine verlassene und von Herzen betrübte Frau.
Wie einer die Geliebte seiner Jugend zu sich holt,
so holt Gott dich zu sich.
So spricht Gott:
Ich habe dich einen Augenblick allein gelassen.
Aber mit großer Barmherzigkeit
will ich dich zu mir nehmen.

Denn es sollen wohl Berge weichen
und Hügel hinfallen,
aber meine Freundlichkeit soll nicht von dir weichen
und die Zusage meines Friedens
soll nicht hinfällig sein,
spricht der Herr, der dich liebhat.

Du Arme, über die alle Wetter gingen
und die keinen Trost fand in ihrem Elend!
Sieh her!
Ich will deine Mauern auf Edelsteine stellen
und deinen Grund mit Saphiren legen.
Ich will deine Zinnen aus Kristall machen
und deine Tore aus Rubinen
und all deine Vormauern
aus erlesenen Steinen.

Alle deine Söhne sind Boten des Herrn.
Sie haben Frieden,
tiefen und großen Frieden.
Du sollst auf Gerechtigkeit gegründet sein.
Du brauchst keine Feindschaft zu fürchten
und keine Unterdrückung.
Kein Schrecken wird sich dir nahen.

Frieden will ich geben.
Frieden denen in der Ferne
und denen in der Nähe,
spricht der Herr.

Johannes schreibt im Auftrag Christi
an eine der kleinasiatischen Gemeinden,
an die Gemeinde in Philadelphia:

Dies sagt Christus, der die Wahrheit ist!
Dies sagt der,
der den Schlüssel der heiligen Stadt in Händen hat.
Der so aufschließt, daß niemand mehr zuschließen kann.
Der so zuschließt,
daß niemand mehr öffnet:
Ich weiß, was du getan hast.
Sieh her!
Vor dir ist eine offene Tür,
und niemand kann sie mehr schließen.
Denn du hast eine geringe Kraft
und hast in all deiner Schwäche
doch mein Wort festgehalten
und es nicht weggeworfen.

Weil du nun das Wort festgehalten hast,
das ich dir für die Zeit der Bewährung mitgegeben habe,
will ich auch dich festhalten,
wenn die große Stunde über die ganze Erde kommt,
in der der Glaube aller in Gefahr gerät.

Ich komme bald!
Halte fest, was du hast,
daß dir niemand deine Krone wegnimmt.
Wer in jener Stunde durchhält,
den will ich zu einem Pfeiler in meinem Tempel machen.
Er wird dort einen endgültigen und festen Stand haben.
Er wird Gott dienen und Gott gehören
und ein Teil der heiligen Stadt sein,
ein Teil des neuen Jerusalem,
das aus Gottes Welt herabkommt.
Er wird einen neuen Namen tragen,
den ich ihm geben werde.

Wer Ohren hat, der höre,
was Gottes Geist den Gemeinden sagt!

Johannes berichtet über eine Vision, in der Gott ihm Einblick
gab in die kommende Welt. Daß in diesem Bericht menschliche
Bilder enthalten sind, entspricht der Art, in der Menschen eben
über eine Sache sprechen können, die ihre Vorstellung übersteigt.
Er berichtet über den Augenblick, in dem die Gemeinde Gottes
sich vor Gottes Thron versammelt.

Ich sah eine große Menge Menschen,
die man nicht zählen kann,
aus allen Völkern und Rassen und Ländern
und aus allen Sprachen.
Die standen vor dem Thron,
gekleidet in weiße Gewänder, und riefen:

Heil sei unsrem Gott,
der nun herrscht auf seinem Thron. Heil dem Christus!
Lob, Ehre und Weisheit und Dank,
Preis und Macht und Stärke
sei unsrem Gott durch alle Ewigkeiten!
Ja, so soll es sein und bleiben!

Und einer von den Alten,
die an Gottes Thron standen, sprach zu mir:

Alle diese Menschen, die du siehst,
kommen aus großen Bedrängnissen.
Nun haben sie ihre Kleider gewaschen
und haben sie rein gemacht
von allem Leid und aller Schuld.
Nun stehen sie vor Gottes Thron
und dienen ihm Tag und Nacht in seinem Tempel.
Und der, der die Macht hat und auf dem Thron sitzt,
ist bei ihnen.
Sie werden nicht mehr hungern.
Es wird sie nicht mehr dürsten.
Sie werden nicht mehr unter der Glut der Sonne
oder unter der Glut der Verfolgung leiden.
Denn Christus selbst wird sie behüten
und sie zu den frischen Quellen führen.

Und Gott wird alle Tränen von ihren Augen abwischen.

Zu der Verzweiflung, die in dieser Welt auch Menschen treffen
kann, die Gott suchen und mit ihm eins sein möchten, gehört
auch die Schwermut, die von einer Zeit oder Ewigkeit nach dem
Tode nichts mehr weiß und nichts mehr wissen will.
Die schwermütigen Lieder, die wir bei Hiob oder im Buch „Prediger" finden, scheinen für Christen „überholt" zu sein, überholt
durch die Auferstehung Christi und durch die Hoffnung auf Gottes Welt. Aber sie sind Zeichen für die Situation von Menschen,
die unter der Last, unter dem Übergewicht dieser Welt leiden und
in ihrem Leid nicht mehr hinübersehen über die Mauern, von
denen sie eingeschlossen sind.

Der Mensch, von seiner Mutter geboren,
lebt seine paar Jahre voller Unruhe dahin.
Wie eine Blume geht er auf und fällt ab,
wie ein Schatten fliegt er dahin und vergeht.
Und auf diesen Menschen hast du acht und siehst ihn
und ziehst ihn vor dein Gericht,
als ob von Unreinen ein Reiner abstammen könnte!
Nicht einer.
Wenn es doch so ist, daß seine Tage bestimmt sind
und die Zahl seiner Monde beschlossen,
wenn doch sein Ziel festliegt,
und er keine Aussicht hat, es zu überschreiten –
dann laß ihn in Frieden, daß er seine Zeit
wenigstens wie ein Taglöhner genieße!
Für einen Baum gibt es noch Hoffnung.
Wenn er auch umgehauen wird,
kann er doch wieder treiben
und seine Schößlinge hören nicht auf.
Wenn seine Wurzel auch alt wird in der Erde
und sein Stumpf im Staub dahinstirbt,
so grünt er doch wieder,
wenn er den Duft des Wassers empfängt,
und treibt Zweige wie ein frischgepflanztes Reis.
Der Mensch aber stirbt und ist dahin.
Er verscheidet – und niemand weiß, wo er bleibt.
Wie das Wasser im See versickert,
wie ein Bach versiegt und trocken wird,
so vergeht der Mensch und steht nicht wieder auf.
Bis die Himmel vergehen, erwacht er nicht wieder
und wird nicht mehr aufgeweckt aus seinem Schlaf.

Ach, das eine wünsche ich mir:
daß du mich verstecktest im Reich der Toten,
daß du mich verborgen hieltest,
bis dein Zorn von mir abließe!
Ach, daß du dir einen Tag vornehmen wolltest,
an dem du dich meiner erinnertest!

Wird denn ein toter Mensch wieder leben?
Ach, ich würde gern diese Jahre des Streits
ausharren bis zu dem Tag,
an dem du mich wieder zu dir holtest!
Dann würdest du rufen und ich dir antworten,
und du hättest Sehnsucht nach deinem Werk,
nach mir!
Ja, du hättest wieder acht auf meine Schritte
und meine Sünde wäre vergessen.
Wie in einem versiegelten Beutel verschlossen
wäre meine Schuld.
Bedeckt wäre die alte Wand
durch einen frischen Verputz.

Aber auch ein Berg muß fallen
und ein Fels rückt fort von seiner Stelle,
Steine werden vom Wasser zerrieben
und das Erdreich schwemmt der Wolkenbruch davon.

So zerstörst du die Hoffnung des Menschen,
du wirfst ihn für immer zu Boden
und er verschwindet.
Du verwüstest sein Angesicht und schickst ihn weg.
Ob seine Kinder zu Ehren kommen?
Er sieht es nicht.
Ob sie in Unehre enden?
Er kann es nicht wissen.

Nur sein eigener Leib macht ihm Schmerzen,
und seine Seele liegt schwer in ihm,
schwer von Leid.

Im Grunde gibt es für eine solche Verzweiflung keinen Trost,
wenn nicht klar und eindeutig gesagt werden kann, daß „Christus
dem Tode die Macht genommen hat". Johannes spricht es in seiner Vision von der „Stadt Gottes" aus.

Ich sah einen neuen Himmel und eine neue Erde.
Denn der bisherige Himmel
und die bisherige Erde vergingen.
Ich sah, wie die heilige Stadt, das neue Jerusalem,
vom Himmel, von Gott her, sich in unsere Welt herabsenkte.
Sie war schön. Schön und geschmückt
wie eine Braut, die ihrem Mann entgegengeht.
Von Gottes Thron her hörte ich
eine mächtige Stimme sagen: Sieh her!
Hier wohnt Gott bei den Menschen!
Er wird bei ihnen bleiben
und sie werden sein Volk sein.
Er selbst, Gott, wird bei ihnen sein.
Er wird alle Tränen aus ihren Augen wischen.
Es wird keinen Tod mehr geben,
kein Leid, keine Klage, keinen Schmerz.
Denn alles, was bisher war, ist vergangen.

Und der, der auf dem Thron saß, sprach weiter:
Tu die Augen auf! Ich mache alles neu!
Schreibe auf, was ich dir gesagt habe,
denn diese Worte sind wahr und zuverlässig.
Ich bin das A und das O, der Anfang der Dinge und ihr Ziel.
Ich will dem Durstigen zu trinken geben, so viel er will.
Ich will ihm Wasser geben aus der Quelle des Lebens.
Wer durchhält bis zum Sieg, wird das alles gewinnen.
Ich bin sein Gott und er ist mein Sohn.

Dann werden Gottes Knechte Ihm dienen und Ihn sehen.
An ihren Stirnen wird Sein Name stehen.
Es wird keine Nacht mehr geben.
Sie werden keine Lampe nötig haben
und auch nicht das Licht der Sonne.
Denn Gott wird ihr Licht sein
und sie werden teilhaben
an Gottes Herrlichkeit und Macht, immer und ewig.

An einem Tag, als Jesus noch in der Landschaft am Galiläischen Meer wirkte, verließ er das Haus, in dem er gelehrt hatte, und setzte sich an das Ufer des Sees.

Dort drängten sich aber so viel Menschen um ihn, daß er in ein Boot stieg und sich setzte, um weiter zu reden. Die Leute standen dicht gedrängt am Ufer, während er ihnen Gleichnisse erzählte. Ein Bauer, so begann er, ging hinaus auf seinen Acker, um zu säen. Als er den Samen warf, fiel einiges auf den Weg, und die Vögel kamen und pickten es weg. Ein anderer Teil fiel auf felsigen Grund, an eine Stelle, an der wenig Erde war. Weil es oberflächlich lag, ging es bald auf. Als aber die Sonne höher stieg, welkte es und wurde dürr, weil seine Wurzeln nicht tief genug reichten. Einiges fiel in ein Gestrüpp, und die Hecken wuchsen zusammen und erstickten es. Das übrige aber fiel in gute Erde und gab Frucht, zum Teil hundertfach, zum Teil auch sechzig- oder dreißigfach. Wer Ohren hat, höre gut zu.

Denn mit dem Korn meine ich das Wort, das ich ausstreue. Wer nun das Wort vom Reich Gottes hört und es nicht begreift und bejaht, der ist wie der Weg, auf den die Körner fielen: Der Teufel stiehlt ihm wieder, was in sein Herz gesät war.
Dem felsigen Grund dagegen entspricht der, der das Wort hört und es rasch und mit Begeisterung aufnimmt. Er hat aber keine Tiefe, daß es Wurzeln treiben könnte, sondern ist dem Augenblick ausgeliefert. Wenn Schwierigkeiten kommen oder gar eine Verfolgung um des Wortes willen, ist er sofort am Ende.
Dem mit Dornen überwucherten Platz vergleiche ich den, der für das Wort, das in ihn gelegt ist, keinen Raum hat. Er hört es und die tägliche Mühe und die Sucht nach Geld, die doch nichts einbringt, ersticken es, und es kommt nichts dabei heraus.
Einiges war auf gutes Land gesät. Gutes Land, das sind die, die das Wort hören und verstehen und die es wirken und wachsen lassen, damit Frucht daraus wächst, hundertfach, sechzig- oder auch dreißigfach.

Wie das Reich Gottes sich bei euch verwirklicht?

Denkt euch einen Bauern,
der Samen in die Erde wirft.
Der geht wieder nach Hause
und schläft und wacht bei Nacht und bei Tag,
während der Same aufgeht und wächst,
ohne daß er etwas dazu tut oder davon weiß.
Von selbst, von sich aus gibt die Erde Frucht.
Zuerst den grünen Halm, dann die Ähre,
dann den vollen Weizen in der Ähre.
Wenn aber die Frucht es zuläßt,
dann schickt er die Sichel hinaus,
denn die Ernte ist da.

Oder anders:
Denkt euch einen Menschen, der reines Saatgut aussäte.
Er hatte aber einen Feind,
und als seine Leute schliefen,
kam der und säte Lolch dazwischen,
das gefürchtete, giftige Unkraut,
das dem Weizen anfänglich so ähnlich sieht,
und ging weg.
Als nun die Frucht aufwuchs und sich die Ähre bildete,
da merkte man, daß eine Menge davon Lolch war.
Da kamen die Knechte zum Gutsherrn und fragten:
Herr, hast du für deinen Acker
nicht reine Saat verwendet?
Wer hat denn den Lolch gesät?
Ein Feind! war die Antwort.
Da fragten sie:
Willst du, daß wir hinausgehen
und das Unkraut herausreißen?
Nein, antwortete der Gutsherr,
sonst reißt ihr den Weizen mit heraus.
Laßt beides miteinander wachsen bis zur Ernte.
In der Ernte
sollen die Schnitter das Unkraut herauslesen
und es zum Verheizen bündeln
und den Weizen sollen sie in meine Scheuer einbringen.

Ein anderes Gleichnis lautete so:

Das Reich Gottes
läßt sich mit einem Senfkorn vergleichen,
das ein Mensch in die Hand nahm
und auf sein Feld säte.
Es ist das kleinste von allen Samenkörnern.
Wenn es sich aber entwickelt,
wird daraus eine Pflanze,
größer als die Gartenstauden
und schließlich so groß wie ein Baum,
so daß die Vögel kommen
und sich in seinem Gezweig Nester bauen.

Und noch einmal:
Das Reich Gottes
ist wie ein Bällchen Sauerteig,
den eine Frau mit einer großen Wanne Teig
vermischte und knetete,
so daß der ganze Teig durch und durch
sauer wurde.

Das alles redete Jesus zu den Leuten in Bildern,
in Vergleichen und Geschichten.
Anders als durch solche Gleichnisse
redete er nicht vom Reich Gottes,
so, wie es schon ein Prophet andeutete:

„Ich will meinen Mund auftun
und Gleichnisse erzählen
und will aussprechen die Geheimnisse,
die seit Anfang der Welt verborgen waren."

Wie man das Reich Gottes gewinnt?

Ein Bauer stieß in dem Acker,
auf dem er arbeitete,
auf einen vergrabenen Schatz.
Aber der Acker gehörte nicht ihm.
So deckte er den Fund wieder zu
und ging in seiner Freude heim.
Da verkaufte er alles, was er hatte,
und kaufte den Acker.

Oder so:
Ein Juwelier ging auf Reisen
und suchte echte, gute Perlen.
Da fand er eine,
die war wertvoller als alles,
was er bisher gesehen hatte.
Er fuhr nach Hause,
verkaufte alles, was er besaß,
und kaufte sie.

Einfacher ist das Reich Gottes nicht zu haben.
Denn man könnte es auch
mit einem Schleppnetz vergleichen,
das man ins Meer wirft
und mit dem man die verschiedensten Arten
von Fischen fängt.
Wenn das Netz voll ist,
ziehen die Fischer es ans Ufer,
setzen sich und lesen die brauchbaren Fische
in einen Bottich,
die unbrauchbaren werfen sie weg.
So wird es auch am Ende der Welt zugehen.
Die Engel gehen aus und lesen die Bösen
mitten aus der Schar der Gerechten heraus
und werfen sie in den brennenden Ofen,
wo sie in Angst und Verzweiflung versinken.
Habt ihr das verstanden?
Sie antworteten ihm: Ja.

Einmal forderte ihn einer aus der Menge auf:
Meister, sage meinem Bruder,
er solle das Erbe mit mir teilen!

Mensch, fuhr ihn Jesus an,
wer hat mich zum Richter
oder Erbteiler über euch gesetzt?
Und zu allen gewandt, fuhr er fort:
Nehmt euch in acht
und hütet euch vor aller Habsucht.
Denn der Besitz gibt kein Leben,
auch dem nicht, der an allem Überfluß hat.

Dann erzählte er ihnen eine Geschichte:
Ein reicher Mann
hatte eben eine gute Ernte eingebracht.
Nun überlegte er: Was soll ich tun?
Ich habe nicht genug Lagerraum für meine Frucht.
Ich weiß, was ich tue:
Ich reiße alle meine Scheunen ab
und baue größere,
und in ihnen sammle ich meinen ganzen Weizen
und alle meine Güter.

Dann sage ich zu mir selbst:
Nun hast du einen Vorrat an Gütern
für viele Jahre.
Laß dir's wohl sein,
iß, trink und sei fröhlich.

Aber Gott sprach zu ihm:
Du Tor, in dieser Nacht
wird man dein Leben von dir nehmen –
wem wird dann dein Vorrat gehören?

So endet, wer Schätze aufhäuft
und vor Gott ein armer Kerl bleibt,
weil er den Reichtum nicht sucht,
den Gott geben will.

In jenen Tagen berichtete man Jesus,
Pilatus habe eine Gruppe von galiläischen Pilgern
im Tempel beim Opfergottesdienst
niedermachen lassen,
(vermutlich, weil er einen Aufruhr fürchtete).

Meint ihr, antwortete Jesus,
daß in diesen Leuten mehr Bosheit
und Gottlosigkeit gewesen sei
als in irgendwelchen anderen Galiläern,
weil ihnen das zugestoßen ist?
Nein, vielmehr werdet ihr alle
so oder ähnlich zugrunde gehen,
wenn ihr euch nicht ändert.

Oder meint ihr, die achtzehn,
auf die der Turm im Stadtteil Siloah fiel
und sie erschlug,
hätten mehr Schuld gehabt
als alle übrigen Bürger von Jerusalem?
Nein, wenn ihr euch nicht ändert,
werdet ihr alle so zugrunde gehen.

Ein Mann besaß einen Feigenbaum in seinem Weinberg.
Eines Tages kam er, suchte Frucht an ihm
und fand keine.
Da redete er mit dem Weingärtner:
Du weißt, seit drei Jahren komme ich
und suche Frucht an diesem Baum
und finde keine.
Haue ihn ab.
Wozu saugt er das Land aus?

Der Weingärtner aber bat ihn:
Herr, laß ihn noch dieses Jahr.
Ich will noch einmal um ihn her aufgraben
und ihn düngen.
Vielleicht bringt er künftig Frucht.
Wenn nicht, dann haue ihn heraus.

Bei einem Essen fiel Jesus auf,
daß die Gäste sich bemühten,
möglichst weit oben am Tisch zu sitzen.
Da redete er mit ihnen:

Wirst du von jemandem zur Hochzeit eingeladen,
dann setze dich nicht ans obere Ende,
sonst kommt möglicherweise
ein besonders vornehmer Gast
und der Hausherr nimmt dir deinen Platz und sagt:
Laß den hier sitzen!
Und du suchst dir noch ganz unten einen Platz
und bist herabgesetzt vor der ganzen Gesellschaft.

Bist du eingeladen,
dann setze dich ganz unten auf den letzten Platz.
Dann wird der Gastgeber zu dir kommen und sagen:
Freund, dein Platz ist weiter oben!
Das wird dich vor der ganzen Gesellschaft ehren.

Denn wer mehr aus sich macht, als er ist,
dem wird man nehmen, was er sich anmaßt.
Wer aber weniger sein will, als er ist,
dem wird man mit Ehrerbietung begegnen.

Dem Hausherrn gegenüber fügte er hinzu:
Gibst du ein Frühstück oder ein Festmahl,
dann lade nicht deine Freunde ein
und nicht deine Brüder,
nicht deine Verwandten
und nicht die reichen Nachbarn.
Sonst laden sie dich wieder ein
und du wirst für deine Einladung bezahlt.

Wenn du ein Festessen gibst,
dann lade die Armen, die körperlich und geistig Behinderten
ein. So bist du glücklich zu preisen,
denn sie können es dir nicht vergelten.
Du wirst deinen Lohn aber empfangen,
wenn Gott die Gerechten in das ewige Leben ruft.

Es war ein reicher Mann, der kleidete sich in Purpur und kostbare Leinwand und lebte Tag für Tag in Freuden und in Ehren.

Vor seiner Türe aber lag ein Armer, der Lazarus hieß, gelähmt und mit Geschwüren bedeckt und wollte sich von dem Abfall sättigen, der nach den Mahlzeiten des Reichen übrigblieb. Und wenn die Hunde kamen und an seinen Geschwüren leckten, konnte er sich nicht wehren.

Da starb der Arme und wurde von den Engeln in den Schoß Abrahams getragen – (so umschrieb der Jude die Seligkeit und Geborgenheit bei Gott). Der Reiche starb auch und wurde begraben.

Als er in der Hölle war und in der Qual, sah er über sich und sah Abraham aus großer Ferne und Lazarus in seinem Schoß, und er rief ihm: Vater Abraham, sei barmherzig mit mir und schicke Lazarus, er solle seine Fingerspitze in Wasser tauchen und meine Zunge netzen. Denn ich halte die Schmerzen nicht aus in diesem Feuer.

Mein Sohn, antwortete Abraham, erinnere dich! Du hast das Glück in deinem Leben empfangen, während Lazarus im Elend lag. Nun empfängt er Trost und du Schmerzen. Außerdem klafft zwischen euch und uns ein ungeheuer breiter und tiefer Abgrund, so daß von hier niemand zu euch kommen kann, selbst wenn er wollte. Und von euch kann keiner zu uns kommen.

Da bat ihn der Reiche: Dann bitte ich dich, Vater, sende ihn in das Haus meines Vaters. Ich habe fünf Brüder. Er muß ihnen das alles schildern, damit sie nicht auch an diesen Ort der Schmerzen kommen.

Sie haben Mose und die Propheten, entgegnete Abraham, auf die sollen sie hören!

Nein, Vater Abraham, das tun sie nicht. Aber wenn jemand von den Toten zu ihnen ginge, dann würden sie sich bessern.

Wenn sie Mose und die Propheten nicht hören, schloß Abraham, dann glauben sie auch nicht, wenn jemand von den Toten zu ihnen kommt.

Wer sich das Himmelreich verdienen will, muß wissen, daß es dort anders zugeht als auf unserer Erde, wie die folgende Geschichte zeigt:

Ein Grundbesitzer ging, gleich in der Morgenfrühe, um Tagelöhner für seinen Weinberg zu dingen. Als er mit den Tagelöhnern einig wurde, daß sie eine Mark für den Tag bekommen sollten, sandte er sie in seinen Weinberg.
Als er nun gegen neun Uhr am Vormittag noch einmal auf den Markt ging, sah er dort andere untätig herumstehen und wies sie an: Auf, in den Weinberg! Was recht ist, will ich euch geben. Und sie gingen.
Um die Mittagszeit und am Nachmittag um drei Uhr ging er noch einmal hin und tat dasselbe. Um fünf aber, am späten Nachmittag, fand er wieder einige und sagte zu ihnen: Was steht ihr hier den ganzen Tag faul herum? Es hat uns niemand Arbeit gegeben, antworteten sie. Da wies er sie ebenso an: In den Weinberg!

Als die Dämmerung hereinbrach, wandte sich der Besitzer an den Verwalter: Rufe die Arbeiter zusammen und gib ihnen den Lohn. Fang bei den letzten an und geh durch bis zu den ersten.
Da kamen die, die von fünf Uhr mittags an gearbeitet hatten, und erhielten jeder eine Mark. Als aber die ersten kamen, meinten sie, sie würden mehr bekommen. Sie erhielten aber, wie alle, ihre Mark.
Als sie die in der Hand hielten, protestierten sie und hielten dem Besitzer vor: Die hier, die zuletzt kamen, haben nur eine Stunde gearbeitet und du behandelst sie wie uns, die die Last und die Hitze des ganzen Tages getragen haben.
Er aber antwortete einem von ihnen: Mein Freund, ich tue dir kein Unrecht. Bist du nicht mit mir einig geworden, daß du eine Mark bekommen solltest? Nimm sie und geh. Ich will aber dem hier, der zuletzt kam, dasselbe geben wie dir. Oder kann ich mit dem, was mir gehört, nicht tun, was ich will? Siehst du neidisch auf die anderen, weil ich großzügig bin?
So werden die Ersten in den Augen des Herrn die Letzten sein, und die Letzten seine besondere Güte erfahren.

Wenn das Reich Gottes kommt, wird es euch gehen, wie es zehn jungen Mädchen ging. Die waren als Brautjungfern zu einer Hochzeit eingeladen. Am Abend sollte das Fest beginnen. So nahmen sie Lampen mit, kleine Gefäße mit Öl, aus denen ein Docht hervorstand, um den Saal zu schmükken, wenn der Bräutigam kommen würde.

Fünf von ihnen hatten ihre Gedanken bei der Sache, fünf nicht.

Die Gedankenlosen unter ihnen nahmen zwar ihre Lampen mit, aber kein zusätzliches Öl. Die anderen, die sich etwas gedacht hatten, nahmen außer ihren Lampen Öl in ihren Kannen mit.

Als nun der Bräutigam einige Stunden ausblieb, wurden sie alle müde und schliefen ein. Mitten in der Nacht aber gab es plötzlich ein Geschrei: Er kommt! Der Bräutigam ist da! Auf! Ihm entgegen!

Da standen die Mädchen alle auf und putzten ihre Lampen. Die Gedankenlosen aber wandten sich an die Klugen und sagten: Gebt uns von eurem Öl, unsere Lampen verlöschen.

Die anderen wehrten sich: Das hat keinen Sinn! Dann ist es für uns alle zu wenig! Lauft und holt euch Öl beim Händler!

Während die fünf unterwegs waren, um Öl zu holen, kam der Bräutigam. Die, die bereit waren, gingen mit ihm in den Festsaal und die Tür wurde verschlossen.

Später kamen auch die anderen fünf Mädchen an und riefen: Herr! Herr! Mach auf! Er aber gab die Antwort: Ich weiß nicht, wer ihr seid. Ich kenne euch nicht.

Darum seid wach, denn ihr wißt weder den Tag noch die Stunde, in der euer Herr kommt.

Ein reicher Mann, der auf eine weite Reise ging, rief seine
Angestellten zusammen und übergab ihnen sein Vermögen.
Dem ersten gab er 50 000 Mark, dem zweiten 20 000, dem
dritten 10 000, wie er eben ihre Fähigkeiten einschätzte,
und reiste ab.
Da fing der eine sofort an, mit seinem Geld zu arbeiten und
verdiente damit weitere 50 000 Mark. Der zweite fing ebenfalls an, sein Geld umzutreiben und verdiente 20 000 Mark.
Der dritte ging heimlich weg, grub ein Loch in die Erde und
versteckte das Geld seines Herrn.

Lange Zeit danach kam der Herr zurück und ließ sich die
Abrechnung vorlegen.
Der erste kam und legte außer dem Geld, das er bekommen
hatte, weitere 50 000 Mark auf den Tisch. 50 000 Mark habe
ich erhalten, berichtete er, weitere 50 000 Mark habe ich
verdient. – Gut! antwortete der Herr. Du hast sorgsam und
zuverlässig gearbeitet. Mit einer geringen Summe bist du
gewissenhaft umgegangen. Ich will dir viel anvertrauen.
Komm herein! Ich will ein Fest mit dir feiern!
Da kam der zweite an die Reihe und berichtete: Du hast
mir 20 000 Mark gegeben, weitere 20 000 habe ich damit
verdient. – Gut! antwortete der Herr. Ich will dir viel anvertrauen! Komm herein!
Zuletzt kam auch der dritte, der 10 000 Mark erhalten hatte,
und sagte: Herr, ich wußte, daß du ein Geldmensch bist.
Du willst ernten, wo du nicht gesät hast, einsammeln, wo
du nicht ausgestreut hast. Ich war besorgt um dein Geld
und vergrub es in der Erde. Hier hast du unversehrt wieder, was dir gehört.
Der Herr antwortete:
Du übler Kerl, du fauler Bursche! Wenn dir klar war, daß
ich ernten wollte, wo ich nicht gesät habe, dann wäre es
deine Sache gewesen, mein Geld auf eine Bank zu geben,
so daß es wenigstens Zinsen gebracht hätte.
Die 10 000 Mark soll der erhalten, der 100 000 Mark gebracht hat. Denn wer etwas bringt, der wird mehr erhalten
und wird Überfluß haben. Wer nichts bringt, dem wird man
auch das nehmen, was er hat.

Als Jesus den Tempel verließ, bewunderte einer seiner Jünger die große Anlage und sagte: Meister, schau! Diese gewaltigen Steine! Diese wunderbaren Bauwerke!

Jesus blieb stehen: Ja, schau sie an, die großen Gebäude! Kein Stein wird auf dem anderen bleiben, sie werden alle in Trümmer fallen!
Als er über das Tal gekommen war und auf dem Ölberg, dem Tempel gegenüber, saß, fragten ihn Petrus, Jakobus, Johannes und Andreas: Wann geschieht das? Woran merken wir, daß es soweit ist?

Jesus antwortete: Seht euch vor! Laßt euch nicht verwirren! Es werden viele kommen, die sagen: In mir ist Gott! In mir kommt Christus! Und viele werden ihnen zum Opfer fallen.

Wenn ihr Kriege erlebt und von Kriegen hört, dann fürchtet euch nicht. Kriege müssen kommen, aber sie sind nicht das Zeichen für das Ende der Welt.

Ein Volk wird sich gegen das andere erheben und ein Reich gegen das andere. Erdbeben werden immer wieder geschehen, da und dort. Aber all das ist nur ein Anfang der Schrecken.

Wann der Tag kommt oder die Stunde, das weiß niemand, auch die Engel im Himmel nicht. Nicht einmal ich selbst weiß es, nur der Vater. Haltet die Augen offen! Seid wach!

Es ist wie bei einem Hausherrn, der auf eine Reise ging. Er ließ sein Haus zurück und sagte jedem seiner Bediensteten, was sie zu tun hätten, und dem Türhüter befahl er, wachsam zu sein.

Haltet die Augen offen, ihr wißt nicht, wann der Herr des Hauses zurückkommt. Es könnte abends sein oder mitten in der Nacht oder im Morgengrauen.
Nicht, daß er euch schlafend antrifft! Ich sage es euch und das gilt allen: Seid wach!

Einmal fragten die Pharisäer:
Wann kommt das Reich Gottes?
Da antwortete ihnen Jesus:
Das Reich Gottes kommt nicht so,
daß man es äußerlich wahrnehmen kann.
Ihr könnt auch nicht sagen:
Schau her, da ist es –
oder: Dort drüben!

Tut eure Augen auf:
Das Reich Gottes, seine Herrschaft und Macht
steht bereits in dieser Stunde mitten unter euch.
(Nämlich damit, daß er, Jesus Christus,
mitten unter ihnen steht.)

Es kommt eine Zeit,
da werdet ihr das Verlangen haben,
mich auch nur einen Tag lang zu sehen,
und ihr werdet mich nicht sehen.

Dann werden die Gerüchte umgehen:
Wir wissen's! Er ist dort!
Oder: Er ist hier!

Es hat keinen Sinn,
daß ihr dem Geschwätz nachlauft.
Denn wenn ich wiederkomme,
wird man nicht auf das Gerede angewiesen sein.
Man wird mich sehen, wenn ich komme,
wie man einen Blitz sieht,
der am Himmel aufleuchtet
und über die ganze Erde hin zuckt.

Aber ehe das geschehen kann,
wird etwas anderes geschehen:
Ich werde leiden müssen
und verschrien und verstoßen und mißhandelt werden
von den Menschen dieser meiner Zeit.

Es wird wieder einmal so gehen,
wie es schon zu Noahs Zeiten gewesen ist:

Sie aßen, sie tranken,
sie heirateten, sie ließen sich heiraten.
Solange, bis Noah in das Schiff ging
und die Flut kam und sie alle umbrachte.

Es wird wieder so gehen wie zu Zeiten Lots:
Sie aßen, sie tranken,
sie kauften und verkauften.
Sie pflanzten und bauten,
bis zu dem Tag, an dem Lot Sodom verließ:
Da regnete es Feuer und Schwefel vom Himmel,
und sie kamen alle um.

Nicht anders wird es gehen,
wenn ich wiederkomme.
Wer dann auf dem Dach ist
und seinen Hausrat im Haus hat,
der mache sich keine Mühe mehr,
hinunterzusteigen und ihn zu holen.
Und wer auf dem Acker ist,
der wende sich nicht mehr um nach dem Gerät,
das hinter ihm liegt.

In der Nacht werden zwei auf einem Bett liegen.
Den einen werde ich zu mir nehmen,
den anderen werde ich liegen lassen.

Zwei Frauen werden miteinander
auf einer Handmühle mahlen.
Die eine werde ich zu mir nehmen,
die andere wird zurückbleiben.

Da fragten die Leute: Wo wird das sein?
Jesus antwortete:
Das müßt ihr selbst sehen.
Tut eure Augen auf!
Wo das Aas liegt, sammeln sich die Adler.

Seid wach:
Ihr wißt nicht,
in welchem Augenblick euer Herr kommen wird.

Es ist auch sonst so:
Wenn ein Hausbesitzer wüßte,
um welche Stunde der Dieb kommt,
würde er wach bleiben und ihn greifen,
ehe er ins Haus dringt.

Wer von euch ist klug?
Wer ist so klug wie der Verwalter,
den sein Herr für alle seine Mitarbeiter
verantwortlich machte
und der seine Verantwortung sorgsam wahrnimmt?
Der denen, die ihm anvertraut sind,
zur richtigen Zeit gibt,
was sie brauchen?

Glücklich der Verwalter,
den der Herr so antrifft.
Was ich sage, gilt:
Er wird ihm alle seine Güter anvertrauen.

Ein unzuverlässiger Knecht könnte auch sagen:
Mein Herr kommt ja doch nicht!
Er könnte anfangen,
seine Mitarbeiter zu mißhandeln
und mit den Säufern zu essen und zu trinken.
Aber sein Herr kommt doch
und zwar zu einer Stunde,
in der er es nicht vermutet.
Er wird ihn in Stücke hauen
und ihn mit den Lügnern zusammen hinauswerfen –
an einen Ort der Verzweiflung
und des Entsetzens.

Dies sagt Christus
über die Scheidung zwischen den Menschen
am Ende der Zeit.
Im Bild eines Gerichtes malt er es aus:

Wenn der Herr, der Menschensohn,
in seiner Macht kommen wird
und alle seine Engel mit ihm,
dann wird er sich auf den Thron seiner Herrlichkeit setzen.
Es werden vor ihm alle Völker versammelt werden
und er wird sie voneinander trennen
wie der Hirte,
der tagsüber die Schafe und Ziegenböcke weidete,
diese am Abend trennt
und die Schafe auf seiner Rechten sammelt
und die Ziegenböcke auf seiner Linken.

Dann wird Christus, der König,
denen zu seiner Rechten sagen:
Kommt her, ihr, die mein Vater gesegnet hat.
Nehmt das Reich in Besitz,
das für euch bereit liegt,
seit der Grund dieser Welt gelegt wurde.
Denn ich war hungrig,
und ihr habt mir zu essen gegeben.
Ich war durstig,
und ihr habt mich getränkt.
Ich war unterwegs in der Fremde,
und ihr habt mich unter eurem Dach aufgenommen.
Ich stand in der Kälte und fror,
weil ich nichts anzuziehen hatte,
und ihr habt mir Kleider gegeben.
Ich war krank,
und ihr habt mich besucht.
Ich war im Gefängnis,
und ihr seid zu mir gekommen.

Wenn Christus so zu den Gerechten sprechen wird,
werden sie ihm in jenem Gericht antworten
und ihn fragen:
Herr,
wann sahen wir dich hungrig und haben dich gespeist
oder durstig und haben dich getränkt
oder als Fremdling und haben dich aufgenommen
oder frierend und haben dich bekleidet?
Wann sahen wir dich krank oder gefangen
und sind zu dir gekommen?
Dann wird ihnen der König antworten:
Dies ist wahr und gilt für Zeit und Ewigkeit:
Was ihr einem unter meinen geringsten Brüdern
getan habt, das habt ihr mir getan.

Dann wird er zu denen zu seiner Linken sagen:
Geht weg von mir, ihr Verfluchten,
in das ewige Feuer,
das für den Teufel und seine Diener vorbereitet ist.
Denn ich war hungrig,
und ihr habt mir nichts zu essen gegeben.
Ich war durstig,
und ihr habt mich nicht getränkt.
Ich war unterwegs in der Fremde,
und ihr habt mich von eurer Tür gewiesen.
Ich stand in der Kälte und fror,
und ihr habt mich nicht bekleidet.
Ich war krank und im Gefängnis,
und ihr habt mich nicht besucht.

Dann werden auch sie fragen:
Herr, wann sahen wir dich hungrig oder durstig
oder als Fremdling oder frierend oder krank
oder im Gefängnis und haben dir nicht gedient?
Dann wird er ihnen antworten:
Dies ist wahr und gilt für Zeit und Ewigkeit:
Was ihr einem unter meinen geringsten Brüdern
verweigert habt, das habt ihr im Grunde mir verweigert.
Und sie werden in die ewige Reue gehen.
Die Gerechten aber in das ewige Leben.

So erzählt Jesus:
Es war ein Mann, Vater von zwei Söhnen.
Der Jüngere unter ihnen kam eines Tages zu ihm
und bat ihn:
Vater, gib mir das Teil deiner Güter,
das mir zusteht.
Da teilte der Vater das Vermögen,
das ihnen zustand, unter die beiden.

Nicht lange danach packte der jüngere Sohn
alles zusammen, was er hatte,
und wanderte in ein Land jenseits des Meeres aus.
Dort lebte er in Saus und Braus
und verluderte sein Vermögen.

Als er alles verbraucht hatte,
kam ein schwerer Hunger über jenes Land,
und er geriet in Not.

Er schloß sich einem Bürger des Landes an.
Der schickte ihn auf seine Felder,
die Schweine zu hüten,
und er hätte gern seinen Bauch
mit dem Schweinefutter gefüllt,
aber es war den Schweinen vorbehalten.

Da ging er in sich und überlegte:
Wie viele Tagelöhner hat mein Vater,
die mehr Brot haben, als sie brauchen,
und ich gehe im Hunger zugrunde.
Ich will mich auf den Weg machen,
zu meinem Vater gehen und ihm sagen:

Vater, ich habe unrecht getan
gegen Gott und gegen dich.
Ich bin nicht mehr wert,
daß du mich deinen Sohn nennst.
Mach mich zu einem deiner Tagelöhner.

Während er aber noch auf dem Heimweg war,
sah ihn sein Vater von weitem.
Es tat ihm weh, ihn so zu sehen,
und er tat ihm leid.
Da lief er ihm entgegen,
fiel ihm um den Hals und küßte ihn.

Der Sohn gab zur Antwort:
Vater, ich habe unrecht getan
gegen Gott und gegen dich.
Ich bin nicht mehr wert,
daß du mich als deinen Sohn bezeichnest.

Da rief der Vater seine Knechte:
Schnell, bringt das beste Kleid
und zieht es ihm an.
Steckt ihm einen Ring an den Finger
und gebt ihm Schuhe an die Füße.
Bringt das gemästete Kalb her
und schlachtet es –
und dann laßt uns essen und fröhlich sein.

Denn der hier, mein Sohn,
war tot und ist wieder lebendig geworden.
Wir hatten ihn verloren
und haben ihn wiedergefunden.
Und sie fingen an,
ein Fest zu feiern.

Der ältere Sohn war eben auf dem Feld.
Als er kam und auf das Haus zuging,
hörte er Musik und Reigentanz.
Da rief er einen der Knechte
und fragte, was das zu bedeuten habe.
Der antwortete:
Dein Bruder ist gekommen.
Da hat dein Vater das gemästete Kalb geschlachtet,
weil er ihn gesund wieder hat.

Da wurde er zornig und wollte nicht hineingehen.
Der Vater aber kam heraus und bat ihn:
Komm herein!
Er aber antwortete: Das mußt du verstehen.
Ich diene dir so viele Jahre
und habe nie eine Anordnung von dir mißachtet.
Du hast mir aber noch nie auch nur einen Bock gegeben,
daß ich mit meinen Freunden hätte feiern können.

Jetzt aber, da er – dein Sohn! – kommt,
der sein Vermögen mit den Huren verludert hat,
schlachtest du für ihn das gemästete Kalb.

Der Vater antwortete:
Kind, du bist immer bei mir,
und alles, was mir gehört,
gehört auch dir.
Es ist aber nötig,
daß wir ein Fest feiern und uns freuen.
Denn er– dein Bruder! –
war tot und ist wieder lebendig geworden.
Wir hatten ihn verloren
und haben ihn wiedergefunden.

O Herr, höre mein Gebet,
vernimm, was ich zu dir rufe.

Herr, gehe nicht ins Gericht mit deinem Knecht.
Denn vor dir ist keiner gerecht,
unter allen Menschen.

Ich strecke meine Hände aus nach dir.
Meine Seele verlangt nach dir
wie ein vertrocknendes Land.

Zeige mir den Weg, den ich gehen soll,
damit ich zu dir gelange.

Lehre mich deinen Willen tun.
Dir will ich gehorchen.
Dein guter Geist
führe mich auf einem geraden Weg.

Laß mich nicht untergehen
und führe meine Seele aus aller ihrer Not
zu dir.

Denn ich will dich preisen,
daß ich dir zugehöre –
jetzt und zu aller Zeit
und über alle Ewigkeit hin.

Glücklich,
wem seine Übertretungen vergeben sind,
wer von seinen Sünden befreit ist.

Glücklich,
dem der Herr keine Schuld anrechnet,
der nichts Böses in seinem Herzen
zu verbergen braucht.

Als ich zu schweigen versuchte über meine Sünde,
wurde ich todkrank.
Wie eine endlose Mühsal schleppten sich meine Tage
unter meinem Stöhnen.

Denn deine Hand lag schwer auf mir,
Tag und Nacht,
und meine Zunge vertrocknete mir
wie unter Sonnengluten.

Da bekannte ich dir meine Verfehlungen
und verbarg meine Sünde nicht mehr.
Ich sprach: Ich will zum Herrn reden
und meine Übertretungen bekennen.
Da vergabst du mir meine Sünde.

Darum soll, wer an dich glaubt,
zu dir beten zu der Zeit,
da er dich findet.
Wenn große Wasser daherbrausen,
so werden sie ihn nicht erreichen.

Du bist mein Schutz.
Du bewahrst mich vor Not.
Mit rettenden Schilden umgibst du mich.

Zahlreich sind die Schmerzen des Gottlosen.
Wer aber Gott vertraut,
den umgibt er mit Güte.
Seid fröhlich über den Herrn, ihr Gerechten,
und freut euch, die ihr aufrichtigen Herzens seid.

Der Herr sorgt für mich.
Warum soll ich mir Sorgen machen?

Was ein Hirte ist für sein Tier,
ist für mich Gott, mein Herr.

In einer reichen Aue ist meine Weide.
Frisches Wasser quillt für mich,
wo immer er mich hinführt.
Lebensfülle gibt er und Kraft.

Mein Weg ist richtig
und führt nicht in die Irre,
denn es ist Gott, der mich führt.

Und wenn ich im einsamen Tal wandere,
im Tal, da der Tod lauert,
fürchte ich doch kein Unheil.
Denn du bist bei mir,
dein Stab, dein Speer,
sie schützen mich und geben mir Frieden.

Aber der Herr sorgt für mich mehr,
als ein Hirte für sein Tier zu sorgen vermag.

Er deckt mir einen heiligen Tisch
in seinem Hause,
wohin kein Feind mich verfolgt,
keine Schuld und kein Fluch.

Er macht meine Seele rein
und schmückt mich festlich.
Der Becher, den ich trinke,
fließt über von heiligem Trank.

Mit Güte und Freundlichkeit
umgibt mich der Herr,
solange ich lebe,
und ich habe Wohnrecht in seinem Haus,
jetzt und in Ewigkeit.

Man sollte versuchen, diesen Psalm noch ausführlicher nachzu-
sprechen.

Der Herr versorgt mich.
Warum sollte ich mir Sorgen machen?

Er gibt mir Nahrung für Geist und Herz,
wenn sonst keiner meinen Hunger stillt.
Wenn alles andere mir zwischen den Fingern zerrinnt,
mit dem die Menschen mich abspeisen.

Er gibt das Wasser, das den Durst löscht,
den Durst nach dem wirklichen Leben.
Wo immer er mich hinführt.
Er gibt Lebensfülle und Kraft.

Er gibt mir einen sicheren Schritt.
Er zeigt mir einen Weg
durch das Gewühl der Menschen.
Durch die Flut der Lichter.
Durch das Rauschen der vielen Stimmen.
Einen klaren Weg,
so gewiß es Gott ist, der mich führt.

Und wenn die Lichter verlöschen
und es dunkel wird,
wenn ich einsam bin,
wenn ich krank bin
und den Tod fürchte –
wenn ich schuldig bin vor dir, Herr,
und deine Hand verloren habe,
fürchte ich doch nicht, dich zu verlieren.
Denn du bist bei mir.
Dein Kreuz tröstet mich,
das Zeichen, daß du mich liebst,
daß du mir nahe bist
und daß ich dir gehöre.

Der Herr versorgt mich.
Was soll ich mir Sorgen machen?

Hat er nicht gesagt:
Nimm hin und iß?
Hat er nicht gesagt:
Mein Leib ist die rechte Speise?
Hat er nicht das Brot gegeben,
das ich essen soll,
wenn mein eigenes Herz mich verklagt,
wenn mein Gewissen dunkel ist von Angst?

Herr, du machst es hell in meiner Seele
und machst mich rein und klar.
Du gibst mir den Becher und sagst:
Nimm hin und trink!
Trink meine Liebe in dich hinein,
mein Opfer für dich.

Ich bin sein Gast in seinem Haus,
mehr noch: sein Freund und sein Kind.
Die Tür ist offen, solange ich lebe.
Und wenn ich sterbe,
ist sein Haus für mich bereit.

Glück und Frieden gibt er mir.
Was soll ich tun?
Ich habe nichts zu geben als mein Gebet,
mein Lied, meinen Dank.
Ich kann nichts geben
als dies:
Nehmen, was er mir gibt.

Was Jesus in dieser Zeit redete und tat,
das berichteten die Freunde des Johannes
ihrem Meister, während er im Gefängnis saß.

Da beauftragte Johannes zwei von ihnen,
Jesus aufzusuchen und ihn zu fragen:

Bist du der,
den Gott uns versprochen hat,
oder sollen wir weiter warten
auf einen anderen?

Sie kamen zu ihm und stellten sich vor:
Johannes der Täufer schickt uns zu dir.
Er will wissen, ob du der bist,
den Gott zu uns senden will,
oder ob wir auf einen anderen warten sollen.

In jener Stunde war Jesus eben dabei,
viele Menschen von ihren Krankheiten
und Leiden und von bösen Mächten zu befreien.
Und vielen Blinden schenkte er das Augenlicht.

Da gab er ihnen als Bescheid mit:
Geht hin und berichtet Johannes,
was ihr seht und hört.
Blinde können sehen, Gelähmte gehn,
Aussatzkranke werden gesund,
Taube hören, Tote wachen auf
und die Armen empfangen die Botschaft,
daß Gott sie liebhat.

Glücklich zu preisen aber ist der,
der es erträgt,
daß Gottes Reichtum von meinen Händen ausgeht,
und der in mir, dem armen Menschen,
Gott selbst zu sehen vermag.

Als die Boten des Johannes weggegangen waren,
begann Jesus die Menschen anzureden,
weil sie Johannes kannten:

Wozu seid ihr zu Johannes in die Wüste hinausgezogen,
seinerzeit, als euch noch die Begeisterung trug?
Es ist, als hättet ihr nichts gesehen am Jordan
als ein Schilfrohr, vom Winde geschaukelt.

Wozu seid ihr hinausgegangen?
Es ist, als wäret ihr einem Menschen nachgelaufen,
um ihn zu bewundern,
weil er prächtige Kleider trug!
Aber weiche Kleider
trägt man in den Palästen der Könige.

Oder was hat euch getrieben?
Ihr sagtet, ihr suchtet einen Propheten in ihm.
Ja, wirklich, das sage ich euch:
Mehr als nur ein Prophet ist Johannes.
Er ist es, über den in der heiligen Schrift steht:
„Meinen Boten sende ich vor dir her,
der deinen Weg vor dir ebnen soll."

Achtet wohl darauf, was ich sage:
Unter allen, die von Frauen geboren wurden,
seit es Menschen gibt,
ist keiner aufgestanden, der größer gewesen wäre
als Johannes der Täufer.

Aber jeder noch so Geringe,
der für das Gottesreich wirkt oder leidet
in meinem Auftrag,
ist größer als er in den Augen Gottes.

Seit den Tagen, da Johannes der Täufer wirkte,
bis heute
hat das himmlische Reich die Feindschaft,
den Terror derer zu leiden,
die im Lande die Macht haben,
weltlich oder geistlich,
und Gewalttäter stehlen es euch.

Denn heute ist das Gottesreich da.
Die Propheten und die ganze heilige Schrift
bis zu Johannes dem Täufer sagten nur das voraus,
was heute geschieht.
Und – wenn ihr es annehmen wollt –
er ist der zweite Elia,
dessen Kommen der letzte der alten Propheten,
Maleachi, ansagt.
Wer Ohren hat, höre gut zu.

Wem aber soll ich dieses Geschlecht vergleichen?
Es ist Kindern gleich,
die nicht wissen, was sie wollen,
die immer einen Grund haben, beleidigt zu sein,
Kindern, die auf den Marktplätzen sitzen
und einander verklagen:
„Als wir Hochzeit spielten, wolltet ihr nicht tanzen!"
„Als wir Klagelieder sangen, wolltet ihr nicht trauern."

Johannes kam, forderte ernsthafte Buße,
verzichtete auf Essen und Trinken,
und sie sagen:
Er ist nicht normal. Ein Dämon treibt ihn.

Danach kam ich
und verkündige die Festzeit des Gottesreiches,
esse und trinke, und sie sagen:
Seht, wie der Mensch lebt!
Ein Fresser und Weinsäufer,
ein Kumpan von Betrügern und Ausbeutern.
Und es hat sich doch Gottes Weisheit
so klar bewiesen durch das, was sie getan hat.

Was Jesus tat,
hörte auch Herodes, der König.
Denn sein Name war inzwischen bekannt geworden.
Und Herodes rätselte:
Da muß Johannes der Täufer
wieder lebendig geworden sein.
Woher sollten seine Taten sonst diese Gewalt haben?

Andere meinten: Nein, das ist Elia!
Oder: Er ist ein Prophet
wie einer von den alten Propheten.
Herodes aber, der das Gerede hörte, ängstigte sich:
Es ist Johannes, den ich enthauptet habe.
Er ist wieder lebendig geworden!
Herodes hatte nämlich Johannes verhaften
und ihn im Gefängnis fesseln lassen,
weil er ihn auf Herodias angeredet hatte,
die Frau seines Bruders Philippus,
mit der er lebte.

Es ist dir nicht erlaubt, hatte er gesagt,
mit der Frau deines Bruders zu leben.
Herodias ihrerseits hätte ihn gern umgebracht.
Sie konnte es aber nicht,
denn Herodes verehrte Johannes im stillen,
weil er wußte,
er habe in ihm einen Gerechten und Heiligen vor sich,
und schützte ihn.
Wenn er ihn hörte,
geriet er zwar immer wieder in schwere Verlegenheiten,
aber er hörte ihm gern zu.

Als aber ein günstiger Tag kam,
an dem Herodes für die Würdenträger seines Hofs,
für seine Generäle und die Barone von Galiläa
ein Essen gab – es war sein Geburtstag –,
trat die Tochter der Herodias auf und tanzte.

Herodes und seine Gäste waren begeistert von ihr.
Und der König gab dem Mädchen eine Bitte frei:
Bitte mich, was du willst.
Ich werde es dir geben.
Er setzte sogar einen Eid hinzu:
Ich gebe dir, was du willst,
bis zur Hälfte meines Reichs.

Das Mädchen lief zu seiner Mutter und fragte:
Was soll ich verlangen?
Da wies Herodias sie an:
den Kopf Johannes des Täufers.
Es lief augenblicklich wieder zum König hinein
und sagte:
Ich will den Kopf Johannes des Täufers haben!
Jetzt sofort – auf einem Teller!

Den König traf das schwer und er war traurig.
Weil er aber einen Eid gegeben hatte
und sich vor seinen Gästen nicht bloßstellen wollte,
mochte er sie nicht abweisen.
So schickte er einen Leibwächter
und hieß ihn den Kopf des Johannes bringen.
Der ging hin,
schlug ihm im Gefängnis den Kopf ab,
brachte ihn auf einem Teller
und gab ihn dem Mädchen.
Und das Mädchen gab ihn seiner Mutter.
Als die Freunde und Schüler des Johannes davon hörten,
kamen sie, nahmen seinen Leib
und bestatteten ihn in einem Grab.

Dieses Lied wurde bei einem Gottesdienst im Tempel in Jerusalem gesungen. Ein festlicher Zug von Menschen stand vor dem Tor, vermutlich um die „Bundeslade", die als Thronsitz Gottes gedacht war, in den Tempel zu bringen.
Frage und Antwort, wer denn dieser Gott sei, der in sein Haus einziehe, wurden von den Priestern und von den Menschen im Festzug abwechselnd gesungen.
Wenn die Kirche nach den Worten dieses Psalms im Advent singt: „Macht hoch die Tür, die Tor' macht weit, es kommt der Herr der Herrlichkeit", dann sagt sie damit: Wir sind sein Haus. Macht euch bereit – laßt ihn einziehen!

Die Erde gehört dem Herrn mit all ihrem Reichtum,
alle Länder gehören ihm
und die Menschen, die sie bewohnen.
Denn er hat das Land über dem Meer gebaut
und die heilige Ordnung über dem Chaos.

Wer darf hinaufsteigen auf Gottes Berg?
Wer darf seinen heiligen Tempel betreten?
Wer reine Hände hat und ein lauteres Herz,
wer seine Seele nicht schwer macht mit unnützen Dingen,
wer die Wahrheit liebt und der Lüge nicht Raum gibt.
Der wird Segen empfangen von Gott
und Gott wird ihm freundlich begegnen
und wird ja sagen zu seinem Bemühen.
So suchen die Menschen, die vor dem Tor stehen, nach Gott,
sie suchen dein freundliches Wort, Herr, du mächtiger Gott.

Werdet weiter, ihr Tore,
werdet höher, ihr uralten Pforten,
daß der König einziehe, den wir ehren.
Wer ist dieser König, den ihr ehrt?
Es ist Gott, der Starke, der Mächtige,
der Gott, der den Sieg hat.
Werdet weiter, ihr Tore!
Werdet höher, ihr uralten Pforten!
Der König will einziehen, dem die Ehre zukommt.
Wer ist dieser König, den ihr ehrt?
Es ist Gott, der Herr der Welt.
Ihm steht die Ehre zu, ihm, dem König.

Zwischen dem 9. und 5. Jahrhundert vor Christus lebten Menschen, die auf Christus vorausdeuteten und die wir „Propheten" nennen. Einer von ihnen, Jesaja, schreibt:

Nichts blieb übrig von der Herrschaft Davids,
von der Familie seines Vaters Isai,
als ein abgehauener Stumpf,
wie von einem Baum, den man geschlagen hat.
Aber aus dem Stumpf wird ein junger Trieb aufschießen,
ein Zweig wird aus den Wurzeln aufbrechen:
Ein Herrscher, der größer ist als David.
Auf ihm wird Gottes Geist ruhen:
Weisheit wird er besitzen und Einsicht.
Er wird Gottes Weg wissen und Kraft haben, ihn zu gehen.
Er wird Gott kennen und ihm dienen.
Er wird ein Richter sein über alle Welt
und Gottes Urteil ansagen.
Er richtet nicht nach dem äußeren Augenschein.
Er entscheidet nicht nach dem Gerede der Menschen.
Er gibt den Armen das Recht zurück
und sorgt für Gerechtigkeit bei allen,
die unterdrückt sind im Lande.

Zu Gast sein wird der Wolf beim Lamm
und der Panther wird sich lagern neben dem Böckchen.
Rind und Löwe werden miteinander weiden.
Ein kleiner Knabe kann sie führen.
Die Kuh und die Bärin werden sich befreunden
und ihre Jungen miteinander spielen.
Der Löwe wird Stroh fressen wie der Ochse.
Der Säugling wird am Loch der Otter spielen
und das Kind seine Hand in das Versteck der Natter stecken.

Nichts Böses wird man tun, keinen Schaden stiften
auf meinem ganzen heiligen Berge.
Denn überall im Lande ist Gott nahe,
Liebe und Glaube bedecken das Land,
wie Wasser über dem Meer liegt und über dem Meergrund.

Tröstet, tröstet mein Volk, spricht euer Gott.
Redet mit der Stadt Jerusalem freundlich
und rufet ihr zu,
daß ihr Sklavendienst ein Ende hat,
daß ihre Schuld abgetragen ist.
Denn sie hat Strafe genug empfangen von Gott
für alle ihre Sünden.

Horch! Es ruft:
In der Wüste bahnt einen Weg für den Herrn.
Macht in der Steppe eine ebene Bahn unserem Gott.
Jedes Tal soll sich heben,
jeder Berg und Hügel soll sich senken.
Das zerklüftete Land soll eben werden
und die schroffen Höhen zum flachen Grund.
Denn Gottes Macht soll zu euch kommen.
Ihr alle werdet Ihn sehen.
Wirklich! Es ist so!
Der Mund Gottes hat es gesagt.

Eine Stimme sprach zu mir: Rufe!
Und ich fragte: Was soll ich rufen?
Alle Menschen sind ja wie Gras
und alle ihre Pracht wie eine Blume auf dem Feld.
Das Gras verdorrt, die Blume welkt,
wenn Gottes Windhauch darüber weht!
Ja, sprach die Stimme zu mir,
Gras ist das Volk!
Das Gras verdorrt, die Blume welkt.
Aber was Gott gesprochen hat,
bleibt in Ewigkeit.

Seht auf! Tut die Augen auf! Da kommt Gott selbst!
Er kommt mit Macht und wird herrschen über die Erde.
Mit ihm kommt sein Volk, das ihm gehört,
die Menschen, die sein Eigentum sind.
Er weidet seine Herde wie ein Hirte.
Er schützt sie in seinem Arm.
Im Bausch seines Gewandes trägt er die Lämmer
und führt die Schafmütter mit Behutsamkeit.

Schaue nun, Herr, vom Himmel.
Sieh herab von deiner heiligen herrlichen Wohnung!
Wir Menschen wissen nichts von deiner Macht
und sehnen uns doch nach deiner Barmherzigkeit.
Du Herr, bist unser Vater.
Von der Urzeit her warst du der Erlöser für die,
die dich suchten.

Komm wieder zu deinen Knechten
und besuche dein Volk, das dir gehört!
Fast sieht es so aus,
als hättest du niemals über dein Volk geherrscht,
als hätte man deinen Namen nie über uns genannt.

Ach, wenn du doch den Himmel zerrissest!
Ach, wenn du doch herabkämst,
daß die Berge vor dir dahinschmelzten!
Daß sie verglühten wie Reisig im Feuer!
Daß sie verdampften
wie siedendes Wasser über der Flamme.
Keine andere Hilfe gibt es für die,
die dich anrufen, als dich allein.
Seit alten Zeiten bist du denen begegnet,
die auf deinem Weg nach dir suchten.

Ja, du bist uns ferne gerückt, als wir ohne dich lebten.
Und nun sind wir unrein,
unsere Frömmigkeit ist wie ein verschmutztes Kleid.
Wir sind verwelkt wie Blätter
und unsere Sünden wirbeln uns dahin wie der Wind.
Jeder lebt, als ob es dich nicht gäbe.
Jedem ist genug, vor sich hinzutrotten.
Denn du bist uns fern und wir sehen dich nicht.
Du läßt uns allein mit unserem Unrecht.
Und das Unrecht drückt uns zu Boden.

Aber das ist doch wahr, Herr:
Du bist doch unser Vater, laß es uns spüren!
Wir sind Ton, du bist unser Töpfer.
Wir alle sind deiner Hände Werk.

Wendet euren Blick nach oben, die ihr Gott sucht,
und tut eure Augen auf!
Wer hat all das geschaffen?
Er führt das Heer der Sterne über den Himmel
und ruft sie alle mit Namen.
Seine Macht ist so groß,
daß ihm nicht eines von ihnen verlorengeht.

Warum sagt denn nur ihr Menschen:
Gott sieht nicht, wohin mein Weg geht?
Gott weiß nichts von meinem Elend?

Wißt ihr nicht? Habt ihr nicht gehört?
der Herr, der ewige Gott,
hat auch die fernsten Flecken der Erde geschaffen.
Er wird nicht müde noch matt. Sein Geist ist tief,
seine Gedanken sind zu tief,
als daß Menschen sie zu erforschen vermöchten.

Er gibt dem Müden Kraft
und dem Ohnmächtigen verleiht er Stärke.
Junge Männer werden müde und matt.
Die Krieger straucheln und fallen.
Aber die ihre Hände nach dem Herrn ausstrecken,
empfangen immer neue Kraft.
Daß ihnen Schwingen wachsen wie dem Adler.
Daß sie laufen und nicht ermatten.
Daß sie wandern und nicht müde werden.

Der Herr ruft euch,
wie einer eine verlassene, betrübte Frau zu sich ruft,
die er geliebt hat
und die er nicht allein lassen will.

Denn so spricht Gott:
Berge werden hinsinken, Hügel werden schwinden.
Aber meine Freundlichkeit soll bei euch bleiben
und meine Freude soll beständig sein
und euch halten und umfassen.
Barmherzig will ich sein, spricht der Herr.

Ich werde meinen Boten zu euch senden,
meinen Knecht, den ich liebhabe.

Ich habe meinen Geist auf ihn gelegt.
Er soll die Wahrheit unter die Völker hinaustragen.
Er wird nicht schreien und rufen.
Man wird keine Kundgebungen hören auf der Gasse.

Er wird das geknickte Rohr nicht zerbrechen
und den glimmenden Docht nicht auslöschen.
Er wird Wahrheit hinaustragen,
damit Gerechtigkeit auf der Erde geschieht.

Er selbst verlischt nicht und zerbricht nicht,
bis er auf der Erde die Wahrheit fest gegründet hat
und die fernsten Inseln seine Weisung empfangen.

So spricht Gott, der Herr,
der die Himmelsräume geschaffen und ausgebreitet hat,
der die Erde machte und ihr Gewächs,
der den Menschen den Atem gab
und den Geist allen, die über die Erde gehen.

Ich, der Herr, habe dich gerufen.
Ich bin zuverlässig.
Ich halte dich an der Hand und behüte dich,
meinen Knecht.

Ich habe dich unter die Menschen gesandt,
daß du sie zu mir bringst
und meine Barmherzigkeit zu ihnen.
Ich habe dich zu einem Licht gemacht über der Völkerwelt.

Du sollst den Blinden die Augen öffnen,
die Gefangenen aus dem Gefängnis führen
und aus dem Kerker alle,
die in der Finsternis sind.

Wenn mein Knecht kommt – spricht der Herr –,
dann wird ihm sein Werk gelingen.
Er wird hoch über allen stehen,
die sonst gewaltig oder bedeutend sind unter den Menschen.
Freilich, viele werden entsetzt sein, wenn sie ihn sehen.
Denn er ist entstellt und nicht schön wie andere Menschen.
Und doch wird er viele Völker in Staunen versetzen.
Könige werden ihrem Mund Schweigen gebieten,
wenn sie vor ihm stehen.
Denn was ihnen nie jemand erzählen konnte,
das sehen sie. Und was sie nie gehört haben,
das geschieht vor ihren Augen.
Aber wer glaubt dem, was Gott spricht?
Wer versteht, was Gott getan hat?
Er wuchs mühsam auf wie ein Reis,
das in dürrem Erdreich wurzelt.
Er hatte keine eindrucksvolle Gestalt,
keine Hoheit und keine Schönheit.
Wir sahen ihn, aber er gefiel uns nicht.
Er war ein Mann der Schmerzen, vertraut mit Krankheit.
Ausgestoßen war er. Man verbarg das Gesicht vor ihm.
So verachtet war er, daß er uns nichts galt.
Aber das ist wahr: Er trug unsre Krankheit
und lud unsre Schmerzen auf sich.
Wir meinten, Gott habe ihn gestraft.
Um seiner eigenen Schuld willen
habe Gott ihn geschlagen und gemartert.
Und er wurde doch durchbohrt um unserer Untreue willen,
zerschlagen zur Sühne für unsere Verbrechen.
Die Strafe lag auf ihm, damit wir Frieden hätten,
und durch seine Wunden geschah uns Heilung.
Er wurde mißhandelt und beugte sich
und tat seinen Mund nicht auf,
wie ein Lamm, das man zur Schlachtbank führt.
Wie ein Schaf, das verstummt,
wenn einer ihm das Fell abschert.
Weil er Gottes Gedanken verstand und Gottes Willen tat,
wird er, der Gerechte, mein Knecht,
für viele die Tür auftun,
daß sie Gott finden.

Steh auf! Spring auf deine Füße!
Laß Licht in dein Herz scheinen!
Denn es ist Tag und das Licht geht auf!
Der Glanz Gottes geht auf über dir!
Schau hin! Finsternis bedeckt die Erde
und Dunkel die Völker.
Aber über dir strahlt der Herr auf,
und sein Glanz breitet sich über dir aus.
Die Völker strömen zu dir hin und suchen das Licht.
Könige suchen den Glanz, der über dir aufstrahlt.
Hebe deine Augen auf, mein Volk, und sieh umher:
Alle, die du siehst, sind unterwegs zu dir.
Deine Söhne, die in der Fremde sind, kommen.
Deine Töchter, die verlassen waren im fremden Land,
wird man auf dem Arm herbeitragen.
Du wirst fröhlich sein und strahlen und in Jubel ausbrechen.
Dein Herz wird beben und weit werden,
wenn die Völker am Meer
mit ihrem Reichtum zu dir kommen
und man die Schätze der Völker zu dir bringen wird.
Aus Saba werden sie kommen.
Gold und Weihrauch werden sie bringen
und von den Ruhmestaten Gottes reden.

Mein Volk, der Friede selbst wird dein Land regieren
und die Gerechtigkeit wird über dich herrschen.
Man wird in deinem Lande
nicht mehr von Verbrechen hören,
nicht mehr von Umsturz und Gewalttat.
Die Sonne wird dir nicht mehr am Tage scheinen
und der Glanz des Mondes wird dir nicht mehr leuchten.
Gott selbst wird dein ewiges Licht
und dein Gott wird dein Glanz sein.
Deine Sonne wird nicht mehr untergehen
und dein Mond nicht mehr den Schein verlieren.
Denn der Herr wird dein ewiges Licht sein
und die Tage des Leidens sollen zu Ende sein.
Alle, die zu dir gehören, werden Gott gefallen.
Sie werden gerecht und wahr sein.
Und Gott wird ihnen Leben, bleibendes Leben schaffen.

So höre nun, mein Knecht!
Höre auch du, mein Volk!

Fürchtet euch nicht, alle, die zu mir gehören.
Denn ich will Wasser gießen auf das durstige Land
und Ströme werden die Wüste bewässern.
Ich will meinen heiligen Geist auf eure Kinder gießen
und meinen Segen über eure Nachkommen,
daß sie wachsen sollen wie Gras im bewässerten Land,
gedeihen wie Weiden an Wasserbächen.
Der eine wird sagen: „Ich gehöre dem Herrn",
der andere wird sagen: „Ich gehöre zu seinem Volk"
– wieder einer in seine Hand schreiben:
„Dem Herrn eigen".
Denke daran, mein Volk, denn ihr seid meine Knechte.
Ich habe euch bereitet,
daß ihr in meinem Dienst stehen sollt.
Und so will ich mit euch verbunden bleiben.

Wie eine Wolke sich am blauen Himmel auflöst,
so soll euer Unrecht vor meinen Augen schwinden.
Wie der Nebel sich lichtet unter der Sonne,
so soll eure Untreue sich auflösen.
Kommt nun wieder zu mir,
denn ihr sollt von neuem leben dürfen.
Ich rief euch bei eurem Namen.
Ich gab euch Namen der Liebe,
als ihr noch nichts von mir wußtet.
Ich mache das Licht und schaffe die Finsternis.
Ich gebe Frieden und stifte das Unheil.
Ich bin Gott. Ich bin der, der alles tut.

Regnet, ihr Himmel, von oben auf das trockene Land!
Ihr Wolken, strömt aus
und bringt Gerechtigkeit auf die Erde!
Die Erde soll sich auftun und sie empfangen.
Dann wird Heil aus ihr wachsen
und Segen aufsprießen aus ihr.

Aus dem Brief an Titus, einen Mitarbeiter des Paulus in der ersten Gemeinde der Christen.

Nun ist die Freundlichkeit Gottes erschienen, mit der unser Leben und Heil steht und fällt. Allen Menschen ist sie zugewandt.

Was will sie erreichen? Sie möchte uns bewegen, unsere Gottlosigkeit abzuwerfen und alles, was nur Gier, was nur vergängliche, weltliche Freude ist. Sie möchte erreichen, daß wir mit klarem Geist, willig und gehorsam, in Gerechtigkeit und im Glauben leben, solange wir in dieser Welt sind. Denn auf uns wartet eine große Zukunft: daß Gott in seinem Glanz und seiner Größe sichtbar hervortritt, daß Christus hervortritt, der unser Leben gerettet hat.

Er hat sich selbst geopfert, an unserer Stelle, um uns von allem Unrecht frei zu machen, um uns zu reinigen und zu läutern und Menschen aus uns zu machen, die ihm zugewandt sind und willens, das Rechte zu tun.

Denn auch wir, wir alle, lebten gedankenlos vor uns hin. Auch wir hatten kein Interesse am Willen Gottes. Auch wir liefen planlos durchs Leben, getrieben von unserer Gier und von Vergnügen jeder Art. Bosheit und Neid beherrschten uns. Man haßte uns und wir haßten einander.

Aber da ging uns Gottes Freundlichkeit und Liebe wie eine Sonne auf. Wir fanden ein neues Leben. Nicht, weil wir uns so sehr darum bemüht hätten, sondern weil Gott sich unser annahm. Und wir fanden das bleibende Leben, als wären wir neu geboren. Mit heiligem Geist hat Gott uns gewaschen, gereinigt und erneuert. Mit dem Geist, den wir von Jesus Christus, unserem Helfer, empfangen haben.

Seine Freundlichkeit ist es, die uns hilft, mit Gott eins zu sein. Seine Freundlichkeit ist es, die uns hilft, so zu leben, daß wir Gott gefallen. Und schließlich wird es seine Freundlichkeit und Liebe sein, die uns ewiges Leben gibt, Leben in seinem Reich.

Wir erzählen euch keine Märchen, schreibt Johannes. Wir berichten, was wir mit eigenen Ohren gehört und mit eigenen Augen gesehen haben. Wir haben es gesehen und mit unseren Händen angefaßt.

Wir berichten euch, was Gott uns gesagt hat und was von allem Anfang der Dinge her feststeht: Daß er lebendig ist und daß wir Anteil haben werden an seinem Leben.

Nun ist sichtbar geworden, daß Gott lebt. Wir haben es gesehen und bezeugen es euch. Denn Gott will, daß wir leben. Nicht nur wir, die Jesus selbst gesehen haben, sondern auch alle anderen, denen wir davon berichten.

Er will, daß die Menschen mit Jesus Christus zusammengehören und mit ihm selbst. Warum wir euch das schreiben? Weil wir wollen, daß ihr Grund habt, euch zu freuen.

Man kann, was wir von Christus gehört haben und euch weitersagen, in einem Wort zusammenfassen: Gott ist Licht. In Gott ist keine Finsternis.

Das bedeutet, daß man nicht davon reden kann, man habe es mit Gott zu tun, wenn man im Verborgenen lebt, heimlich, mit seiner Sucht beschäftigt oder mit seinem Unrecht. Man kann auch mit dem Leben lügen und nicht nur mit dem Wort.

Wenn unser Leben dagegen im Licht stattfindet, wenn es keines Menschen Blick scheuen muß und schon gar nicht den Blick Gottes, dann zeigt sich das daran, daß Vertrauen zwischen uns allen ist, daß wir miteinander reden und einander helfen.
Es zeigt sich vor allem daran, daß wir alles Unrecht, das zwischen uns geschieht, wegräumen können.

Christus hat sein Blut für uns vergossen und uns reingemacht. Das ist künftig die Grundlage für unser Leben mit Gott und für unser aller gemeinsames Leben in dieser Welt.

Ich schreibe euch das alles, damit ihr nicht in Gefahr kommt, zu sündigen. Wenn es aber geschehen sollte, daß jemand unter euch einer Sünde erliegt, dann haben wir bei Gott einen Helfer, der für uns spricht: Jesus Christus, der zu uns steht, was auch immer geschehen möge.

Er hat uns geholfen, trotz unserer Sünden Kinder unseres Vaters zu sein. Doch nicht nur uns, sondern allen Menschen. Es gibt aber ein Zeichen, an dem wir merken, ob wir ihn wirklich kennen. Ob wir nämlich tun, was er uns aufgetragen hat, oder nur davon reden.

Wenn einer sagt: Ich kenne Christus, und nicht tut, was er ihm aufträgt, dann ist er ein Lügner und die Wahrheit Gottes ist in sein Herz nicht eingedrungen.
Umgekehrt: Wenn jemand den Aufträgen nachkommt, die Christus ihm gegeben hat, dann ist dies ein Zeichen dafür, daß Gottes Liebe in ihm am Werk ist.
Wenn einer sagt: Ich bin in Christus geborgen, jetzt und in der Ewigkeit, dann soll er zeigen, daß Christus in ihm wirkt. Wo aber Christus wirkt, da lebt ein Mensch so, wie Christus gelebt hat.

Das alles ist – genau genommen – nichts Neues: Diese Maßstäbe habt ihr von Anfang an gekannt. Sie gelten ja auch seit allem Anfang.
Und doch ist es etwas unerhört Neues, das Gott uns gab und an uns sichtbar ist: Das Licht! Denn die Finsternis vergeht und das wirkliche Licht von Gott scheint bereits bei uns.

Wenn einer sagt: Ich stehe im Licht, und dabei seinen Bruder haßt, dann ist er noch in der Finsternis. Wer seinen Bruder liebt, steht im Licht und bleibt im Licht und die Lüge stellt ihm keine Falle mehr.

Wenn ich von denen spreche, die im Licht stehen, dann meine ich euch, ihr Kinder. Denn eure Sünden stehen nicht mehr zwischen euch und Gott; Christus steht für euch ein.

Ich meine euch, ihr Väter. Denn ihr habt verstanden, daß Gott von Anfang, von Urbeginn der Welt an, wirkt, und daß ihr von ihm euren Auftrag habt.

Ich meine euch, ihr jungen Männer. Denn ihr habt schon Siege über den Bösen, über die dunkle Macht davongetragen.

Ich habe euch Kindern geschrieben. Denn ihr habt euren Vater kennen gelernt. Ich habe euch Vätern geschrieben, denn ihr kennt den, der vor euch war, der von Anfang an lebt. Ich habe euch, den jungen Männern, geschrieben, denn ihr habt die nötige Kraft, ihr könnt das Wort Gottes festhalten und danach leben. Ihr habt das Böse oder besser: den Bösen besiegt.

Hängt euer Herz nicht an die Welt und nicht an die vielen Dinge, die es in dieser Welt gibt. Wer noch mit Leib und Seele an der Welt hängt, in dem wirkt die Liebe des Vaters noch nicht.

Was es nämlich in der Welt gibt: Was man an sich reißt, wonach die Augen gieren, womit Menschen prahlen und sich aufblähen, das hat mit der Verbindung zwischen euch und eurem Vater im Himmel nichts zu tun. Es ist ein Stück Welt, nicht mehr.

Die Welt vergeht und alles, was in ihr drängt und begehrt und umtreibt. Wer aber tut, was Gott will, der bleibt in Ewigkeit.

Versucht dies zu fassen: Wie groß ist die Liebe, die der Vater an uns gewandt hat, daß wir Menschen „Kinder Gottes" genannt werden – noch mehr: daß wir es tatsächlich sind.

Das ist der Grund, warum euch die Mitmenschen nicht verstehen: Sie können nicht fassen, wie sehr Gott uns liebt.

Ihr Lieben, wir sind Gottes Kinder. Das steht fest. Es ist aber noch nicht sichtbar, was wir in Gottes Reich sein werden.

Wir wissen nicht viel darüber, aber eins wissen wir bestimmt: Wenn man uns in Gottes Reich sehen wird, dann werden wir ihm ähnlich sein. Wir werden ihn spiegeln. Denn wir werden vor ihm stehen und ihn sehen, wie er ist, in dem vollen Licht seiner Herrlichkeit.

Wir sind noch nicht so weit. Aber es gibt ein Zeichen, daß wir Gottes Welt zugehören, in der alles klar ist: Wenn unser Herz uns verdammt, wenn wir uns in unseren Vorwürfen gegen uns selbst verzehren, dann wissen wir – und können unserem Herzen damit Frieden geben –, daß Gott größer ist als unser Herz. Größer in seiner Macht und in seiner Liebe, und daß alles, auch das Dunkelste in unserem Herzen, vor seiner Liebe ausgebreitet liegt.

Wenn aber unser eigenes Herz uns nicht zu verdammen braucht, dann ist nichts mehr zwischen Gott und uns. Dann sind wir frei und unbeschwert, reden mit Gott und hören ihm zu. Dann leben wir unbefangen vor ihm und mit ihm.

Dann werden wir mit offenen Händen annehmen können, was wir von ihm erbitten. Denn wir sind eins mit seinem Willen. Wir sind im Einvernehmen mit ihm und tun, was ihm gefällt.

Wir glauben an seinen Sohn Jesus Christus und lieben einander, wie er es angeordnet hat.

Wer das tut, der bleibt in Gott bewahrt. Und Gott ist in seinem Geist und in seinem Herzen gegenwärtig. Und zuletzt: Wir haben auch ein Zeichen dafür, daß Gott in uns gegenwärtig ist:

Den Geist, den er uns gab, und von dem wir Glauben und Vertrauen haben.

Ihr Lieben, ihr könnt euch nicht jedem anvertrauen, der von Gott redet. Prüft sorgfältig, woher einer spricht – und ob er wirklich von Gott hat, was er sagt.

Denn es gibt viel törichtes und irreführendes Geschwätz über Gott. Es gibt ein Zeichen, an dem sofort deutlich ist, ob einer wirklich an der Stelle Gottes redet: Wenn er nämlich festhält, daß der wirkliche Gott ein wirklicher Mensch geworden und daß Christus ein leiblicher Mensch gewesen ist.

Wer nicht in diesem Sinn von Christus spricht, der hat mit Gott nichts zu tun.

Ihr Lieben, wenn Gott uns so sehr geliebt hat, dann sollte in unserer gegenseitigen Liebe etwas davon spürbar werden. Niemand hat Gott je gesehen. Wenn wir einander lieben, ist Gott in uns gegenwärtig und seine Liebe kommt in uns an das Ziel ihrer Absicht.

Niemand hat Gott je gesehen. Aber das eine haben wir gesehen und davon reden wir:
Daß der Vater den Sohn zu den Menschen gesandt hat, damit die Welt nicht zugrunde gehe.

Wer das festhält, in dem spricht wirklich Gott und der gehört zu Gott. – Wer das bekennt:
Jesus ist Gottes Sohn.

Das ist das Lied, das Zacharias sang, der Vater Johannes
des Täufers, als er sein Kind auf dem Arm hielt:

Gepriesen sei der Herr, der Gott Israels!
Denn er besucht sein Volk
und löst seine Ketten auf.
Er weckt einen mächtigen Helfer
in seinem Volk, dem Volk seines Dieners David.

Denn seit alten Zeiten hat er durch den Mund seiner Heiligen,
seiner Propheten, geredet
und versprochen, er wolle uns retten von unseren Feinden
und aus der Hand aller, die uns hassen.
Er wolle unseren Vätern gnädig sein
und den heiligen Bund bewahren,
die Treue, die er uns zugesagt
und unserem Vater Abraham.

Fest steht sein Wort, er wolle uns geben,
daß wir furchtlos, der Hand unserer Feinde entrissen,
ihm dienen nach heiliger Ordnung
und mit redlichem Herzen, wie es ihm gefällt,
ihm zugewandt von Tag zu Tag unser Leben lang.

Und du, Kind, du wirst ein Prophet des Höchsten heißen.
Du wirst vor dem Herrn hergehen,
seinen Weg zu bereiten
und seinem Volk zu zeigen,
wie nahe das Heil ist.
Wie nahe der ist,
der sie frei macht von ihrer Sünde.

Denn von Herzen freundlich ist Gott.
Ein Licht aus der Höhe wird uns besuchen
wie die Sonne am Morgen aufgeht
und wird uns allen erscheinen,
die in Finsternis sitzen und Schatten des Todes.
Es wird unsere Füße lenken
auf den Weg, der zum Frieden führt.
Und der Friede wird über unseren Schritten sein.

Rund 30 Jahre später trat Johannes auf, der Täufer, predigte in der judäischen Wüste und rief: Kehrt um! Ändert euren Sinn!

Johannes aber war der,
von dem Jesaja, der Prophet,
gesprochen hatte:

Ich höre in der Wüste die Stimme eines Rufers:
Macht den Weg frei für den Herrn!
Macht eben seine Straße!
Die Schluchten sollt ihr auffüllen
und alle Berge und Hügel, die ihn hindern,
sollt ihr abtragen.
Wo der Weg sich in Windungen hinzieht,
sollt ihr ihn gerade führen.
Wo er holperig ist,
sollt ihr ihn ebnen.
Alle Welt soll ihn sehen,
den Retter, der von Gott kommt!

Johannes aber trug ein Gewand aus Kamelhaaren
und einen ledernen Gürtel
und ernährte sich von Heuschrecken
und wildem Honig.
Die Menschen aber zogen zu ihm hinaus
aus Jerusalem und aus ganz Judäa
und aus den Ländern um den Jordan.
Sie bekannten ihr Unrecht
und alle ihre Verfehlungen
und ließen sich im Jordan von ihm taufen.

Als Johannes nun viele von den Pharisäern
(von der besonders strengen Bruderschaft der Frommen)
und auch viele von den Sadduzäern
(die modern und gebildet,
aber vor allem an Macht und Einfluß interessiert waren)
zu seiner Taufe kommen sah, rief er ihnen entgegen:

Ihr Schlangenbrut!
Wer hat euch eingeredet,
ihr würdet ausgenommen,
wenn Gott in seinem Zorn Gericht hält?
Gebt erst einmal handfeste Beweise, die zeigen,
daß bei eurer Umkehr etwas Rechtes herauskommt!
Meint nur ja nicht,
ihr könntet in eurem Herzen
euch selber versichern:
Wir haben Abraham zum Vater!
Ich sage euch: Gott kann dem Abraham
aus diesen Steinen da Kinder erwecken.
Die Axt liegt schon den Bäumen an der Wurzel,
und kein Baum bleibt stehen,
der keine gute Frucht bringt.
Abgehauen wird er und ins Feuer geworfen.

Ich taufe euch mit Wasser und verlange Umkehr von euch.
Der aber nach mir kommt, ist mächtiger als ich.
Ich bin nicht wert, ihm seine Schuhe nachzutragen.
Der wird euch in den heiligen Geist tauchen
und ins Feuer.
Er hat die Wurfschaufel schon in der Hand
und wird auf seiner Tenne stehen
und Korn und Spreu in den Wind werfen.
Er wird den Weizen in seine Scheuer sammeln.
Die Spreu aber wird er in einem Feuer verbrennen,
das keiner löschen wird.

Das Bild von der Tenne schließt an die Arbeitsweise der Bauern
von damals an. Das Korn wurde durch Dresch-Schlitten auf der
Tenne ausgedroschen. Dann trennte man Korn und Spreu voneinander, indem man beides mit der Schaufel in den Wind warf. Das
Korn war schwer und fiel auf einen Haufen, die Spreu flog davon.

Gott sandte einen der Boten, die seinem Willen dienen (wir nennen sie Engel), Gabriel. Dieser Name bedeutet: Gott ist meine Kraft. Der kam in eine Stadt in Galiläa, nach Nazareth, zu einem Mädchen, das mit einem Mann aus dem Stamm Davids verlobt war. Das Mädchen hieß Maria.
Der Engel kam in ihr Haus, erschien ihr und redete sie an:

Sei gegrüßt, du Gesegnete,
der Herr ist mit dir.
Sie aber erschrak, als sie die Stimme hörte,
und wußte nicht, was sie über den Gruß denken sollte.
Der Engel fuhr fort:
Fürchte dich nicht, Maria,
Gott ist dir freundlich und seine Liebe gehört dir.
Achte wohl darauf, was ich sage:
Du wirst schwanger werden
und einen Sohn zur Welt bringen.
Dem sollst du den Namen Jesus geben –
das bedeutet: das Heil, die Hilfe, der Sieg.
Er wird Macht haben aus Gottes Macht,
und man wird ihn „Gottes Sohn" nennen.
Und Gott, der Herr, wird ihm das Reich
und die Herrschaft Davids geben, der sein Vorfahr ist.
Er wird ein Herr sein über das heilige Volk Gottes
in alle Ewigkeiten und sein Reich wird kein Ende haben.

Da sprach Maria zu dem Engel:
Wie kann das geschehen?
Ich bin mit keinem Mann zusammen gewesen!
Der Engel antwortete ihr:
Heiliger Geist wird über dich kommen
und die schaffende Kraft des Höchsten
wird wie ein Schatten über dir sein.
Darum wird dein Kind „heilig" heißen
und „Sohn Gottes".
Denn es gibt nichts, was bei Gott unmöglich wäre.
Maria aber sprach:
Ich bin des Herrn Magd.
Mir geschehe, wie du gesagt hast.
Und der Engel schied von ihr.

Da sang Maria ein Lied:

Meine Seele rühmt den Herrn
und hebt ihn über alles empor.
Mein Geist freut sich über den Herrn,
den Gott, der mir hilft.

Denn er ist seiner Magd,
die so niedrig ist, freundlich begegnet.
Glücklich werden mich preisen
die Menschen und Völker zu allen Zeiten.

Er hat Großes an mir getan,
der unendliche Macht hat
und der zu heilig ist für den Dank,
mit dem unser Mund ihn nennt.

Seine Barmherzigkeit reicht über alle
Geschlechter der Menschen.
Freundlich begegnet er denen,
die ihn fürchten.

Keine Menschenmacht bleibt.
Die Kraft seines Armes
zerstreut sie wie Sand,
die meinen in ihrem Herzen,
sie seien ihr eigener Gott.

Er stößt die Gewaltigen vom Thron,
die Getretenen richtet er auf.
Hungrige sättigt sein Reichtum
und Reiche treibt er mit leeren Händen davon.

Er nimmt sich seines Dieners Israel an
und gewährt ihm seine Barmherzigkeit.
Unseren Vätern hat er es angesagt
und in Ewigkeit gilt es Abrahams Volk –
dem Volk, das ihm dient.

Es begab sich aber in jenen Tagen,
daß ein Gebot von dem Kaiser Augustus ausging,
daß alle Provinzen des Reiches
eine Steuer zu zahlen hätten.
Diese Steuer war neu;
und zum erstenmal wurden die Völker in Listen erfaßt
in der Zeit, in der Quirinius Statthalter des Kaisers
in Syrien war.
Jeder machte sich auf den Weg.
Denn in der Stadt, aus der seine Väter stammten,
sollte er sich eintragen lassen.

Da wanderte auch Joseph von Galiläa,
aus der Stadt Nazareth, nach Judäa
in die Stadt der Familie Davids, nach Bethlehem.
Denn er gehörte zur Familie
und zum Stamme Davids.
Und er ließ sich in die Listen des Kaisers
mit Maria zusammen, seiner jungen Frau, eintragen.
Maria aber war schwanger.

Als sie in Bethlehem waren,
kam die Zeit für sie, ihr Kind zur Welt zu bringen.
Und sie gebar ihren ersten Sohn,
wickelte ihn in Windeln
und legte ihn in eine Krippe.
Denn sie hatten sonst keinen Raum
in der Herberge.

In jener Gegend waren Hirten
auf dem Felde bei den Hürden.
Die hielten Nachtwache bei ihrer Herde.

Da erschien ihnen ein Engel Gottes.
Der Lichtglanz Gottes umstrahlte sie
und Furcht und Entsetzen faßte sie.
Und der Engel sprach zu ihnen:
Fürchtet euch nicht,
denn ich verkündige euch große Freude,
die über das ganze Volk kommen wird.

Denn ein Retter und Helfer
ist für euch am heutigen Tage geboren,
in der Stadt Davids:
Der Christus, der der Herr ist.

Daran sollt ihr ihn erkennen:
Ihr werdet ein Kind finden,
in Windeln gewickelt
und in einer Krippe liegend.

Mit einem Male aber war bei dem Engel
eine Menge aus dem Heer himmlischer Wesen,
die Gott rühmten und riefen:

Ehre sei Gott in den Höhen
und auf Erden Frieden
den Menschen, die Gott liebt –
und die Gott lieben.

Als die Erscheinung der Engel vorübergegangen
und die Boten Gottes in Seine verborgene Welt
zurückgekehrt waren,
sprachen die Hirten zueinander:

Laßt uns nach Bethlehem gehen
und die Geschichte sehen,
die da geschehen ist,
die uns der Herr kundgetan hat.

Sie kamen in aller Eile
und fanden Maria und Joseph
und das Kind, das in der Krippe lag.

Als sie es aber sahen,
fingen sie an, allen, die dabei waren,
zu erzählen, was sie erlebt hatten,
und die Worte zu wiederholen,
die ihnen über dieses Kind gesagt worden waren.

Und alle, die davon hörten,
wunderten sich.

Maria aber behielt, was geschehen war,
und alle diese Worte.
Sie sann darüber nach
in ihrem Herzen.

Und die Hirten kehrten wieder um,
verherrlichten, rühmten und priesen Gott
für alles, was sie gehört und gesehen hatten
und was ihnen gesagt worden war.

Ehe es eine Welt gab, war Gott.
Alles, was wir von Gott wissen,
alles, was wir an Jesus Christus
gesehen und erfahren haben,
war in Gott.

Gott war Liebe und schaffende Kraft
und Christus, unser Herr, war bei ihm.
Alles entstand durch Christus,
der Gottes Mund war.
Ohne ihn ist nichts entstanden,
nicht das kleinste Ding dieser Welt.

In ihm war Gottes lebendige Kraft.
Und Gottes Lebendigkeit schuf den Menschen,
sein Herz und Gewissen,
seinen Leib und seinen Geist.
Der Mensch konnte sehen und wissen,
wer Gott war.

Christus, das Licht von Gott,
leuchtete in der Finsternis
und die Finsternis verstand nicht,
daß hier Gott war.
Er war wirkliches Licht.
Licht aus dem ewigen, liebenden Herzen Gottes,
das für jeden Menschen da ist,
der in diese Welt kommt,
Licht, das ihm zeigen will,
woher er kommt und wohin er geht.

Er war in der Welt
und die Welt ist durch ihn gemacht,
der von sich sagte: Ich bin das Licht!
Er war der Hausherr und kam in sein eigenes Haus,
aber die darin wohnten, nahmen ihn nicht auf.
Doch die, die ihn aufnahmen,
die ihn kennen und lieben,
machte er zu Kindern Gottes,
ihres Vaters im Himmel.

Das Volk, das im Finstern wandert,
sieht ein großes Licht.
Über Menschen, die im Lande des Schattens wohnen,
strahlt ein Glanz auf.

Du lässest den Jubel aufklingen,
du schenkst überströmende Freude,
daß sie sich freuen vor dir,
wie man sich in der Ernte freut.
Wie man fröhlich ist,
wenn man nach dem Sieg die Beute teilt.
Denn du hast das Joch zerbrochen,
auf dem sie ihre Last trugen,
und den Stecken, mit dem man sie schlug.
Nun wird jeder Stiefel, der mit Dröhnen auftritt,
und jeder Mantel, der durch Blut schleifte,
verbrannt und ein Fraß des Feuers.

Denn ein Kind ist uns geboren,
ein Sohn ist uns gegeben,
und die Herrschaft ist auf seine Schulter gelegt.
Er nannte seinen Namen:
Ein Wunder der Weisheit,
ein Mächtiger wie Gott,
ein Vater, der ewig bleibt,
ein Fürst, der Frieden schafft.
Mächtig ist seine Herrschaft auf dem Throne Davids.
Der Friede bleibt für alle Zeit
über seinem Reich, das er aufrichtet
und das er mit Recht stützt und Gerechtigkeit
von heute an durch alle Tage der Welt
und in Ewigkeit.

Jesus Christus spricht:
Ich bin das Licht, das die Welt hell macht.
Wer zu mir gehört,
wird seinen Weg nicht in der Finsternis suchen,
sondern wird sich dem Licht aussetzen
und in ihm das Leben finden.

Da kam Jesus aus Galiläa an den Jordan,
um sich von Johannes taufen zu lassen.
Aber Johannes sträubte sich
und wollte sich weigern:

Ich habe es nötig, daß du mich taufst,
und du kommst zu mir?

Jesus aber antwortete:
Laß es geschehen.
So entspricht es dem Auftrag,
den Gott mir gab,
und seinem Willen.

Da ließ Johannes es zu,
daß er ins Wasser hinabstieg.
Als aber Jesus aus dem Wasser heraustrat,
sah er, wie der Himmel sich öffnete
und Gottes Geist wie eine Taube herabfuhr
und über ihn kam.

Und aus dem Himmel hörte man eine Stimme:
„Das ist mein Sohn, mein geliebter,
an dem ich Wohlgefallen habe."

Da wurde Jesus vom Geist in die Wüste getrieben,
in die Einsamkeit, in der der Teufel Macht hat.
Dort fastete er vierzig Tage und Nächte
und zuletzt folterte ihn der Hunger.

Da trat der Versucher an ihn heran und flüsterte ihm ein:
Du bist doch Gottes Sohn!
Sprich ein Wort – und aus diesen Steinen wird Brot.
Er aber verwies auf die Heilige Schrift und antwortete:
Der Mensch lebt nicht vom Brot allein,
sondern von jedem Wort,
das durch den Mund Gottes geht.

Da nahm der Teufel ihn mit sich
in die heilige Stadt,
stellte ihn auf das Dach des Tempels,
hart an den Rand und sagte zu ihm:
Du bist doch Gottes Sohn! Spring hinab!
Und der Teufel verwies ihn auf die Heilige Schrift:
Es steht geschrieben:
Er wird seinen Engeln befehlen,
daß sie dich auf ihren Händen tragen
und du deinen Fuß an keinem Stein anschlägst.
Da antwortete Jesus: Es steht aber auch geschrieben:
Du sollst Gott, deinen Herrn,
nicht auf die Probe stellen.

Zuletzt nahm ihn der Teufel mit sich
auf einen sehr hohen Berg,
zeigte ihm alle Reiche der Welt und ihre Herrlichkeit
und sagte:
Das alles will ich dir geben, wenn du niederfällst
und mir auf den Knien huldigst als deinem Herrn.
Da fuhr Jesus ihn an:
Weg! Du Satan! Es steht geschrieben:
Gott allein sollst du auf den Knien verehren
als deinen Herrn und ihm allein dienen.

Da verließ ihn der Teufel
und hielt sich von ihm fern bis zu gegebener Zeit.

Als Jesus nun erfuhr,
daß Johannes verhaftet
und ins Gefängnis eingeliefert worden sei,
wandte er sich nach Galiläa.
Er blieb dort,
aber nicht in seiner Heimatstadt Nazareth,
sondern ließ sich in Kapernaum nieder.

Kapernaum war eine Fischerstadt am Galiläischen Meer,
im Raum der Volksstämme Sebulon und Naphtali.
Dort sah ihn schon Jesaja, der Prophet,
(der siebenhundert Jahre vor ihm lebte und auf ihn hinwies:)

„Wenn Gottes Bote kommen wird, –
weit draußen wird man ihn sehen,
nicht hier, in Jerusalem,
an der heiligen Stätte.
Weit draußen, wo Gott unbekannt ist,
im Lande Sebulon und Naphtali,
am Meer in Galiläa,
drüben über dem Jordan,
und überall in dem gottverlassenen Land.

Das Volk, das in der Finsternis sitzt,
sieht ein helles Licht.
Und die schon zum Tode verdammt waren ohne Ausweg,
denen geht eine Sonne auf."

Damals fing Jesus an, öffentlich zu reden.
Alles aber, was er sagte,
lief auf das eine hinaus:

Ändert euch! Kehrt um!
Macht Ernst damit, daß ihr vor Gott steht
und Gott mit euch spricht.
Nützt die Stunde,
in der ihr noch einmal anfangen dürft.
Denn heute steht Gott vor euch!

Einmal lief einer zu ihm hin,
kniete vor ihm nieder und fragte:
Guter Meister, was muß ich tun,
damit ich ewiges Leben erringe?

Was nennst du mich ‚gut‘,
fragte Jesus dagegen.
Niemand ist gut außer dem einen Gott allein.
Du kennst die Gebote:
Du sollst nicht töten,
du sollst die Ehe nicht brechen,
du sollst nicht stehlen,
du sollst keinen falschen Eid leisten,
du sollst niemandem seinen Lohn vorenthalten,
du sollst deinen Vater und deine Mutter
in Ehren halten.

Meister, erwiderte er,
auf das alles habe ich streng geachtet
seit meiner Kindheit.

Jesus sah ihn an,
gewann ihn lieb und antwortete:
Eines fehlt dir noch:
Geh, verkaufe alles, was du hast,
und gib es den Armen.
Dann wirst du einen Schatz besitzen,
den Gott für dich aufbewahrt.
Dann komm und geh mit mir meinen Weg.

Doch da verfinsterte sich sein Gesicht,
als er das Wort hörte,
und er ging traurig weg,
denn er war ein reicher Mann.

Jesus kam auf seiner Reise
an einer Zollstelle vorbei.
Dort saß einer, der die Gebühren einzog,
mit Namen Matthäus.
Den redete Jesus an:
Komm! Laß das! Geh mit mir!
Und der Mann stand auf und ging mit ihm.

Später an dem Tag
war Jesus im Haus des Matthäus zu Gast.
Die Kollegen des Matthäus,
die verhaßten Leute vom Zolldienst,
die mit den Römern zusammenarbeiteten
und als Betrüger galten,
und andere verrufene Gestalten kamen dazu
und saßen mit Jesus und seinen Begleitern zu Tisch.

Die Pharisäer sahen das und fragten die Jünger:
Warum macht euer Meister sich mit Betrügern gemein
und mit Ausbeutern?

Als Jesus das hörte, gab er die Antwort:
Die Gesunden brauchen den Arzt nicht,
wohl aber die Kranken.
Geht nach Hause und lernt,
was Gott meint, wenn er sagt:

Ich freue mich über barmherzige Menschen
und nicht über Frömmigkeit.
Ich bin nicht gekommen,
die Gerechten zu bestätigen,
sondern den Verstoßenen nahe zu sein.

Ist der Fall denkbar, daß die Liebe,
die zwischen Gott brennt und mir,
verlöscht?

Ich kann in Angst versinken.
Ich kann in eine Enge geraten,
in der kein Raum ist.
Ich kann verleumdet und verfolgt werden.
Es ist möglich, daß ich anderen Menschen
Brot geben soll, das Wort Gottes,
und selbst danach hungere.
Es mag sein,
daß ich in meiner Armut allen Blicken ausgesetzt bin,
vielleicht sogar, daß ich in Lebensgefahr gerate.

Doch dies alles bedroht mich nicht.
Ich habe einen, der mich liebt.
Mit ihm zusammen ist mir der Sieg sicher.

Denn eins ist ganz gewiß:
Der Tod mag kommen,
das Leben mag mir alle Mühe machen,
es mag auch ganze Heere von Engeln und Teufeln geben,
von denen ich nichts weiß,
oder Mächte, die man den Zufall nennt
oder das blinde Schicksal.
Es mögen Katastrophen über die Welt kommen,
heute oder morgen.
Es mag auch in der Höhe oder in der Tiefe
Gestirne geben, die meinen Schritt lenken
und meinen Weg vorzeichnen.
Aber sie alle sind von Gott gemacht.
Sie alle sind geringer als Gott.

Sie können viel tun.
Aber sie können mich nicht trennen
von der Liebe Gottes,
die ich in Christus finde,
meinem Herrn.

Bibelstellenverzeichnis

12, 28–34	12. 3.	22, 31–34	20. 3.	21, 1–14	14. 4.
41–44	13. 3.	66	24. 3.	15–24	15. 4.
13, 1– 8	12. 11.	23, 26–32	31. 3.		
32–37	12. 11.	33–34	1. 4.	**Apostelgeschichte**	
14, 3– 9	3. 3.	39–43	3. 4.	1, 1– 9	17. 4.
16, 1– 8	8. 4.	24, 13–24	10. 4.	2, 1–13	24. 5.
19–20	16. 4.	25–35	11. 4.	14–18	25. 5.
		51–53	16. 4.	22–27	25. 5.
Lukas				32–33	26. 5.
1, 26–38	19. 12.	*Johannes*		36–39	26. 5.
46–55	20. 12.	1, 1–12	24. 12.	41	26. 5.
68–79	16. 12.	3, 1–16	23. 2.	42–47	27. 5.
2, 1– 7	21. 12.	4, 1–14	24. 2.	3, 1–10	28. 5.
8–14	22. 12.	15–26	25. 2.	11	29. 5.
15–20	23. 12.	27–42	26. 2.	4, 1– 3.5	29. 5.
3, 5– 6	17. 12.	5, 19–29	17. 2.	7–14	29. 5.
4, 13	27. 12.	6, 14–15	22. 10.	15–21	30. 5.
16–22	1. 2.	8, 2–11	8. 2.	23–30	31. 5.
23–30	2. 2.	12	25. 12.		
31–37	24. 10.	10, 1–11	9. 2.	*Römer*	
5, 17–25	23. 1.	12–16	10. 2.	4, 24– 5, 5	30. 6.
7, 18–23	26. 11.	27–30	10. 2.	6, 1– 4	28. 4.
36–50	27. 1.	11, 1–27	12. 4.	8– 9. 11	28. 4.
9, 51–55	20. 2.	32–36	13. 4.	12–13	10. 6.
57–62	8. 10.	41–46	13. 4.	19–23	10. 6.
10, 16	16. 9.	12, 20–26	14. 3.	8, 1– 2	11. 6.
25–37	19. 2.	35–36	15. 3.	9–11	11. 6.
12, 13–21	5. 11.	44–48	15. 3.	12	12. 6.
49–50	15. 9.	13, 1–17	17. 3.	14–18	12. 6.
13, 1– 9	6. 11.	21–30	19. 3.	35	31. 12.
14, 7–14	7. 11.	14, 1–10	13. 5.	37–39	31. 12.
16–24	9. 3.	15–21	14. 5.	10, 6–11	13. 6.
15, 1– 7	28. 1.	25–31	15. 5.	14–15.17	13. 6.
11–19	18. 11.	15, 1– 8	16. 5.	12, 3– 8	24. 6.
20–24	19. 11.	9–16	17. 5.	11–18	25. 6.
25–32	20. 11.	18–27	18. 5.	13, 1– 2	22. 6.
16, 19–31	8. 11.	16, 5–13	19. 5.	4– 7	22. 6.
17, 4	29. 1.	16–24	20. 5.	8–14	23. 6.
11–19	18. 2.	17, 1–10	21. 5.	14, 1– 6	8. 6.
20–25	13. 11.	11–19	22. 5.	7–12	9. 6.
26–31	14. 11.	20–26	23. 5.		
34–37	14. 11.	18, 12–24	23. 3.	*1. Korinther*	
18, 9–14	17. 2.	29–38	27. 3.	1, 10–13	1. 10.
34	28. 2.	19, 4–15	29. 3.	18–20	1. 9.
19, 1–10	1. 3.	19–22	1. 4.	21–25	2. 9.
37–44	5. 3.	23–27	2. 4.	26–31	3. 9.
20, 27–40	11. 3.	29–30	4. 4.	2, 1– 7	4. 9.
22, 7–13	16. 3.	31	7. 4.	7–12	5. 9.
14	17. 3.	38–42	7. 4.	3, 1	1. 10.
15–20	18. 3.	20, 11–18	9. 4.	1– 7	2. 10.

Passage	Datum	Passage	Datum	Passage	Datum
8–15	3. 10.	3, 14–21	4. 6.	*Titus*	
21–23	4. 10.	4, 1– 7	5. 6.	2, 11–14	10. 12.
4, 1– 5	4. 10.	11–16	6. 6.	3, 3– 7	10. 12.
6–14	5. 10.	5, 14–17	14. 6.		
6, 1– 7	21. 6.	22–25	15. 6.	*1. Petrus*	
9	21. 6.	22–25.32	16. 6.	1, 1– 5	17. 9.
19–20	17. 6.	6, 1– 9	20. 6.	6–12	18. 9.
7, 1– 7	17. 6.	10–20	7. 6.	13–19	19. 9.
8–16	18. 6.			20–25	20. 9.
20–24	19. 6.	*Philipperbrief*		2, 1– 6	21. 9.
10, 15–17	14. 10.	1, 1– 6	1. 5.	7–12	22. 9.
11, 23–26	14. 10.	7–11	2. 5.	13–21	23. 9.
13, 1– 7	28. 6.	12–18	3. 5.	21–25	24. 9.
8–13	29. 6.	19–26	4. 5.	3, 1– 7	25. 9.
15, 1– 8	21. 4.	27–30	5. 5.	8–14	26. 9.
12–20	21. 4.	2, 1– 4	5. 5.	18	26. 9.
20–28	22. 4.	5–11	6. 5.	19–22	27. 9.
35–44	23. 4.	12–18	7. 5.	4, 1– 7	28. 9.
49	23. 4.	3, 1– 7	8. 5.	8–11	29. 9.
50–57	24. 4.	8–11	9. 5.	5, 1– 4	29. 9.
		12–15	10. 5.	5–14	30. 9.
2. Korinther		20–21	10. 5.		
3, 17–18	6. 9.	4, 1– 7	11. 5.	*2. Petrus*	
4, 1– 3	6. 9.	8–14	12. 5.	1, 13–19	16. 10.
5– 6	6. 9.	18–19	12. 5.		
7–14	7. 9.	21–23	12. 5.	*1. Johannes*	
16–18	8. 9.			1, 1– 7	11. 12.
5, 1– 9	8. 9.	*Kolosser*		2, 1–10	12. 12.
17–21	9. 10.	2, 9–15	25. 4.	12–17	13. 12.
6, 1–10	10. 10.	3, 1– 4	26. 4.	3, 1– 2	14. 12.
14–18	15. 10.	8–11	26. 4.	19–24	14. 12.
7, 1	15. 10.	12–17	27. 4.	4, 1– 3	15. 12.
8, 1– 4	26. 6.			7–10	19. 4.
7– 9	26. 6.	*1. Thessalonicher-*		11–15	15. 12.
9, 6–11	27. 6.	*brief*		12	19. 4.
11, 16.23–31	11. 10.	5, 1–11	17. 10.	16	19. 4.
12, 1– 5	12. 10.	14–24	18. 10.	18–19	19. 4.
6–10	13. 10.			5, 1– 5	18. 4.
		1. Brief an		11–14	18. 4.
Epheser		*Timotheus*			
1, 3– 7	1. 6.	6, 11–16	20. 10.	*Offenbarung*	
9–12. 14	1. 6.			3, 7. 8.	
15–23	2. 6.	*2. Brief an*		10–13	27. 10.
2, 11–15	3. 6.	*Timotheus*		7, 9–17	28. 10.
17–20	3. 6.	1, 6–12	19. 10.	21, 1– 7	31. 10.
				22, 3– 5	31. 10.

Auf dieser und der folgenden Seite finden Sie weitere Bücher von Jörg Zink:

SAG MIR WOHIN
Weg und Ziel des Menschen

3. Auflage (36.–45. Tausend), 135 Seiten mit 69 Fotos, Pappband mit vierfarbigem, glanzfolienkaschiertem Überzug.

LICHTER UND GEHEIMNISSE
Gedanken zur Menschwerdung Gottes

2. Auflage (21.–40. Tausend), 135 Seiten, 8 Farbtafeln, Pappband mit vierfarbigem, glanzfolienkaschiertem Überzug.

DIE WAHRHEIT LÄSST SICH FINDEN
Dokumente aus der Bibel und Erfahrungen von heute

6. Auflage (91.–100. Tausend), 240 Seiten mit 32 farbigen und 112 Schwarzweiß-Fotos sowie 28 Zeichnungen und Karten und einem Namen- und Sachregister, Efalin geb. mit mehrfarbigem Schutzumschlag und einer Zeittafel auf dessen Innenseite.

ERFAHRUNG MIT GOTT
Einübung in den christlichen Glauben

2. Auflage (51.–80. Tausend), 476 Seiten, mit einem Personen- und Sachregister sowie einem Verzeichnis der Bibelstellen, Efalin geb. mit mehrfarbigem Schutzumschlag.

KOSTBARE ERDE
Biblische Reden über unseren Umgang mit der Schöpfung

2. Auflage (26.–35. Tausend), 220 Seiten, kartoniert mit vierfarbigem, ganzfolienkaschiertem Überzug.

WIE SPIELT MAN FRIEDEN?
Über den Umgang mit dem Bösen und die Liebe zum Feind

48 Seiten, geheftet mit vielen Fotos und 8 Farbseiten.

DAS ALTE TESTAMENT

Ausgewählt, übertragen und in geschichtlicher Folge angeordnet von Jörg Zink

8. Auflage (205.–234. Tausend), 571 Seiten, Bibelstellenregister, Kunststoff flex. und Leinen mit mehrfarbigem Schutzumschlag.

DAS NEUE TESTAMENT

Übertragen von Jörg Zink

9. Auflage (485.–524. Tausend), 607 Seiten, Kunststoff flex. und Efalin geb. mit mehrfarbigem Schutzumschlag.

WIE WIR BETEN KÖNNEN

10. Auflage (289.–328. Tausend), 284 Seiten, Leinen mit Schutzumschlag; dieses Werk ist auch als Großdruckausgabe lieferbar.

DIE MITTE DER NACHT IST DER ANFANG DES TAGES

Bilder und Gedanken zu den Grenzen unseres Lebens

8. Auflage (118.–132. Tausend), 110 Seiten mit 8 vierfarbigen Bildtafeln; Efalin geb. mit Schutzumschlag.

ER WIRD MEINE STIMME HÖREN

Psalmen des Alten und Neuen Testaments

5. Auflage (59.–65. Tausend), 150 Seiten mit 12 vierfarbigen Bildern; Leinen mit Cellophanumleger.

WAS BLEIBT, STIFTEN DIE LIEBENDEN

4. Auflage (61.–75. Tausend), 318 Seiten, Efalin geb. mit mehrfarbigem Schutzumschlag.

Kreuz Verlag Stuttgart · Berlin